ARQUITECTONICS
MIND, LAND & SOCIETY

Institutions that support the review (Co-editors):

Universitat Politècnica de Catalunya.
Grup de Recerca GIRAS. UPC.
Universidad de los Andes.
Mérida, Venezuela
Universidad Nacional del Litoral. *Santa Fe. Argentina*
Universidad de Santo Tomás *Bucaramanga. Colombia*
Universidad Politécnica de Puerto Rico. *Puerto Rico*
Corporación HEKA. *Ecuador*
Colegio Nacional de Arquitectos del Ecuador. *Quito. Ecuador*

Assistants to the Editor:
Helle Birk
Higini Herrero
Rafael Reyes

Mail and subscriptions

ARQUITECTONICS
Mind, Land & Society
Depart. de Projectes d'Arquitectura.
Universitat Politècnica de Catalunya
Av. Diagonal, 649, 5a planta
08028 Barcelona / Spain
Tel.: (0034) 934 016 406
Fax.: 934 016 396
newsletter.pa@upc.edu
www.arquitectonics.com
www.agapea.com

Fotografía y Dibujo de cubierta:
Josep Muntañola

Edición:
Edicions UPC
Jordi Girona Salgado, 1-3, Edifici Omega
08034 Barcelona
Tel.: 934 137 540 Fax: 934 137 541
Edicions Virtuals: www.edicionsupc.es
E-mail: edicions-upc@upc.es
ISSN: 1579-4431
ISBN: 978-84-8301-955-9
Depósito legal: B-32190-2008
Impresión: LIGHTNING SOURCE
© 2008, **ARQUITECTONICS** y los autores de los textos
© 2008, EDICIONS UPC

Primera edición: junio de 2008
Reimpresión: julio de 2009

Head of the Series:
Josep Muntañola. *Barcelona*

Editor for this Issue:
Josep Muntañola. *Barcelona*

Associate Editors of the Series:
Magda Saura. *Barcelona*
Alfred Linares. *Barcelona*

Adjoited Co-Editors:
Beatriz Ramírez. *Universidad de los Andes. Mérida. Venezuela*
Marcelo Zárate. *Universidad Nacional del Litoral. Santa Fe. Argentina*
Ruth Marcela Díaz, Samuel Jaimes Botía. *Universidad Santo Tomás, Bucaramanga. Colombia*
Nadya K. Nenadich. *Universidad Politécnica de Puerto Rico. Puerto Rico*

Board of Advisory Editors (Scientific Committee):
Botta, Mario; *Architect, Switzerland*
Boudon, Pierre; *Architect, Canada*
Bilbeny, Norbert; *Philosopher, Spain*
Carbonell, Eudald; *Archaeologist, Spain*
Fernández Alba, Antonio; *Architect, Spain*
Ferrater, Carlos; *Architect, Spain*
Gómez Pin, Víctor; *Philosopher, Spain*
Heikkinen, Mikko; *Architect, Finland*
Kalogirou, Nikolaos; *Architect, Greece*
Langer, Jonas; *Psychologist, USA*
Levy, Albert; *Architect, France*
Lagopoulos, Alexandros; *Urban Planner, Greece*
Mack, Mark; *Architect, USA*
Magnaghi, Alberto; *City Planner, Italy*
Messori, Rita; *Philosopher, Italy*
Moore, Gary T; *Architect, Australia*
Mul, Jos de; *Philosopher, The Netherlands*
Pallasmaa, Juhani; *Architect, Finland*
Pardo, Jose Luis; *Philosopher, Spain*
Ponzio, Augusto; *Philosopher, Italy*
Preziosi, Donald; *Anthropologist and Linguist, USA/UK*
Provensal, Danielle; *Anthropologist, Spain*
Rapoport, Amos; *Architect, USA*
Rewers, Eva; *Philosopher, Poland*
Romañà, Teresa; *Pedagogue, Spain*
Salmona, Rogelio; *Architect, Colombia*
Sanoff, Henry; *Architect, USA*
Scandurra, Enzo; *Urban Planner, Italy*
Solaguren, Félix; *Architect, Spain*
Tagliabue & Miralles, *Architects, Spain*
Valsiner, Jaan; *Psychologist, USA*
Werner, Frank; *Historian, Germany*

ARQUITECTONICS
MIND, LAND & SOCIETY

9 .... Introducción
Introduction

Editor/Editor

13 Josep Muntañola .... Architecture and the Psycho-Social
Development: The Dialogical Turn
(A Homage to Paul Ricoeur)
La arquitectura y el desarrollo psicosocial:
El giro dialógico
(un homenaje a Paul Ricoeur)

Perspectives and references/
Perspectivas y referencias

35 Víctor Gómez Pin .... Askénatos Polis:
La ciudad sin gemidos
Askénatos Polis: The City Without Groans

51 Jaan Valsiner .... The Street

Research Essays/Ensayos de Investigaciones

75 Morella Briceño y Beatriz Gil .... Calidad ambiental urbana:
morfología e imagen. Caso estudio Parque Metropolitano
Albarregas y sus alrededores. Mérida-Venezuela
Urban environmental quality: morphology and image.
Case study of Metropolitan Park Albarregas and its environs.
Mérida-Venezuela

95 Eric Jiménez y Eva Paola Arenas .... Patrones de actividad
doméstica y su relación
con la configuración espacial de la casa
Relation between domestic activity patterns
and house spatial configuration

111 Ana Paula de Oliveira Lepori .... Laboratorio de objetos
arquitectónicos proyectados y usados:
Una aproximación dialógica a la arquitectura

133 Miguel Fernández .... El límite: Inclusión social
a través del espacio
The Edge: Social Inclusion through Space

159 Montserrat Bigas y Lluís Bravo .... Notas sobre la construcción
del proyecto arquitectónico en Enric Miralles

Title and institution of the authors
Título e institución de los autores

Josep Muntañola
Architect, Polytechnical University of Catalonia. Universitat Politècnica de Catalunya

Víctor Gómez Pin
Philosopher, Universitat Autònoma de Barcelona

Jaan Valsiner
Psychologist, Department of Psychology, Clark University. United States of America

Nora Mesa
Architects, and Beatric Gil, Faculty of Architecture, National University of Colombia, Medellin. Universidad Nacional de Colombia

Morella Briceño and Beatriz Gil
Architects, University of the Andes, Mérida, Venezuela (Universidad de Los Andes, Mérida, Venezuela)

Eric Jiménez and Eva Arenas
Psychologists, National Autonomous University of Mexico. Universidad Nacional Autónoma de Mexico

Ana Paula de Oliveira
Architect, Polytechnical University of Catalonia. Universitat Politècnica de Catalunya

Miguel Fernández
Architect, PhD student Polytechnical University of Catalonia. Universitat Politècnica de Catalunya

Montserrat Bigas and Lluís Bravo
Fine Arts, University of Barcelona. Universitat de Barcelona
Architect, professor Universitat Politècnica de Cataluña

Introducción

Este nuevo volumen de la serie azul de *Arquitectonics* está dedicado a las relaciones siempre complejas entre la arquitectura y su uso por la sociedad. Hemos intentado que los diferentes paradigmas existentes hoy en esta temática estén aquí representados. Un comentario especial merece el artículo del profesor y filósofo Víctor Gómez Pin, sobre la facilidad con la que los arquitectos olvidamos la naturaleza de nuestro trabajo, donde geometría y significado social no pueden disociarse sin caer en la total frivolidad o en la más evidente irresponsabilidad cultural.*

Introduction

This new volume of the blue series of Arquitectonics is dedicated to the always complicated relations between architecture and its use by society. We have aimed to include the different paradigms that are found in this thematic today. It is worth to make a special comment on the article by the professor and philosopher, Víctor Gómez Pin, on how easily we architects forget about the nature of our work, where geometry and social significance cannot be dissociated without falling into total frivolity or into the most evident cultural irresponsibility.

Editor

Architecture and the Psyco-Social Development: The Dialogical Turn
(A Homage to Paul Ricoeur)

*La arquitectura
y el desarrollo psicosocial:
El giro dialógico
(Un homenaje a Paul Ricoeur)*

JOSEP MUNTAÑOLA
jose.muntanola@upc.edu

Resumen

Ante todo, la comunicación intenta describir lo más novedoso en el campo interdisciplinario entre la arquitectura y las ciencias sociales. Continúa con los antecedentes históricos de la discusión, desde las primeras definiciones por David Canter y Amos Rapoport hasta los trabajos recientes de Jaan Valsiner y otros.

En segundo lugar, la comunicación analizará el «giro dialógico» en el desarrollo psicosocial de la mente, a partir de las teorías del punto de vista sociológico y cognitivo. La relación con la arquitectura se establece entonces, sea a nivel prefigurativo o a nivel configurativo y refigurativo de las prácticas arquitectónicas, según las teorías de Paul Ricoeur, que aplicó estos conceptos a la arquitectura algunos años antes de su muerte en mayo de 2005. Este artículo intenta ser un homenaje a este extraordinario y generoso filósofo francés.

El «giro dialógico», tanto en las ciencias cognitivas como en las ciencias sociales, tiene relaciones directas con la «sostenibilidad» en el proyecto arquitectónico, puesto que es una articula-

Abstract

First of all, the paper intends to describe the state-of-the-art in the interdisciplinary field between architecture and social sciences. A brief historical background of the discussion follows, going from the pioneer definitions by David Canter and Amos Rapoport until the recent works by Jaan Valsiner and others.

Secondly, the paper analyses the «dialogical turn» in the psycho-social development of the mind, from the theories of sociological and cognitive view points. The connexion with architecture is then established either at the prefigurative, or at the configurative and refigurative levels of the architectural performances, according to the theories of Paul Ricoeur, who himself applied these concepts to architecture some years before he died in May 2005. This article tries to be a homage to this extraordinary and generous French philosopher.

This «dialogical turn», both in cognitive sciences and in social sciences, has direct links with a «sustainability» in architectural design, since it is an articulation between psychogenetic and sociogenetic developments.

ción entre los desarrollos psicogénéticos y sociogenéticos.

El tercer y último capítulo de mi comunicación mostrará algunos datos de recientes análisis psicosociales genéticos empíricos de las concepciones de los niños de los lugares para vivir, considerados como materializaciones de lo que definió Mijaíl Bajtín como la «arquitectónica» de la cultura (siguiendo la filosofía de E. Kant) y también como un ejemplo sorprendente de la arquitectura psicosocial.

La comunicación concluye con unas ideas sobre la renovación teórica que este enfoque podría representar para el futuro de las articulaciones interdisciplinarias y transdisciplinarias entre la arquitectura y las ciencias sociales.

La arquitectura y las ciencias sociales

Hace cuarenta años, en los primeros congresos de EDRA, los estudios de comportamiento ambientales emprendieron un desarrollo rápido y entusiasta. Siguiendo el camino abierto por Ervin Goffman, Kurt Lewin, Ian MacHarg, etc., los recién llegados, Amos Rapoport, H. M. Proshansky, Roger Hart, o Henry Sanoff construyeron una plataforma sólida interdisciplinaria con muchas ideas nuevas de proyecto, tanto para la teoría como para la práctica.[1]

Como arquitecto joven (por aquel entonces), observé este «nuevo campo» apasionante, y la reacción de los arquitectos. Mi mentor Lewis Mumford me avisó sobre la controversia importante que él mismo ya estaba sufriendo, cuando los arquitectos le acusaron de rechazar la arquitectura moderna cada vez que relacionaba la ciudad con las evaluaciones sociológicas y ecológicas de las realizaciones arquitectónicas de la época.

The third, and last chapter of my paper will show some data from recent psycho-social genetic empirical analyses of children's conceptions of places to live in, considered as materializations of what Mikhail Bakhtin defined as the «architectonics» of culture (following the philosophy of E. Kant) and also as a striking example of psycho-social architecture.

The paper concludes with some ideas about the theoretical renewal this approach could represent for the future of the interdisciplinary and transdisciplinary articulations between architecture and social sciences.

Architecture and the Social Sciences: A Brief State of the Art

Forty years ago, in the first EDRA congresses, the behavioural environmental studies undertook a fast and enthusiastic development. Following the path open by Ervin Goffman, Kurt Lewin, Ian MacHarg, etc., the newcomers, Amos Rapoport, H.M. Proshansky, Roger Hart, or Henry Sanoff built a strong interdisciplinary platform with a lot of new design ideas both for theory and for practice.[1]

As a young architect (at that time) I observed this enthusiastic «new field», and the reaction of architects to it. My mentor Lewis Mumford advised me about the strong controversy he himself was already suffering, when architects accused him of dismissing modern architecture each time he related the city with sociological and ecological evaluations of the architectural performances of the time. Simultaneously, he pushed me to work in theory and in practice in order to develop new theories and new models of cities in spite of this professional scepticism. Perhaps he was lucky to die before he could know about, and see the last urban developments elsewhere with gigantic suburbia against all his thoughts. Nevertheless, he could feel the growth of a

Simultáneamente, me empujó a trabajar en la teoría y en la práctica para desarrollar nuevas teorías y nuevos modelos de las ciudades a pesar de este escepticismo profesional. Quizás tuvo la suerte de morir antes de conocer los últimos desarrollos urbanísticos en otros lugares, zonas residenciales con gigantes en las afueras de las ciudades, en contra de toda su manera de pensar.

La reacción de la profesión los arquitectos en los Estados Unidos y en el mundo era fuerte y negativa, con excepciones, pero cientos de estudios han permanecido ignorados por los arquitectos. David Canter publicó en el año 1984 el famoso artículo sobre el «divorcio» entre la arquitectura y las ciencias sociales y, más recientemente, un excelente informe sobre el origen de este «divorcio»,[2] con la disputa verbal entre Lewis Mumford, A. Hitchcock y Ph. Johnson en 1931 como un capítulo importante, que ha sido publicado gracias al esfuerzo de Martha Pollack.[3]

No quiero aquí analizar en detalle las razones para esta confrontación entre la «autonomía» de la arquitectura y la «autonomía» de las ciencias sociales ambientales,[4] origen de dificultades interdisciplinarias importantes, no solo entre la arquitectura y las ciencias sociales, sino también entre la filosofía y la arquitectura, como indica el final triste del famoso «diálogo» entre Peter Eisenman y Jacques Derrida. Sin embargo, como he descrito en varios trabajos,[5] este «divorcio» resultó negativo para todos, y especialmente era malo para las ciudades, y para la calidad de los entornos humanos.

Lo que quiero desarrollar ahora es una nueva esperanza, una situación nueva, prevista por Mumford al final de su vida, capaz de convertir este campo interdisciplinario en uno de los temas científicos principales para el futuro.

young and new ecological and anti-global worldwide movement, as he wrote to me in nineteen hundred and eighty-two. That was his unique comfort at the end of his life.

The reaction of the architectural profession in the USA and in the world was strong and negative, with exceptions, but hundreds of studies have remained ignored by architects. David Canter published in 1984 the known paper about the «divorce» between architecture and social sciences and, more recently, an excellent account of the origin of this «divorce»,[2] with the war of words between Lewis Mumford, A. Hitchcock and Ph. Johnson in 1931, as an important chapter, which has been published thanks to the effort of Martha Pollack.[3]

I do not want to analyze here in detail the reasons for this confrontation between the "autonomy" of architecture and the «autonomy» of the environmental social sciences,[4] origin of strong interdisciplinary difficulties, not only between architecture and social science, but also between philosophy and architecture, as the sad end of the famous «dialogue» between Peter Eisenman and Jacques Derrida points out. However, as I have described in several works[5] this «divorce» was bad for all, and was specially bad for the cities, and for the quality of peoples environments.

What I want to develop now is a new hope, a new situation, forecasted by Mumford at the end of his life, and able to convert this interdisciplinary field into one of the scientific main topics for the future.

This does not mean the war is over, on the contrary, as architecture is one of the key factors for economic development, the fight is today stronger than ever. Every discipline can control the spatial distribution of the social order, so the competition is without mercy and each contribution needs hard work to be accepted.

Esto no quiere decir que la controversia se haya acabado, al contrario como la arquitectura es uno de los factores claves para el desarrollo económico, la lucha es hoy más fuerte que nunca. Cada disciplina puede controlar la distribución espacial del orden social, así la competencia no tiene piedad y cada contribución representa un trabajo arduo para ser aceptada.

El giro dialógico

El cruce entre las diferentes realizaciones disciplinarias y los descubrimientos científicos recientes abre, en mi opinión, una nueva etapa en el desarrollo de una nueva relación entre la arquitectura y las ciencias sociales. Éste es el «giro dialógico» que ahora quiero definir, tomando este concepto del punto de vista psicosociológico publicado como un homenaje al sociólogo americano O. N. Levine.[6]

Las teorías dialógicas no son nuevas. Mijaíl Bajtín y Martin Buber fueron los primeros en este campo, pero con raíces tan remotas como Platón, Aristóteles o Kant.[7] Sin embargo, la síntesis de estas teorías en la arquitectura y en las ciencias sociales se ha desarrollado aún más, y esto es muy significativo para el «divorcio» que antes estaba discutiendo. El libro The Dialogical Turn, *editado por Charles Camic y Hans Joas, es un buen ejemplo de lo que ocurre hoy en los estudios ambientales psicosociales. Ch. Camic resume la situación cuando afirma que:*

> *«En lugar de criticar la multiciplicidad de teorías y métodos y luego buscar su integración en una red unificadora, la característica de nuestra reacción es que da la bienvenida a la presencia de una pluralidad de enfoques como una oportunidad para el dialogo intelectual productivo».*

The Dialogical Turn

The crossroads among different disciplinary performances and diverse recent scientific discoverings opens finally, to my opinion, a new important stage on the development of a new link between architecture and social sciences. This is the «dialogical turn» that I want to define now, taking this concept from the psycho-sociological view published as a homage to the American sociologist O.N. Levine.[6]

The dialogical theories are not new. Mikhail Bakhtin and Martin Buber were pioneers in the field with roots as far back as Plato, Aristotle or Kant.[7] However, the synthesis of these theories in architecture and in social science is now further developed, and this is very significant for the «divorce» I was talking about. The book *The Dialogical Turn*, edited by Charles Camic and Hans Joas, is a good example of what is today happening in the psychosocial environmental studies. Ch. Camic summarizes the situation when he affirms:

> «Rather than decry the multiciplity of theories and methods, and then seek their integration in a unifying framework, the characteristic of our response is that it welcomes the presence of a plurality of approaches as an opportunity for productive intellectual dialogue».

In other words: from a dialogical viewpoint, the difference between disciplines, between psychogenesis and sociogenesis, or between natural sciences and social sciences, is no longer a difficulty but an advantage. Mikhail Bakhtin should be glad for that.

In brief the situation is as follows:

1. Both, in the sociology of culture,[8] in the psychosocial environmental studies,[9] and in the contempo-

Es decir: desde un punto de vista dialógico, la diferencia entre las disciplinas, entre psicogénesis y sociogénesis, o entre las ciencias naturales y las ciencias sociales, ya no comporta una dificultad, sino una ventaja. Mijaíl Bajtín debería estar contento por ello.

En resumen, la situación se presenta de la siguiente manera:

1. *Tanto en la sociología de la cultura[8] como en los estudios ambientales psicosociales y en las teorías contemporáneas de la arquitectura, el paradigma arquitectónico parece abrir nuevas esperanzas para un aumento y un resurgimiento de los estudios de comportamiento del entorno humano.*

   Las actitudes recientes de arquitectos prestigiosos: S. Holl, R. Kolhaas, R. Moneo, etc. han insistido en la dimensión humanística de la arquitectura tanto en relación a la significación fenomenológica del espacio como en relación a la responsabilidad social de los arquitectos.

   Es demasiado pronto para ver los resultados de estos desarrollos, pero indican perspectivas positivas para el futuro.

2. *El impacto enorme que representa el ordenador en el proyecto arquitectónico también está relacionado con el interés creciente en la humanización del espacio.[10]*

   Las posibilidades en el proyecto aumentan, y cada software es un «nuevo mundo» para la arquitectura. N. Foster, F. Gehry, M. Novak,

rary theories of architecture, the *architectural paradigm* seems to open new hopes for an enlargement and revival of the man-environment behavioural studies.

Recent attitudes by prestigious architects: S. Holl, R. Kolhaas, R. Moneo, etc, insisted on the humanistic dimension of architecture both in relation to the phenomenological significance of space and in relation to the social responsibility of architects.

It is too soon to see the end of these developments, but they point out good future perspectives.

2. The huge impact of the use of the computer in architectural design is also related to this growing interest for the humanization of space.[10]

The possibilities for the design enlarge, and each *software* is a «new world» for architecture. N. Foster, F. Gehry, M. Novak, etc, use powerful computer softwares in order to build these "new worlds". However, the connection of these new tools with our brains and with the human use of these spaces is hardly known. Cognitive science has a lot of work to develop at this point, and, in some way, architects are both fascinated and scared by these «new worlds».

As always the key condition of any psychosocial paradigm is to articulate psychogenesis and sociogenesis without losing freedom in subject or democracy in collectivities, avoiding determinism of all kinds. The «dialogical turn» and its «architectural structures», at the crossroads of structuralism, hermeneutics and phenomenology, intends to overcome this difficulty with concepts as «supervenience», or «chronotope», etc. As Saïd Amir Arjomand indicated in 2004:

etc., utilizan programas informáticos potentes para construir estos «nuevos mundos». Sin embargo, la conexión de estas herramientas nuevas con nuestros cerebros y con el uso humano de estos espacios apenas se conoce. Las ciencias cognitivas tienen ahora mucho trabajo para desarrollar y, de alguna manera, los arquitectos nos dejamos fascinar por estos «nuevos mundos», pero a la vez nos dan miedo.

Como siempre, la condición clave de cualquier paradigma psicosocial es articular psicogénesis y sociogénesis sin perder la libertad en el sujeto o la democracia en la colectividad, evitando cualquier determinismo. El «giro dialógico» y sus «estructuras arquitectónicas», en el cruce del estructuralismo, la hermenéutica y la fenomenología, intenta superar esta dificultad mediante conceptos como supervenience, o chronotope, etc. Como indicó Saïd Amir Arjomand en 2004:

> «El desafío es desarrollar herramientas analíticas apropiadas para la reconstrucción arquitectónica de un proceso que es polivalente y al mismo tiempo direccional en su significación cultural».

3. Dentro de las discusiones de las ciencias cognitivas, la posición de John Searle y A. R. Damasio, o R. D. Ellis, señala hacia el mismo objetivo: descubrir un paralelismo de desarrollo entre el cerebro y la máquina, el cuerpo y el mundo exterior, de modo que se eviten determinismos, pero abriendo la puerta a «constructos» sociales de la mente que permitan su desarrollo y que simultáneamente son alentadores para la vida cultural. Jean Piaget seguramente estaría de acuerdo con esta condición de las

«The challenge is to develop suitable analytical tools for the architectonic reconstruction of a process that is polyvalent and yet directional in its cultural significance».

3. Inside the cognitive science discussions, the position of John Searle and A.R. Damasio, or R.D. Ellis, points out to the same dialogical target: to discover a developmental parallelism between the brain and the machine, the body and the outer world, in such a way as to avoid determinisms, but opening the door to social "constructs" of the mind that allow it to develop and that are simultaneously constraints for cultural living. Jean Piaget would agree probably with this condition of the «relational logic laws of reciprocity» as he stated himself very clearly:[11]

«We should compare the relations between psychology and sociology to the ones between numbers and space, where a relation of contiguousness is enough for making «spatial» a set of numbers or an algebraic relation».

4. The epistemological key points of these dialogical psychosocial paradigms will be shown in the last chapter of my communication where I will explain some recent analyses of children's conception of places to live in, however I prefer now to define the challenges we have.

5. Finally, planning is growing faster and faster, and the urban sprawl arrives to the most remote corners of our «old», «natural» and «historical or/and traditional» world. The environmental impact of planning, physical and social, is, then, pushing the need for new planning theories and practises too.

If we join these five points together we can understand the reasons for the «dialogical turn» announced by Mikhail Bakhtin, Lewis Mumford and Jean Piaget

«leyes relacionales lógicas de la reciprocidad» como él mismo indicó muy claramente:[11]

> «Deberíamos comparar las relaciones entre la psicología y la sociología con las relaciones entre los números y el espacio, donde la relación de vecindad es suficiente para hacer "espacial" una serie de números o una relación algebraica».

4. Los puntos claves epistemológicos de estos paradigmas psicosociales dialógicos se mostrarán en el último capítulo de mi comunicación, donde explicaré algunos análisis recientes de la concepción de los niños de los lugares para vivir; sin embargo, ahora prefiero definir los desafíos que tenemos.

5. Finalmente, el urbanismo crece cada vez con más rapidez, y el crecimiento urbano descontrolado llega a los rincones más remotos de nuestro mundo «viejo», «natural» e «histórico y/o tradicional». El impacto ambiental del urbanismo, físico y social, hace necesario el planteamiento de nuevas teorías urbanísticas y prácticas también.

Si juntamos estos cinco puntos, llegaremos a entender las razones para el «giro dialógico» anunciados, por Mijaíl Bajtín, Lewis Mumford y Jean Piaget hace casi cien años, pero que ahora necesitamos más que nunca. Paul Ricoeur, que nos dejó muy recientemente, en mayo de 2005, era quizás el filósofo contemporáneo que mejor veía el poder de estos «nuevos mundos», desde su primer libro en 1949 hasta su último libro, precioso y preciso, Les parcours de la reconnaissance, publicado tras su muerte. He analizado este patrimonio teórico excepcional de Paul Ricoeur en varias publicaciones.[12] Quiero ahora almost one hundred years ago, but now extremely needed. Paul Ricoeur, who left us very recently in May 2004, was perhaps the contemporary philosopher who best saw the power of these «new worlds», since his first book in 1949 until his nice and precise last book Les parcours de la reconnaissance, published after his death. I have analysed this exceptional theoretical heritage by Paul Ricoeur in several publications.[12] I want to point out now the key epistemological points of this «dialogical turn»:

1. The first is the possibility of a «new way» for the psychosocial analysis of cultural objects. In effect, the main epistemological tool of a dialogical «architectural» position in the environmental psychosocial subjects is the chronotopical articulation between men and environment.

The chronotope is Kantian in origin, is bio-logical in some sense, is part of the physical space and time relativistic position by Einstein too, and is basically a psychosocial architectural articulation. In 1923 Mikhail Bakhtin introduced the chronotope with these same conditions, adding humorously enough: «the chronotope has then a metaphorical dimension, but not only ....»

The main feature is the correlation of a physical space and time «narrative», with a social space and time «narrative», in order to obtain a hybrid poetic «narrative» where the world of novel, music, architecture, etc. communicates with the world of the reader, user or listener of the poetic narrative.

In other words: the crossing of virtual and real in the physical (cosmic) world *coincides* with the crossing of the social space and time of virtualities and realities of the heroes who exist

señalar los puntos epistemológicos claves de este «giro dialógico»:

1. *El primer punto es la posibilidad de un «enfoque nuevo» del análisis psicosocial de los objetos culturales. De hecho, la herramienta principal epistemológica de una posición dialógica «arquitectónica» en los sujetos psicosociales ambientales es la articulación cronotópica entre los hombres y el entorno.*

   El cronotopo es kantiano en su origen, es de alguna manera biológico, forma también parte de la posición de la relatividad del espacio y del tiempo físicos de Einstein, y es básicamente una articulación psicosocial arquitectónica. En 1923 Mijaíl Bajtín introdujo el cronotopo con estas mismas condiciones, añadiendo con suficiente humor. «el cronotopo tiene entonces una dimensión metafórica, pero no solo ...»

   La característica principal es la correlación de la «narración» del espacio y del tiempo físicos, con una «narración» social del espacio y del tiempo, para obtener una «narración» híbrida poética donde el mundo de la novela, de la música, de la arquitectura, etc. comunica con el mundo del lector, del usuario o del oyente de la narración poética.

   En otras palabras: el cruce entre lo virtual y lo real en el mundo físico (cósmico) coincide con el cruce entre el espacio social y el tiempo de las virtualidades y de las realidades de los héroes que existen al lado de nuestros objetos culturales. La vida psicogenética está entonces conectada con la vida sociogenética a través del cronotopo. En el caso de la arquitectura, significa que la topogénesis del proyecto es

   besides our cultural objects. The psychogenetic life is then connected with the sociogenetic life through the chronotope. In the case of architecture that means that the topogenesis of planning is three times chronotopic, as the diagram I shows.

2. The second point is if there are really «new» theoretical points, or if we are at the same constructivist position, or intersubjective symbolism.

   Of course, there are a lot of similar points. However, the understandings of the sociopsychological strategies of our mind are today analyzed in detail, and the sociological "architectural" links between psychogenesis and sociogenesis are more clear too.

   The failure would be to resume the "dialogical turn" in some kind of transhumanistic general logic of human life, either through a general system theory or a socio-bio-logical determinism, or both. The success is to expose and to explain the ways we «build» simultaneously a physical and a social reality, where we live, and from where we cannot escape as Plato's cave metaphor rigorously points out.

3. Finally I want to remember that this epistemological dimension of our environment, exceeds clearly the scientific limits of our life and opens science to art and ethics. This happens always in architectural practice, so it is not strange that this will be present in the men-environment studies. Any dialogical approach to culture is confronted with this connection between art, science and ethics. This was a basic element in Bakhtin's dialogics, and is still basic today too. But this does not dismiss scientific studies

tres veces cronotópica, como muestra el diagrama I.

2. El segundo punto clave es si realmente existen puntos teóricos «nuevos», o nos encontramos en la misma posición constructivista, o bien con un simbolismo intersubjetivo.

Evidentemente, hay muchos puntos similares. Sin embargo, la interpretación de las estrategias sociopsicológicas de nuestra mente está hoy analizada en detalle, y las relaciones sociológicas «arquitectónicas» entre la psicogénesis y la sociogénesis están más claras también.

El fallo sería resumir el «giro dialógico» en una clase de lógica transhumanística general de la vida humana, sea a través de una teoría general de sistema o de un determinismo socio-biológico, o de ambos. El éxito consiste en exponer y explicar cómo «construimos» simultáneamente una realidad física y social, donde vivimos y de donde no nos podemos escapar, como indica rigurosamente la metáfora de la cueva de Platón.

3. Por último, quiero recordar que esta dimensión epistemológica de nuestro entorno obviamente excede los límites científicos de nuestra vida y abre la ciencia al arte y a la ética. Esto siempre ocurre en la práctica arquitectónica, y por eso no es raro que esté presente en los estudios sobre el entorno humano. Cualquier enfoque dialógico de la cultura se enfrenta con esta relación entre el arte, la ciencia y la ética. Esto era un elemento básico en la dialógica de Bajtín, y es básico también hoy. Pero esto no significa un rechazo a los estudios científicos sobre las relaciones del entorno humano, simplemente con-

of the men-environment relationships, it simply pushes scientists to a progressive distinction and classification between these three basic dimensions of intersubjective communications, and the dialogical paradigm is fully prepared for that.

Diagram I. The three chronotopic basic dimensions of architecture

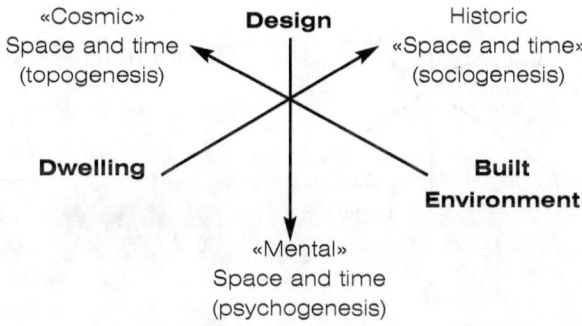

A Dialogical Analysis of Children's Conception of Places to Live in

I have developed an analysis of children's conception of places to live in, since 1973 in Edra IV,[13] a long time ago. In 1990[14] I tested one hundred schools in Barcelona and very recently, with the help of two excellent PhD theses[15] in process, I have undertaken a selective study of different schools in Barcelona, rural urban centres and Mexico, which I think is a confirmation of previous studies, and a good example of the «dialogical turn» described above.

The hypothesis, once more proved, is that the city built by children in one school represents the "architectural» features of the psychosocial knowledge transmitted by the school to children.

duce a los científicos hacia una distinción y una clasificación progresivas entre estas tres dimensiones básicas de las comunicaciones intersubjetivas, y el paradigma dialógico está completamente preparado para esto.

Diagrama I. *Las tres dimensiones cronotópicas básicas de la arquitectectura*

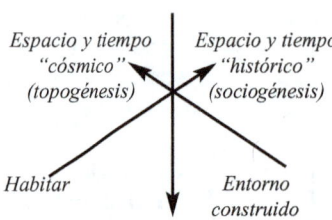

Un análisis dialógico de la concepción de los niños de los lugares para vivir

He desarrollado un análisis de la concepción de los niños de los lugares para vivir, desde el año 1973 en Edra IV,[13] hace ya mucho tiempo. En 1990[14] examiné cien escuelas en Barcelona y muy recientemente, con la ayuda de dos excelentes tesis de doctorales,[15] he realizado un estudio selectivo de diferentes escuelas en Barcelona, de centros urbanos rurales y de México, y pienso que es una confirmación de los estudios anteriores, y un buen ejemplo del «giro dialógico» descrito antes.

La hipótesis, que ha sido otra vez confirmada, es que la ciudad construida por los niños de una escuela representa las características «arquitectónicas» del conocimiento psicosocial que esta escuela transmite a los niños.

These features are chronotopical and dialogical, and coincide with the basic pathologies shown by the «wild» children without social interaction, as the founder of modern biology, the Swedish Linneous stated more than two hundred years ago.[16]

In the diagrams II and III, you can see some examples of these empirical relationships between the architecture of the city conceived by children and the psychosocial «architectural» way of transmission of knowledge in each school.

Diagram II. Monologic Cities

Figure 1

There are examples of schools with a psychosocial cognitive development that I define as "monologic", following M. Bakhtin's definitions. Figure 1 is an example of extremely different responses by boys and girls. Boys build «towers» to have money and power (they say), girls build «homes», to live with children.

Figure 2 is an of disabled children in special school with a very low level of social interaction, this time because of disabled conditions. The two examples are «monologic» because the public spaces either do not exist, or they are only for boys or for girls, they are not really public. Moreover, all these cities are built without dialogue among the children themselves.

Figure 2

Estas características son cronotópicas y dialógicas, y coinciden con las patologías básicas propias de los niños «salvajes» sin interacción social, como el fundador de la biología moderna, el sueco Linneo, señaló hace ya más que doscientos años.[16]

En los diagramas II y III, se pueden ver algunos ejemplos de estas relaciones empíricas entre la arquitectura de la ciudad concebida por los niños y la vía de transmisión psicosocial «arquitectónica» del conocimiento en cada escuela.

Diagrama II. Ciudades monológicas

Hay ejemplos de escuelas con un desarrollo psicosocial cognitivo que defino como «monológicas», siguiendo las definiciones de Mijaíl Bajtín. La figura 1 es un ejemplo de respuestas extremadamente diferentes entre los niños y las niñas. Los niños construyen «torres» para tener dinero y poder (dicen ellos), las niñas construyen «casas» para vivir con hijos. Las figura 2 es un ejemplo de niños discapacitados de escuelas especiales con un nivel muy bajo de interacción, esta vez debido a las condiciones de discapacidad. Los dos ejemplos son «monológicos» porque los espacios públicos, o no existen, o solo son destinados a los niños o a las niñas, no son realmente públicos. Además, todas estas ciudades están construidas sin diálogo entre los mismos niños.

Diagrama III. Las ciudades dialógicas

Las figuras 3-5 son ejemplos de ciudades con una clara coacción psicosocial específica cultural corresponden a una escuela internacional inglesa en Barcelona. La escuela muestra un alto nivel de desarrollo

Diagram III. Dialogic Cities

Figure 3   Figure 4   Figure 5

Figures 3 to 5 are examples of cities with clear cultural specific psychosocial constraints, which correspond to an English international school in Barcelona. The school shows a high level of psychosocial cognitive development, with interactive public and private spaces, with spaces for each age range (children, elderly men, etc.) with a variety of building and a complex relation between old and new, and between natural and artificial elements of the landscape. All these features were lacking in the monologic cities in diagram II. The school shows a higher degree of social interaction (and reciprocities) between boys and girls, different ages, different cultures and social cultural different groups. To be public or private, rural or urban, national or international is neither a guarantee of dialogy nor a problem for it.

Each school is, then, like a «laboratory» for the study of this chronotopical connection between social behaviour and physical form.

From anthropological perspectives,[17] the cultural nature of architecture was already clear, however the psychosocial analysis of the way schools transmit architectural knowledge, often without any awareness of teachers and children, is a good complementary way, because of the dynamic and fast transformations. The connections between the three chronotopical axis of the diagram I, are then clear, although a lot of research is needed. I will now describe this connection.

psicosocial cognitivo, con espacios públicos y privados interactivos, con espacios para cada edad (niños, hombres mayores, etc.), con una variedad de construcción y una compleja relación entre lo viejo y lo nuevo y entre los elementos naturales y los artificiales del paisaje. Todas estas características no estuvieron presentes en las ciudades monológicas en el diagrama II. La escuela muestra un nivel más alto de interacción social (y reciprocidad) entre los niños y las niñas, edades diferentes, culturas diferentes y grupos sociales culturales diferentes. Ser público o privado, rural o urbano, nacional o internacional, ni es una garantía para el diálogo ni un problema para ello tampoco.

Cada escuela por lo tanto, como un "laboratorio" para el estudio de esta conexión cronotópica entre el comportamiento social y la forma física.

Desde perspectivas antropológicas,[17] la naturaleza cultural de la arquitectura ya era evidente, sin embargo el análisis psicosocial de cómo las escuelas transmiten el conocimiento arquitectónico, muchas veces sin ser conscientes los maestros y los niños, es una buena vía complementaria, debido a las transformaciones dinámicas y rápidas. Las relaciones entre los tres ejes cronotópicos del diagrama I están claras, aunque queda mucha investigación por hacer. Ahora explicaré esta relación.

Primero, la arquitectura cronotópica responde a una estructura sociofísica «profunda», dondetienen su raíz las interacciones sociales de largo plazo. Cuantas más implican diferencias de género, diferencias de edad o diferencias culturales, más afectan nuestra manera de concebir, construir y usar nuestro entorno físico. Estas interacciones sociales están organizadas lógica-

First of all, chronotopic architecture responds to a «deep» sociophysical structure, where long term social interactions are rooted. The more these social interactions involve genre differences, age differences or cultural differences, the more these interactions affect our way to conceive, to build and to use our physical environment. These social interactions are organized logically just by the «logic of relations» as Jean Piaget points out as the virtual model for real social reciprocities (reciprocities between «different» subjects).

Then, the chronotopic (calendar) «rhythms» of space and time social events (rituals), and the «mythical» values of symbolic forms are the two sides of the same chronotopic form as Levy Strauss defined many years ago. They configure the cosmic organization of the built environment. Also, the cities designed by children show the sociophysical chronotopic articulations that they have experienced in the school, thanks to some space and time regularities in the curricula, and to some specific qualities of social interaction both at the scientific, aesthetic and ethic dimensions of life, but with great impact when the performances involve different subjects (boy, girl, older, younger, different cultures, etc.). When the more complex social interactions coincide, chronotopically, with the most important «cosmic» (calendar) events in the school (parties, end-of-course celebrations, etc.) then the impact in the design is the biggest. By the way, this is also true at the university level. (See diagrams II and III).

Finally, the higher levels of social «satisfaction» in relation to concrete living environments, as Bill Hillier has shown,[18] take place when the «dream» qualities of design coincides chronotopically with the built environment. The same place can be paradise for one social group and hell for another if the chronotopes do not coincide. When you intend to «impose» a city to one school of children with a different chronotopic structure of transmission of knowledge, then, aggressiveness and

mente, para ser exactos por la «lógica de relaciones», como Jean Piaget indica, como un modelo virtual para las reciprocidades sociales reales (reciprocidades entre sujetos «diferentes»).

Como resultado, los «ritmos» cronotópicos (calendario) de los acontecimientos sociales (rituales) del espacio-tiempo y los valores «místicos» de las formas simbólicas son los dos lados de la misma forma cronotópica, como definió Levy Strauss hace muchos años. Configuran la organización cósmica del entorno construido. Además, las ciudades proyectadas por los niños muestran las articulaciones sociofísicas cronotópicas que han experimentado en la escuela, gracias a algunas regularidades de espacio-tiempo, en el plan de estudios y a algunas calidades específicas de interacción social en las dimensiones científicas, estéticas y éticas de la vida, pero con un gran impacto cuando las realizaciones implican diferentes sujetos (niño, niña, mayor, menor, culturas diferentes, etc.). Cuando las interacciones sociales más complejas coinciden, cronotópicamente, con los acontecimientos «cósmicos» más importantes (calendario) en la escuela (fiestas, celebraciones al final de curso, etc.), entonces el impacto en el proyecto es lo más importante. Por cierto, esto también resulta así a nivel universitario. (Ver diagramas II y III.)

Finalmente, los niveles más altos de «satisfacción» social en relación con los entornos para vivir, como ha mostrado Bill Hillier,[18] tienen lugar cuando las cualidades de «sueño» del proyecto coinciden cronotópicamente con el entorno construido. El mismo lugar puede ser el paraíso para un grupo social y el infierno para otro si los cronotopos no coinciden. Cuando se intenta «imponer» una ciudad a una escuela de niños con una estructura cronotópica diferente de la transmisión del conocimiento, entonces, da lugar inmediatamente a agresividad y frustration immediately arise. So, the correlation between physical and social transformations is the key point here, and it is a key point in the mental health of children too.

Of course, I am making a basic assumption: the three chronotopic dimensions of diagram I are somewhat connected thanks to the kind of the social reciprocities built throughout space and time. Then, madness, violence and the aggressions to healthy environments, are not totally independent realities, they help each other to develop, and a wrong organization of our environment preserve psychosocial negative «architectural» misunderstandings, and prevents improvements both in the development of the mind and in the development of the social peaceful interaction. So, we should always remember the complementarity between psychogenese and sociogenese, where the interaction between mind and society explains the speed and the changes in cultural development, or the different «architectures» or «lands» in different social groups, as the children conceptions of places to live in show.

In diagram IV I reproduce the final abstract of the important book *The Seeds of Madness*,[19] where we can approach the three chronotopic dimensions of architecture defined in diagram I. We can understand that the «psychotic core», or the «seed of madness», coincides with the «architectonic core» of psycho social architectural mental development, and with the basic mental disturbances in a wild child. For instance, disturbances in the body image in the mirror are present in the wild child and in madness, and in bad architectural mental development too. This does not mean at all that we are saying that a mad child is like a wild child, etc. This simply indicates that the origin between all these basic developments is the same, that is, the combination of psycho-, socio-, and topogenetic developments, as diagram IV shows.

frustración. Como consecuencia, la correlación entre las transformaciones físicas y sociales son aquí el punto clave, punto clave en la salud mental de los niños también.

Por supuesto, estoy haciendo una suposición básica: las tres dimensiones cronotópicas del diagrama I están de algún modo conectadas gracias al tipo de reciprocidades sociales construidas en el espacio-tiempo. Por lo tanto, la locura, la violencia y las agresiones a los entornos saludables no son realidades independientes totalmente, se ayudan recíprocamentea desarrollarse, y una organización equivocada de nuestro entorno preserva los malentendidos psicosociales negativos «arquitectónicos», y obstaculiza tanto el cultivo de la mente como el desarrollo de la interacción social pacífica tendríamos que recordar siempre la complementariedad entre la psicogénesis y la sociogénesis, donde la interacción entre la mente y la sociedad explica la velocidad y los cambios en el desarrollo cultural, o las diferentes «arquitecturas» o «territorios» de diferentes grupos sociales, como muestran las concepciones de los niños de los lugares para vivir.

En el diagrama IV reproduzco el resumen final del importante libro The Seeds of Madness,[19] *con el que podemos acercarnos a las tres dimensiones cronotópicas de la arquitectura definidas en el diagrama I. Podemos entender que la «mente psicótica», o la «semilla de la locura», coincide con la «mente arquitectónica» del desarrollo psicosocial arquitectónico mental, y con los trastornos mentales básicos de un niño salvaje. Por ejemplo, los trastornos en la imagen del cuerpo en el espejo están presentes en un niño salvaje y en la locura, y en el mal desarrollo arquitectónico mental también. Esto no significa en absoluto que digamos que un niño trastornado es como un niño salvaje, etc. Solo indica que el origen entre*

Diagram IV. Constituents of the Psychotic Core

I. Heredity and Constitutional Factors

Excessive anxiety
Excessive rage
Potential for abnormal thinking
Impaired visual-proprioceptive integration
Weak object cathexis
Neuropsychological disharmony

II. Environmental Contribution

Problematic object relations and psychosomatic dissociation
Affective turbulence
Inadequate differentiation including body image disturbances
Deficient ego skills
Thought disturbance
Unassimilable contradictions
Xenophobia and deficient extrafamilial input

III. The Role of Intrapsychic Fantasy

Intense, split, and fantastic phase specific scenarios
Retrospective fantasizing
Bizarre objects
Incorporation of malevolent parental fantasies

The basic notion is the «web of relationships» between subjects and objects conceived (designed), built (constructed physically) and used. When we analyse only social relations between subjects or physical relations between objects, we are not defining this basic chronotopic architectural web of relationships. When we analyse relations between subjects and objects, both as social relations between objects and physical relations between subjects, we need to solve the psychosocial articulation, or the connection between psychogenesis

todos estos desarrollos básicos es el mismo, es decir, la combinación de desarrollos psico, socio y topogenéticos, como muestra el diagrama IV.

La noción básica es la «red de relaciones» entre sujetos y objetos concebidos (proyectados), construidos (construidos físicamente) y usados. Cuando analizamos solamente las relaciones sociales entre sujetos o las relaciones físicas entre objetos, no estamos definiendo esta red de relaciones básica, cronotópica y arquitectónica. Cuando analizamos las relaciones entre sujetos y objetos, tanto como en el de relaciones sociales entre objetos como relaciones físicas entre sujetos, necesitamos resolver la articulación psicosocial, o la conexión entre psicogénesis y sociogénesis tal como lo intentó Jean Piaget.[20] Cuando proyectamos, construimos o usamos una ciudad o un edificio, relacionamos la vida psicológica con las interacciones sociológicas dialógicas. A veces esta relación cronotópica es rígida, y otras veces es muy suelta, pero siempre existe.

Esta articulación arquitectónica no es inconsciente, sino epiconsciente, es decir, conciencia «por encima» o «supra». Como ha demostrado John Searle, esta epiconciencia, funciona como background para la construcción de la realidad social. Cuando se destruye inmediatamente, se reemplaza por otra.

Diagrama IV. Constituyentes de la mente psicótica

I. Herencia y factores constitucionales
    Ansiedad excesiva
    Furia excesiva
    Potencial para el pensamiento anormal
    Integración visual-propioceptiva afectada
    Debilidad en la conservación de objetos
    Desarmonía neuropsicológica

and sociogenesis as Jean Piaget tried to do.[20] When we design, build or use a city or a building, we link psychological life to sociological dialogical interactions. Sometimes this chronotopical link is tied, sometimes it is loose, but it always exists.

This architectonic link is not unconscious, but epiconscious, that is, «over» or «supra» consciousness. As John Searle has shown, this epiconsciousness, works as a «Background» for the construction of social reality. When it is destroyed it is immediately replaced by another one.

Conclusion

The proposal of this communication is to increase the hope for a fruitful interrelation between architecture and social science. Architecture, in the triple sense that diagram I shows, can be analyzed as a bridge between cognitive science, earth science and social sciences throughout the basic notion of chronotopic interrelations between mind, land and society.

Architecture is, then, a materialization[21] of the cultural priorities of the social groups that build it. The study of this «materialization» implies knowledge of the mind, knowledge of the social intersubjective processes, and knowledge about how buildings, cities and landscapes are conceived, built and used.

The «dialogical turn» is not a scientific revolution: it is simply a point of view, a focalization into one aspect of the environmental psycho-sociological studies. This point of view is the chronotopic structure of our environmental evaluation, that is, a hope that men are able to agree about a spatial practise of excellence, or a human way of life related to a psychosocial equilibrium materialised in space.

Neither psychology, nor sociology, can help architectural design to be aware of its human significance, only a cor-

II. Contribución ambiental
   Relaciones problemáticas y disociación psicosomática
   Turbulencia afectiva
   Diferenciación inadecuada incluyendo trastornos de la imagen del cuerpo
   Capacidades del ego deficientes
   Trastornos mentales
   Contradicciones inasimilables
   Xenofobia y aportaciones extrafamiliares deficientes

III. El papel de la fantasía intrafísica
   Escenarios imaginados muy intensos, fragmentados, y espasmódicos
   Imaginación retrospectiva
   Objetos extraños
   Incorporación de fantasías malignas de los padres

Conclusión

La propuesta de esta comunicación es incrementar la esperanza para una interrelación productiva entre la arquitectura y las ciencias sociales. La arquitectura, en el triple sentido que muestra el diagrama I, se puede analizar como un puente entre las ciencias cognitivas, las ciencias de la tierra y las ciencias sociales, en la noción básica de las interrelaciones cronotópicas entre la mente, el territorio y la sociedad.

La arquitectura es, pues, una materialización[21] de las prioridades culturales de los grupos sociales que lo construyeron. El estudio de esta «materialización» implica el conocimiento de la mente, el conocimiento de los procesos intersujetivos sociales y el conocimiento sobre cómo se conciben, se construyen y se usan los edificios, las ciudades y el territorio.

El «giro dialógico» no es una revolución científica: es simplemente un punto de vista, una focalización sobre uno de los aspectos de los estudios psicosociológicos del entorno. Este punto de vista es la estructura cronotópica de

rect articulation between them can help. Conversely, architecture can help both disciplines to articulate. This was the way Mikhail Bakhtin saw the situation when he wrote:

> «The highest architectonic principle of the actual world of the performed act is the concrete and architectonically valid or operative contraposition of I and the other».[22]

Or Lewis Mumford in his last book that he sent to me in 1980:

> «Astrophysicists must reckon with the paradox of the Möebius ring, and the possibility that their outer world is only our inner world turned inside out. So, perhaps, with a further twist of the ring, the impenetrable Black Hole might prove the shadow of a brighter sun. Even the notion of an Explosion and an Implosion, a "beginning" and an "ending" can be only a human metaphor, which the universe, for reasons of its own, neither recognizes, nor exhibits».[23]

nuestra evaluación del entorno, es decir, la esperanza de que los hombres seamos capaces de ponernos de acuerdo sobre una práctica espacial de excelencia, o una forma de vida humana relacionada con un equilibrio psicosocial materializado en el espacio.

Ni la psicología, ni la sociología pueden ayudar al proyecto arquitectónico para que sea consciente de su significado humano; solo una articulación correcta entre ellos puede hacerlo. A la inversa, la arquitectura puede ayudar a ambas disciplinas para que se articulen. Esta situación la consideró Mijaíl Bajtín cuando escribió:

> «El principio más alto del mundo en sí del acto realizado es la contraposición concreta y válida u operativa arquitectónicamente del Yo y del Otro».[22]

O Lewis Mumford en su último libro, que me envió en 1980:

> «Los astrofísicos han de tener en cuenta la paradoja del anillo de Möebius, y la posibilidad de que su mundo exterior solo sea nuestro mundo interior del revés. Entonces, quizás, con otro giro del anillo, el agujero negro impenetrable podría resultar la sombra de un sol más Luminoso. Hasta La noción de una Explosión y una Implosión, un "comienzo" y un "fin" puede ser solo una metáfora humana que el universo, por sus propias razones, ni reconoce, ni exhibe»[23]

1. RAPOPORT, A. History and Precedent in Environmental Design. Plenum Press, 1990.

2. CANTER, D. «Social Action Design: Nine Questions to Bridge the Gap» en Pol, Morales, Muntañola eds. Home-Environments. IAPS 7. Barcelona, 1984. Edicions de la Universitat de Barcelona.

Notes

1. RAPOPORT, A. History and Precedent in Environmental Design. Plenum Press, 1990.
2. CANTER, D. «Social Action Design: Nine Questions to Bridge the Gap» in Pol, Morales, Muntañola eds. Home-Environment. IAPS 7. Barcelona, 1984. Edicions de la Universitat de Barcelona.
3. POLLACK, M. Education of the Architect. MIT Press, 1997.
4. POL, E. La psicología ambiental en Europa. Anthropos, Barcelona, 1988.
5. MUNTAÑOLA, J. Architecture 2000. (In English and Spanish). Arquitectonics series nº 11, UPC Edicions, Barcelona, 2004.
6. Ch. CAMIC; H. JOAS eds. The Dialogical Turn. Rowman, 2004.
7. MUNTAÑOLA, J. La Topogenèse. Anthropos, París, 1996. Spanish edition UPC Edicions, Barcelona, 2000.
8. VALSINER, J. The Social Mind. Cambridge University Press, 2000.
9. GÖRLITZ, D; HARLOFF, H.J.; MEY, G.; Valsiner, J. ed Children, Cities and Psychological Theories. Walter de Gruyter, 1998.
10. MUNTAÑOLA, J. Architecture and Transhumanism. Edicions UPC, 2004.
11. PIAGET, J. Etudes sociologiques. Droz, Geneve, 1967.
12. MUNTAÑOLA, J. Architecture 2000. Arquitectonics series nº 11, Edicions UPC, 2004. See also Muntañola, J. ed. Architecture and Hermeneutique. Edicions UPC, 2003.
13. MUNTAÑOLA, J. «Children Conceptions of Places to Live In». EDRA IV proceedings, 1974.
14. MUNTAÑOLA, J. Barcelona Evaluated by Its Children. City Hall of Barcelona, 1992.
15. See web www.arquitectonics.com
16. MUNTAÑOLA, J. Las formas del tiempo. Volume I. (In press).
17. MUNTAÑOLA eds. Anthropologie et Espace. Arquitectonics series nº 10, Edicions UPC, 2004.
18. HILLIER, Bill. The Space is the Machine. Cambridge University Press, 1996.
19. A very good work on the psychosocial origin of madness in Vamik D. VOLKAN and Salman AKHTAR The Seed of Madness. International City Press, 1999.
20. PIAGET, J. opus cit.
21. MUNTAÑOLA, J. «Architecture as a Thinking Matter». International Congress of Semiotic Studies, Lyon, 7-2004 (in the proceedings).
22. BAKHTIN, M. Toward a Philosophy of the Act. University of Texas Press, 1993.
23. MUMFORD, M. My Works and Days. Harcourt, 1980.

3. POLLACK, M. Education of the Architect. *MIT Press, 1997.*

4. POL, E. La psicología ambiental en Europa. *Anthropos, Barcelona, 1988.*

5. MUNTAÑOLA, J. Arquitectura 2000. *(En español y inglés). Serie Arquitectonics nº 11, UPC Edicions, Barcelona, 2004.*

6. CAMIC Ch.; H. Joas eds. The Dialogical Turn. *Rowman, 2004.*

7. MUNTAÑOLA, J. La Topogenèse. *Anthropos, París, 1996. Edición española en Edicions UPC, Barcelona, 2000.*

8. VALSINER, J. The Social Mind. *Cambridge University Press, 2000.*

9. GÖRLITZ, D; HARLOFF, H.J.; MEY, G.; VALSINER, J. ed Children, Cities and Psychological Theories. *Walter de GRUYTER, 1998.*

10. MUNTAÑOLA, J. Architecture and Transhumanism. *Edicions UPC, 2004.*

11. PIAGET, J. Etudes sociologiques. *Droz, Geneve, 1967.*

12. MUNTAÑOLA, J. Arquitectura 2000. *Serie Arquitectonics nº 11, Edicions UPC, 2004.* Ver también MUNTAÑOLA, J. ed. Arquitectura y hermenéutica. *Edicions UPC, 2003.*

13. MUNTAÑOLA, J. «La concepción de los niños de los lugares para vivir». *Actas de EDRA IV.*

14. MUNTAÑOLA, J. «Los niños evaluando su ciudad». *Ayuntamiento de Barcelona, 1992.*

15. Ver web www.arquitectectonics.com.

16. MUNTAÑOLA, J. Las formas del tiempo. *Volumen I. (En prensa).*

17. MUNTAÑOLA-PROVANCAL eds. *Anthropologie et Espace*. Arquitectonics series nº 10, Edicions UPC, 2004.

18. HILLIER, Bill. *The Space is the Machine*. Cambridge University Press, 1996.

19. Un muy buen trabajo sobre el origen psicosocial de la locura en Vamik D. Volcán y Salman Akhtaar, *The Seeds of Madness*. International City Press, 1999.

20. PIAGET, J. Opus cit.

21. MUNTAÑOLA, J. *«Architecture as a Thinking Matter»*. Congreso Internacional de Estudios Semióticos, Lyon, junio, 2004 (en las actas).

22. BAKHTIN, M. *Toward a Philosophy of the Act*. University of Texas Press, 1993.

23. MUMFORD, L. *My Works and Days*. Harcourt, *1980*

Perspectives and references

Perspectivas y referencias

Astenáktos Polis:
La ciudad sin gemidos

Astenáktos Polis
The City Without Groans

Víctor Gómez Pin

I would like to thank Professor Muntañola for showing me the confidence by once again inviting me to this congress, where I am an unusual participant due to my schooling. This is the third time I participate in this meeting, which has always had a multidisciplinary character.

On the earlier occasions I was invited to discuss a relatively technical question, closely related to my concerns – I am a philosopher and I teach theory of the mind and something called introduction to mathematical thinking at the Autonomous University of Barcelona. So my invitation to this school, where I also did a course on topology, many years ago, was justified by saying that I was here to deal with questions of topological kind, which, as is obvious, are directly related to the profession of architects.

This will not be my subject this time. I will discuss aspects of opinion, somehow more ideological or more political. I will aim to make a link between what and I have said here on previous occasions, I will try to express a not very original thesis, but indeed a verification of almost political kind. Earlier, here, I had to use a metaphor

Quisiera agradecer una vez más al profesor Muntañola su fidelidad en invitarme a este congreso, al cual yo soy, por mi formación, ajeno. Es la tercera vez que participo en esta reunión, que siempre ha tenido un carácter multidisciplinar.

En las anteriores ocasiones se me había invitado para tratar una cuestión relativamente técnica, cercana a mis preocupaciones —yo soy filósofo y enseño en la Universidad Autónoma de Barcelona Teoría del conocimiento y una cosa que se llama Introducción al pensamiento matemático—. A partir de ahí, justifico mi presencia en esta casa, donde, por otra parte, hice alguna vez un curso de Topología, hace ya muchos años, pues se me había invitado a tratar de cuestiones más bien topológicas que, como es evidente, interesan directamente a la profesión de arquitecto.

Yo esta vez no voy a hablar de esto, voy a hablar de cosas que son más de opinión, más ideológicas o más políticas, de alguna manera. Voy a intentar hacer un vínculo entre todo lo que he dicho aquí en otras ocasiones y voy a intentar manifestar una tesis no muy original, pero sí una constatación de tipo casi casi, como digo, político. En las anteriores veces que participé aquí tuve que utilizar una metáfora relativa al espacio, al espacio y a

related to space, to space and to the concrete, and to the concrete of space. I then used a metaphor that I normally use with my students, which I will now explain: Whether you are believers or not, or Catholics or Protestants, that is, of religion that means lecture of the biblical text – it is not my case, for example – then you know that it is a mythical attempt of explanation and, as said my teacher, the Phears medal of math winner, mathematician, and at the same time philosopher René Thom: "Where there is no concept a metaphor, then, is a lot". You will know that the Bible begins with a metaphor, which is the metaphor of creation.

I always ask my students if they remember it said in the biblical creation that there is creation of space. Obviously they do not. The Lord says: let there be light, we could say: let there be electromagnetic field, the first thing to be done, which is very contemporary. He says other things, but you will not find a clear sentence where it is said: «the Lord said: let there be space» or «the Lord said: let there be time». This allows for only two possibilities in the logic of the biblical text: either there is no need to create space because it was already an attribute, a determination of the Lord before the creation of nature and the finite spirit – material nature and field, and whatever we want – or, the Lord did not have space and time as attributes, in the logic of the text, but, as they say in Argentina: "time and space come with", come with created things, they would be attributes of the created. If you take a hermeneutical stand with regard to this biblical text, a simple standpoint, you would be brought to taking position between two fundamental moments of thinking in relation to space. If you say that God did not have to create space and time simply because they were attributes that he possessed before the creation of nature and of

lo concreto, y a lo concreto del espacio. Utilicé entonces una metáfora que suelo utilizar con mis alumnos, que es la siguiente. Sean ustedes o no creyentes, o católicos, o protestantes, es decir, de una religión que suponga la lectura del texto bíblico — no es mi caso, por ejemplo— resulta que es un texto que como saben ustedes es una tentativa mítica de explicación y, como decía mi maestro, el matemático medalla Phears de matemáticas, y filósofo a la vez, René Thom: «Donde no hay un concepto, entonces, una metáfora ya es mucho». Bien, pues ustedes ya saben que la Biblia empieza con una metáfora, que es la metáfora de la creación.

Yo siempre pregunto a mis alumnos si tienen ellos recuerdo de que en la creación bíblica se diga que hay creación del espacio. Evidentemente no. El Señor dice: hágase la luz, que se podía decir: hágase el campo electromagnético; es lo primero que se hace, cosa que es muy actual. Dice otras cosas, pero buscarán inútilmente ustedes una frase explícita en la cual se diga «el Señor dijo hágase el espacio» o «el Señor dijo hágase el tiempo». Esto sólo permite dos posibilidades en la lógica del texto bíblico: o bien el espacio no hay que crearlo porque simplemente era ya un atributo, una determinación del Señor antes de la creación de la naturaleza y del espíritu finito —la naturaleza material y el campo y lo que queramos—, o bien, el Señor no tenía el espacio y el tiempo como atributos, en la lógica del texto, pero, como dicen en Argentina: "el tiempo y el espacio vienen con", vienen con las cosas creadas, serían atributo de lo creado. Si ustedes toman una posición hermenéutica ante este texto bíblico, una simple toma de posición les llevaría a estar tomando posición entre dos momentos fundamentales del pensamiento en lo que se refiere al espacio. Si ustedes dicen que Dios no tuvo por qué crear el espacio y el tiempo simplemente porque eran atributos que él poseía antes de la creación de la naturaleza y de un espíritu finito, ya están ustedes simplemente haciendo la hermenéutica bíblica de Isaac Newton, son ustedes newtonianos pura y simplemente. No olviden que Newton hereda su cátedra de

finite spirit, then you are simply doing the biblical hermeneutics of Isaac Newton, you are purely and simply Newtonians. Do not forget that Newton inherited his Chair of Mathematics to Barrow, famous to those tortured by Barrow's rule, and Barrow leaves the Chair to Newton to devote himself to theology. Therefore, the theological weight of the questions in the principals of mathematics is something we cannot ignore. Anyhow, Newton says it explicitly: time and space are what he calls sensorium dei, that is, the senses of God, the perceptive abilities to which God one day, of his own volition, introduced substance, today we would say: and field, and thanks to space and time he had self-perception of his creation. Newton clearly indicates: «Space and time are a sensorium dei*». This has a later translation in the history of philosophy: the a priori shapes of the sensitivity of God are by Kant turned into the a priori shapes of the sensitivity of the transcendental subject, which is something like the human spirit. I say to my students that this means that time and space have changed owner, but they have not changed topological structure, that is, both in the case of Newton and in the case of Kant, time and space, we will confine ourselves to space of the moment, which is essentially marked by the Euclidian metrics. What is Euclidean metrics? That which is simply revealed in the theorem of Pitagoras expounded in two dimensions: a distance function, a metric is a distance function where a real number is assigned to any two points of a topological space. Now, by brutally simplifying the only metrics, the only support of the Euclidean metrics, that is, the only support of the so-called Euclidean geometry, of the Euclidean distances, it is purely and simply the void, that is to say, that to which Newton attributed the condition of possibility for inserting phenomenons. It is known that Eucli-*

matemáticas de Barrow, célebre para los que han sido torturados por la regla de Barrow, y Barrow deja la cátedra a Newton para dedicarse a la teología. Por tanto, el peso teológico de las cuestiones en los principios de matemáticas es algo de lo cual no se puede hacer abstracción; en todo caso, Newton lo dice explícitamente: el tiempo y el espacio son aquello que él llama *sensorium dei*, es decir, los sentidos de Dios, las capacidades perceptivas en las cuales Dios un día, por su propia voluntad, introdujo la materia, hoy diríamos el campo, y gracias al espacio y al tiempo él tenía auto-percepción de su creación. Newton lo dice explícitamente: «Espacio y tiempo son un *sensorium dei*». Esto tiene en la historia de la filosofía una traducción posterior: las formas *a priori* de la sensibilidad de Dios son convertidas por Kant en las formas *a priori* de la sensibilidad del sujeto trascendental, que es algo así como el espíritu humano. Yo digo a mis alumnos que esto supone que el tiempo y el espacio han cambiado de propietario, pero no han cambiado de estructura topológica, es decir, tanto en el caso de Newton como en el caso de Kant, el tiempo y el espacio, vamos a atenernos al espacio de momento, es aquello esencialmente marcado por la métrica euclidiana. ¿Qué es la métrica euclidiana? Pues lo que se pone de manifiesto simplemente en el teorema de Pitágoras expuesto en dos dimensiones: una función de distancia, una métrica es una función de distancia que a dos puntos cualesquiera de un espacio topológico les asigna un número real. Pues bien, simplificando brutalmente la única métrica, el único soporte de la métrica euclidiana, es decir, el único soporte de la llamada geometría euclidiana, de las distancias euclidianas, es pura y simplemente el vacío, o sea, aquello a lo cual Newton atribuía la condición de posibilidad de que un día se insertaran los fenómenos. Sabido es que la métrica euclidiana, que hoy no vale en cosmología, tampoco debería valer excesivamente en arquitectura.

Un niño tiene la impresión cuando va a la escuela de que su profesor, de muchas disciplinas, pero desde luego el

dean metrics are not valid in cosmology today, it should not be excessively valid in architecture either.

If a child has the feeling that his/her teacher, specially the religion teacher, to say it with Count, is not convincing, no matter how well he/she reasons, whereas the geometry teacher is, it is because the child is convinced, with Kant and with Newton, that the propositions of geometry are propositions relating to space. This is the strength of geometry. Euclid never said that. Take the book of Euclid's elements and you will not find any allusion that Euclid in his propositions is talking about aspects related to space. Euclid does not say this, but Newton, as well as Kant, takes it as an assumption.

The last time I was here, I argued against this conception of space, which might be a lot closer to that of a farmer's. This is Aristotelian space. Newtonian and Kantian spaces are sandwiched in between the history of thinking, undisociable in the history of art and of philosophy. They are sandwiched in between the Einsteinian conception, in face of the conception of space as frame, marked by Euclidean metrics, we are simply told that there is no space without field, that in order to have space there must, at least, be field. So, to put space as the condition of possibility of substance and field is simply imaginary fiction.

Naturally, the conception of Newton, or of Einstein, have nothing to do with that of Aristotle, however they are indeed much closer to one another compared to Newton and Kant. Now, which was Aristotle's conception of space? Let me simplify it in a metaphor. This object has a surface. It is a three-dimensional object with a surface, in topology it is called a three-dimensional variety with a surface that is a bidimensional vari-

profesor de religión, por decirlo con Kant, no es convincente, por mucho que razone con corrección, mientras que el profesor de geometría sí lo es, porque el niño está convencido, con Kant y con Newton, de que las proposiciones de la geometría son proposiciones relativas al espacio. De ahí la fuerza de la geometría. Resulta que eso, Euclides, no lo dijo nunca. Cojan ustedes el libro de los elementos de Euclides e inútilmente buscarán alguna alusión a que Euclides esté hablando en sus proposiciones de algo relativo al espacio. Eso no lo dice Euclides, pero sí lo toman como un presupuesto tanto Newton como Kant.

En la última ocasión que estuve en esta casa, opuse a esa concepción del espacio un concepto muchísimo más cercano al que puede tener un campesino. Es el espacio aristotélico. El espacio newtoniano y el kantiano se encuentran en sandwich en la historia del pensamiento, indisociables en la historia de la ciencia del arte y de la filosofía. Se encuentran en sandwich entre la concepción einsteiniana; frente a esa concepción del espacio como marco, marcado por la métrica euclidiana, nos dice simplemente que no hay espacio sin campo, que para que haya espacio se requiere, como mínimo, campo. O sea, que el poner el espacio como la condición de posibilidad de la materia y el campo es simplemente una ficción imaginaria.

Naturalmente, ni la concepción de Newton ni la de Einstein tienen nada que ver con la de Aristóteles, pero sí están mucho más cercanas la una de la otra que con respecto a Newton y Kant. Pues bien, ¿cuál era la concepción del espacio de Aristóteles? Me van a permitir simplemente que lo simplifique en una metáfora. Este objeto tiene una superficie. Es un objeto tridimensional que tiene una superficie, en topología se dice que es una variedad tridimensional con una superficie que es una variedad bidimensional. Pues bien, esta variedad tridimensional, con su superficie, está en estos momentos totalmente envuelta por mi mano. Mi mano es otra varie-

ety. So, this three-dimensional variety, with its surface, is right now totally covered by my hand. My hand is another three-dimensional variety with a surface. Now, what is space, the topos, to Aristotle? The topos is simply the surface of the enveloping body, and I will turn into a syllogism what Aristotle reveals in his physics with great care – which would allow René Thom to say that Aristotle had prodigious topological intuitions – so, what is Aristotelian syllogism? He quotes Hesiod and says: "Everything has place, everything has topos, there is nothing that has not place", consequently he says: the power of place is prodigious, but, what is place? Well, place is the surface of the enveloping body. If everything has place, and place is the surface of the enveloping body, then everything has an enveloping body. Everything that exists has the right to be qualified by the verb 'to be', it is Usia, entity, substance. All which is substantial has a topos, has a place, and this topos is the surface of the body that envelopes it. There is no surface without envelopement. Just think about the consequences of this reasoning, and you will see that the impossibility of the void is reduced to Corollary. This explains why Aristotle has a fear of void. Why is there no void, and why must the world be forcibly finite? Because if not, we would find the void, and a topology compatible with the void, which is simply Euclidean geometry, compatible with the void, but, as you know, not compatible with effective cosmology.

Why have I summed all this up? Simply because I am interested in what Aristotle says about that which exists. And, what is that which exists? Substance, the substantial. The substantial has a set of determinations in Aristotle that are the following: the substantial is three-dimensional, it is dense – there is no void, or interior or exteri-

dad tridimensional con una superficie. Ahora, ¿qué es el espacio, el topos para Aristóteles? El topos es simplemente la superficie de cuerpo envolvente, y convierto en un silogismo lo que expone Aristóteles en su física con enorme cuidado —que permitía a René Thom decir que Aristóteles tenía prodigiosas intuiciones topológicas—. Pues bien, ¿qué es el silogismo aristotélico? Cita a Hesiodo y dice: «Todo tiene lugar, todo tiene un *topos*, no hay cosa que no tenga lugar», por consiguiente, dice, es prodigiosa la potencia del lugar, pero ¿qué es el lugar? Pues bien, el lugar es la superficie del cuerpo envolvente. Si todo tiene lugar, y el lugar es la superficie del cuerpo envolvente, entonces todo tiene un cuerpo envolvente. Todo aquello que Es tiene derecho a ser calificado por el verbo ser, o sea, es usía, entidad, sustancia. Todo lo sustancial tiene un topos, tiene un lugar, y ese topos es la superficie del cuerpo que la envuelve. No hay superficie sin envoltorio. Piensen simplemente las consecuencias de este razonamiento, y verán que se deduce como corolario la imposibilidad del vacío. Eso explica por qué Aristóteles tiene fobia del vacío. ¿Por qué no hay vacío, y por qué el mundo ha de ser forzosamente finito? Porque si no, encontraríamos el vacío, y una topología compatible con el vacío, que no es más que la geometría euclidiana, compatible con el vacío, sí pero, como ustedes saben, no compatible con la cosmología efectiva.

¿Por qué he resumido todo esto? Simplemente porque me interesa hablar de esto que Aristóteles dice que es lo que es. Y ¿qué es lo que es? La sustancia, lo sustancial. Lo sustancial tiene una serie de determinaciones para Aristóteles que son las siguientes: lo sustancial es tridimensional, es denso —no hay vacío, ni interior ni exterior— y está afectado por el tiempo. ¿Qué es el tiempo para Aristóteles? Para entenderlo simplemente, ustedes han estudiado física o al menos algo, recuerden el segundo principio de la termodinámica. Aristóteles define el tiempo en términos prácticamente idénticos al segundo principio de la termodinámica. Si cogen una historia de la filosofía o de la ciencia, les dirán que

or – and it is affected by time. What is time to Aristotle? To understand it, I gather you have studied physics or a least some, simply remember the second rule of thermodynamics. Aristotle defines time in terms that are practically identical to the second rule of thermodynamics. If we take a history of philosophy or of science, we will be told that Aristotle defined time as the figure of movement according to the anterior and the posterior. That is not so. The exact sentence of Aristotelian physics says: time is the figure of corrupting change, it is the figure of corruption, and Aristotle says explicitly that time never measures genesis, but the Sora, it only measures corruption. To Aristotle entity, substance has the right to the term Usia. Translate it as you will, but you understand what substance is. Substance is that which is not superficial. It has three dimensions, for sure, and it is affected by time. All that which is superficial does not have three dimensions, and if so it would not have density, and without density it could not be affected by time, because time is only figure of corruption, and only substance corrupts.

We agree that the substantial is not the superficial, and, what is superficial? Aristotle provides us with the following example, undeniable. Take this table, or, well, this object, it is easier. It is a three-dimensional object. Why is it substantial and not superficial? Simply because it has what the physics call quantity of movement, that is, now it is still, and now it is moving. Now its quantity of movement is nil, mass multiplied by speed equals nil, and now it has a quantity of movement that is positive, it can possibly be used as a weapon. We agree that the substantial, Usia, has quantity of movement. Now, take the surface of Usia. Take the surface of this object. Try to throw it. It is impossible to apply to the surface the Aristotelian notion that

Aristóteles definía el tiempo como la cifra del movimiento según lo anterior y lo posterior. No es correcto. La frase exacta de la física de Aristóteles dice: el tiempo es la cifra del cambio corruptor, es la cifra de la corrupción, y dice explícitamente Aristóteles que el tiempo jamás mide la génesis, sino la *Sorá*, solo mide la corrupción. Para Aristóteles, tiene derecho al término usía, entidad, sustancia, se pude traducir como les dé la gana, pero queda claro lo que es la sustancia. La sustancia es lo que no es superficial. Tiene tres dimensiones, seguro, y está afectada por el tiempo. Todo aquello que es superficial ni tiene tres dimensiones, y si las tuviera carecería de densidad, y al carecer de densidad no podría estar afectado por el tiempo, puesto que el tiempo sólo es cifra de la corrupción, y solo la materia se corrompe.

Estamos de acuerdo en que lo sustancial no es lo superficial, y ¿qué es lo superficial? Aristóteles nos da el siguiente ejemplo, indiscutible. Cojan ustedes esta mesa, bueno este objeto que es más fácil. Es un objeto tridimensional. ¿Por qué es sustancial y no superficial? Simplemente porque tiene aquello que los físicos llaman cantidad de movimiento, es decir, ahora está en reposo, y ahora está en movimiento. Ahora tiene cantidad de movimiento cero, masa por velocidad igual a cero, y ahora tiene una cantidad de movimiento positivo, lo cual hace que pueda ser usado como un arma eventualmente. Estamos de acuerdo en que lo sustancial, lo que es usía, tiene cantidad de movimiento. Cojan ahora la superficie de usía. Cojan la superficie de este objeto. Intenten lanzarla. Es imposible aplicarle a la superficie la noción aristotélica que yo, anacrónicamente, digo cantidad de movimiento. Imposible lanzarla contra ustedes. Imposible que lo superficial tenga cantidad de movimiento. Se mueve porque tiene como soporte a usía. Si no tuviera como soporte a usía no se movería. Aunque en vez de considerar la superficie consideraran lo tridimensional, haciendo abstracción de la densidad, le pasaría lo mismo. Nunca una entidad tridimensional se ha movido más que si tiene soporte sustancial. Aristóteles nos dice: lo sustancial tiene

I, anachronistically, call quantity of movement. It is impossible to throw it at you. It is impossible for the superficial to have quantity of movement. It moves because it is supported by Usia. *If it were not supported by* Usia *it would not move. Though, instead of considering the surface you consider the three-dimensional, abstracting from density, the same would happen A three-dimensional entity has never moved, only if it has substantial support. Aristotle tells us: the substantial has quantity of movement, that is, it is in movement or it is still and, moreover, it has topos, it has place. I have defined what place is to Aristotle. From Aristotle to the present there has only been one new feature on this matter: quantic mechanics, which says: that which has place, does not have quantity of movement. And this can be answered Aristotelically saying that in power a substance – in terms of quantic mechanics, I slightly modify the Aristotelian thesis and include quantic mechanics – is* Usia, *substance, that which in power is quantity of movement or localization has the right to the verb 'to be'. So now we have included the little difference of quantic mechanics, the Aristotelian notion of power – act is essential in order to understand reality, the only thing that interests philosophers and the citizens deserving to be called so, in contrast to the abstractions originated through the reading of newspapers. Platonically speaking, philosophers are thought to be abstract, they do not know what they are talking about, but those are not philosophers. Philosophy is the taste for the concrete, the love of Usia and, in political terms, a philosopher fights to make the concrete matter to citizens. I am going to put some examples of a situation where we do not live in a concrete world. Here present are people speaking the French, therefore, what I am going to say now is nonsense, but it is translated and I do not have the original. Let us imagine for*

cantidad de movimiento, es decir, está en movimiento o en reposo y, además, tiene topos, tiene lugar. Ya he definido lo que es para Aristóteles el lugar. Desde Aristóteles hasta nuestros días sólo ha habido una novedad al respecto: la mecánica cuántica, que dice que lo que tiene lugar no tiene cantidad de movimiento. Y esto hasta se puede responder aristotélicamente, diciendo que en potencia una sustancia —ahora cojo la mecánica cuántica y modifico ligeramente la tesis aristotélica incluyendo la mecánica cuántica— es usía, sustancia, tiene derecho al verbo ser, aquello que en potencia es cantidad de movimiento o localización. Y ya hemos incluido la pequeña diferencia de la mecánica cuántica, la noción aristotélica de potencia-acto es imprescindible para entender la realidad, lo único que interesa a los filósofos y a los ciudadanos dignos de tal nombre, frente a las abstracciones a las cuales nos conduce la lectura de periódicos. Y voy a ver lo que digo, hablo platónicamente naturalmente, se piensa que los filósofos son gente abstracta que no sabe de lo que habla, pero esos no son filósofos. La filosofía es el gusto por lo concreto, el amor de usía y, en los términos políticos, un filósofo lucha porque lo concreto concierne a los ciudadanos. Voy a poner ejemplos de una situación en la cual no vivimos en un mundo concreto. Aquí hay gente de habla francesa; por consiguiente, lo que yo voy a decir ahora es una barbaridad, pero está traducido y no tengo el original. Supongamos por un momento que el catolicismo se ha apagado desde siglos atrás. Que la tradición de su culto se ha perdido. Únicamente hay monumentos ya ininteligibles, pero que provocan aún la admiración. Monumentos de una creencia olvidada subsisten. Se trata de las catedrales, silenciosas y desafectadas. Supongamos asimismo que un día los científicos, con la ayuda de documentos, consiguen reconstruir las ceremonias en otro tiempo celebradas. Ceremonias para las cuales las catedrales habían sido erigidas, y que constituían su cabal significación y su vida. Las esculturas y las vidrieras retoman vida. Un misterioso perfume flota de nuevo en el templo, un drama sagrado se interpreta. La catedral vuelve a cantar. El gobierno

a moment that Catholicism was distinguished centuries ago. That the tradition of its worship was lost. Left are only unintelligible monuments, however still provoking admiration. Monuments of a forgotten belief subsist. We are speaking of the cathedrals, silent and disaffected. Let us also imagine that one day scientists, with the help of documents, come to reconstruct the ceremonies celebrated in other times. Ceremonies for which cathedrals had been erected, and that constituted their clear meaning and their life. Sculptures and glass regain life. A mysterious perfume floats in the temple again, a sacred drama is interpreted. The cathedral sings anew. The government subsidies with sound judgement this resurrection of catholic ceremonies of cultural, historical, social, plastic, architectural, musical interest, whose single beauty seems to go beyond anything that any artist has ever dreamt of. This is how Marcel Proust, author of "A la recherche du temps perdu", expresses it in a short work published in Le Figaro with the beautiful title "Cathedral's death". The double death of the cathedrals, Marcel Proust says, because to be reborn centuries after through erudite reconstruction, constitutes for the author of the "recherche" something like the coup de grâce, a kind of equivalent, a distortion of the authentic emotion, in this case religious. In the cited text I have avoided a sentence that I will now pick up in its context. Marcel Proust says: resurrection of the catholic ceremonies of historical, social, plastic, architectural, musical interest, whose single beauty seems to go beyond anything that any artist has ever dreamt of, and he adds, and that only Wagner thought to be able to imitate in Parsifal, precisely in Parsifal. I will leave the text of Proust and ask: Does Wagner reach his restoring objective? Proust is more Wagnerian than I am, and nevertheless he says as follows: unfortunately the

subvenciona con buen criterio esta resurrección de ceremonias católicas de un interés cultural, histórico, social, plástico, arquitectónico, musical, cuya sola belleza parece superar lo que artista alguno ha soñado. Quien se expresa así es el autor de la "*À la recherche du temps perdu*", Marcel Proust, en un corto trabajo publicado en el diario *Le Figaro* que lleva el título hermosísimo de "*La muerte de las catedrales*". Doble muerte de la catedrales, viene a decir Marcel Proust, pues este renacer siglos después, por la vía de la erudita reconstrucción, constituye para el autor de la *recherche* algo así como el golpe de gracia, una especie de equivalente desvirtuado de la auténtica emoción, en este caso religiosa. En el texto que he citado he soslayado una frase que cabe retomar en su contexto. Nos dice Marcel Proust: resurrección de las ceremonias católicas de un interés histórico, social, plástico, arquitectónico, musical, cuya sola belleza parece superar lo que artista alguno ha soñado, y añade, y a la que solo Wagner se creyó poder imitar en *Parsifal*, precisamente en *Parsifal*. Pregunta al paréntesis, me salgo del texto de Proust y pregunto yo: ¿Logra Wagner su objetivo restaurador? Proust es más wagneriano que yo, y no obstante dice lo siguiente: por desgracia, cuánto más elevada y más justa resonaría la obra cuando todo un pueblo respondía a la voz del sacerdote, se arrodillaba cuando sonaba la campanilla de consagración, no como en estas representaciones retrospectivas con gélidos figurantes estilizados. Y añade Proust: Caravanas de *snobs* acuden a la ciudad santa, ya sea Amiens, Sartre, Bourges, Reims, Rhône o París. Cómo una vez por año creen experimentar emoción, esa emoción que buscan. Emoción que buscan, alusión que remite a la segunda traición que quiero evocar. Si Parsifal no es realmente la consagración vivida, menos es todavía aquello a lo que, consciente o inconscientemente, aspiramos los humanos de esta época, y de toda época, en las manifestaciones artísticas. Marcel Proust dice al respecto: Desgraciadamente estas cosas se hallan tan lejos de nosotros, las manifestaciones artísticas, tan lejos de nosotros, como el piadoso entusiasmo del pueblo griego

Astenáktos Polis: La ciudad sin gemidos

more elevated and just resounded the work, when a whole village responded to the voice of the priest, kneeling when the bell of consecration sounded, not as those retrospective representations with icy styled figures. And Proust adds: Caravans of snobs go to the holy city whether it being Amiens, Sartre, Bourges, Reims, or Paris. As once a year they think they feel emotion, the emotion they look for, allusion that refers to the second betrayal I want to evoke. If Parcifal is really not the lived consecration, then, even less so is that to which, consciously or unconsciously, we aspire as human beings of our time, and of all times, in the artistic expressions. Marcel Proust says here: Unfortunately these things are so remote from us, artistic expressions, so remote from us as the devout enthusiasm of the Greek people in the representations of theatre beyond the reach of our reconstructions.

In this talk I am going to refer to two cities. Two very different cities, practically limiting myself to descriptive considerations and aiming, through them, to illustrate a problem of civilization that the meditation of Proust that I just did, on the death of the cathedrals, puts first. We are dealing with two very different cities, one is the city of Ronda, in Malaga, Spain, and the other one is a city of four million, with its outskirts – even bigger then – which is where we find ourselves right now. What I am going to describe will not be a surprise or even new, it is what everybody notes, some consider it to be bad and others not. The "Rilquean" city of Ronda, I say Rilquean because Rilque was passionate about the city and he dedicated an admirable poem to it – it was a city, never a village so to speak. The city of Ronda is a small city, an urban centre of an agricultural region. The region was agricultural, but the city was an urban centre. Its centre was full of hardware

en las representaciones de teatro de las que nuestras reconstrucciones no pueden procurar idea.

Voy a hacer en esta charla referencia a dos ciudades, dos ciudades muy diferentes, limitándome prácticamente a consideraciones descriptivas e intentando, mediante ellas, ilustrar un problema de civilización que la meditación de Proust que acabo de hacer, sobre la muerte de las catedrales, sitúa en primer plano. Se trata de dos ciudades muy diferentes, una es la ciudad de Ronda, en Málaga, y la otra sería una ciudad de cuatro millones, con sus aledaños —mayor todavía—, que es en la que estamos. Lo que en un caso y en otro describo no constituye sorpresa, ni siquiera novedad, es algo que todo mundo constata, que unos consideran que es un mal y otros ni siquiera un mal. La «rilqueana» ciudad de Ronda, digo rilqueana porque en Ronda tuvo Rilque una gran pasión —tuvo una gran pasión por esa ciudad y le dedicó un admirable poema—, era hace unos años una ciudad, nunca fue un pueblo que se dice, era una ciudad. La ciudad de Ronda es una pequeña ciudad, centro urbano de una comarca agraria. La comarca era agraria, pero la ciudad era un centro urbano. Su centro estaba repleto de ferreterías, guarnicionerías, etcétera. Los campesinos venían Ronda a adquirir lo necesario para sus tareas. Los utensilios por ejemplo, vasos, fuentes, botijos, que eran imprescindibles para la vida cotidiana. Las transformaciones sociales inherentes a la economía de nuestro tiempo han hecho que la comarca que rodea a Ronda se halle prácticamente despoblada de auténticos campesinos, siendo sus casas, las casas de estos campesinos, muy a menudo recuperadas para ese equivalente asténico del campesino que es el ciudadano que pasa una temporada. En el caso de un jubilado, a lo mejor pasa todo el año en el campo, al comprar eventualmente una parcela de terreno y cultivar. pero sin vivir normalmente en él. ¿Qué se ha hecho, pues, de las guarnicionarías, las ferreterías y otros establecimientos donde se adquirían instrumentos, hoy privados de función? Pues, simplemente, se han reciclado. Se siguen

stores, shops, etc. where the farmers came to buy what they needed for their tasks. Utensils like for example cups, platters, drinking jugs, necessary in everyday life. Social transformations inherent to the economy of our time have done that the region has practically lost its population of authentic farmers, and the farmhouses have in many cases been recovered by the aesthetic equivalent of the farmer that is the citizen that spend some time there. People that are retired might stay all year round in the countryside, buying eventually a piece of land and cultivate it, however not normally living there. What happened to the shops, the hardware stores and other establishments where tools were acquired? Simply they have been recycled. We are still offered these analogous objects, but it has clearly an abstract dimension. What do I mean with abstract? Pots that will never have content, knives that will be hanged on the walls, hats of muleteer that at the most will be used at a fancy dress ball. In places like Ronda, but in any other place as well, you have not changed civilization. I mean you have not exactly replaced a way of life based on agricultural work of the land, the cities and the villages of the land, with a way of life based on factory industry or technology. This is not it, simply, you maintain a kind of caricature of what was before, and present it to them that indeed are marked by industrial and technological civilization. Therefore they participate in a kind of spirit that I would dare to call catastrophic, and which is maintained by the idea that the past or the lost can be reproduced, without any function, but maintaining its qualities. It is a kind of caricature of the admirable work that is carried out by the archaeologist or by the anthropologist. What happens to the archaeologist? The archaeologist explores the traces of the past knowing that they are lost, but that they will help us to find the

ofreciendo objetos análogos, pero que tienen explícitamente una dimensión abstracta. ¿Qué quiero decir con abstracto? Vasijas que nunca tendrán contenido, cuchillos que se colgarán en las paredes, sombreros de arriero que se usarán como mucho en un baile de disfraces. En lugares como Ronda, pero también en cualquier otro lugar, no se ha cambiado de civilización. Quiero decir que no se ha sustituido exactamente un modo de vida sustentado en el trabajo agrario del entorno, de las ciudades y los pueblos del entorno, por un modo de vida sustentado en la industria fabril o en la tecnología. No se trata de eso; simplemente, se mantiene una especie de caricatura de lo que antes se era para ofrecérnoslo a la mirada de aquellos que, estando marcados efectivamente por la civilización industrial y tecnológica, participamos de una especie de espíritu que yo me atrevo a llamar catastrófico, que está sustentado en la idea de que lo pasado o perdido puede ser reproducido, carente de toda función, pero conservando sus cualidades. Se trata de una especie de caricatura de ese trabajo admirable que realiza el arqueólogo, o que realiza el antropólogo. ¿Qué le pasa al arqueólogo? El arqueólogo explora las huellas del pasado sabiendo que está perdido, pero que nos ayudará a encontrar el presente. Eso es lo que hace el arqueólogo, o el antropólogo.

Aquello a lo que se nos invita hoy a viajar nos convierte en esta especie de obrero que en Veneci, ya puede ver aqua-alta en invierno, que a las ocho de la mañana ya está en la calle, el pobre turista. En verano, ya puede haber 40 grados a la sombra o cuarenta y cinco, que en Sevilla está solo en la calle el pobre turista, el único trabajador. Las ocho horas, con frío o con calor, en una de las industrias más rentables, como se sabe. ¿Cuál es la mirada de esta pobre víctima del trabajo alienado? Pues su mirada es análoga a la del investigador, que sólo encuentra fósiles que un contemporáneo suyo habrá reproducido para él. Esto es un poco el sujeto que estamos dibujando. Vaya a Ronda o a Cuzco, va con una suerte de mirada antropológica, mirada de alguien que busca

present. This is what the archaeologist or the anthropologist does.

That which makes us travel today, turns us into a kind of worker that in Venice (you can see Aqua Alta *in winter), at eight o'clock in the morning is already in the street, the poor tourist. In summer it can be 40 Celsius degrees in the shade or forty-five, in Seville you will find the poor tourist alone in the street, the only worker. Eight hours, it being cold or hot, in one of the most profiting industries. How is the look of this poor victim of alien work? Well, the look is analogous to that of a researcher, who only finds fossils that a fellow creature has reproduced for him/her. This is a bit the subject we are drawing. Either you go to Ronda or to Cuzco, your anthropological state of look is a look of someone looking for another civilization, but, what is it that we find? A theatre reigned by the leaders of his own civilization. And this is structural, nobody can help it. Only a radical subversion could put a stop to this infamy. The objects without meaning or function that we are offered, and the cities are, in the best of cases, framed, and often not even that, in a context of objectivity, antiquity and, possibly, beauty, if we should talk about beauty when it is about abstraction. This beauty, these monuments were created by effort, the effort of art, that which Proust defines as the most sober school of life and the true last judgement – this is how Proust defines art: "the most sober school of life and the true last judgement" – these objects, which respond to demand were created by material and spiritual demands, and at occasions by blood. Think of what the Fundamenta of Venice meant. Our civilization aims to capture this, for example simply through a digital camera, well, it is a triviality to say that images run by digits, which constitute the spiritual base that is given to our citizen, are not only superficial, but*

otra civilización, pero ¿qué es lo que encuentra? Encuentra un teatro regido por los jerarcas de su propia civilización. Y esto es estructural, no hay quien lo remedie. Sólo una subversión radical podría poner coto a esta infamia. Aquellos objetos sin sentido ni función que se le ofrecen, y aquellas ciudades, se hallan, en el mejor de los casos, enmarcados, y a veces ni eso, en un contexto de objetividad, antigüedad y, eventualmente, belleza, si cabe hablar de belleza tratándose de abstracción. De esa belleza, de esos monumentos que fueron creados por el esfuerzo, el esfuerzo del arte, aquello que Proust define como la escuela más sobria de vida y el verdadero juicio final —así define Marcel Proust al arte: «la escuela más sobria de vida y el verdadero juicio final»—, esos objetos, que responden a la exigencia fueron creados por la exigencia material y espiritual, y en ocasiones por la sangre. Piensen lo que supusieron los fundamenta de Venecia. Intenta nuestra civilización que eso sea captado, por ejemplo, simplemente, por la cámara digital; pues bien, es una trivialidad decir que las imágenes vehiculadas por dígitos, las cuales constituyen la base espiritual que se ofrece a nuestro ciudadano, son no solo superficiales, sino que esconden su superficialidad y entonces son falaces. No sólo carecen de lugar aristotélico, sino que poseen la pobreza de lo abstracto. Decía que, si al decir de Hesíodo «todo tiene lugar», el lugar ha de ser siempre algo subsistente, separado, marcado por el tiempo y con una función. El lugar afecta a la usía, nunca a lo superficial. Lo sustancial exige la totalidad de las dimensiones de la cosa que se ofrece, incluidas sus funciones. Escudos que sirvan para parapetarse y cuchillos que sirvan para cortar. Por ello, de lo sustancial se halla privado tanto aquel que acude a una de estas ciudades, yo decía de Ronda porque es una ciudad que no es cara, como aquel que accede a estos lugares a través de las imágenes, por ejemplo de una cadena televisiva muy prestigiosa en nuestro universo, me estoy refiriendo a Arte. La cámara de Arte se complace cuadro a cuadro en una antológica veneciana, es una cosa que vi. Al mismo tiempo los clássicos franceses o españoles de las

they hide their superficiality as well, and then they are false. Not only do they not have Aristotelian place, but they possess the poverty of the abstract. He said Desiodo «everything has place», place always has to be something subsistent, separated, framed by time and with function. Place affects Usia, never the superficial. The substantial requires the totality of dimensions of the given thing, including its functions. Shields for protection and knives for cutting. Therefore, you have given up the substantial if you arrive to one of these cities, or if you come to these places through images, for example of the prestigious television channel Arte. The camera, focusing from one scene to the other, takes pleasure in a Venicean anthology. At the same time the classical French or Spanish of different European radio stations retransmit a "premier belle" another, really absent in that world, and there is my thesis, because of the ontological impossibility, there is no superficial entity. The superficial is not substantial, I repeat. It is inevitable that all this turns into fallacy, and the representatives of this system translate it verbally, the speaker evokes a cultural happening and offers us a fragment, for example musical notes isolated from a poetic reading.

This might have happened somewhere. Then the same voice goes on to other news, which can be of the same cultural kind, or of war or gastronomy. Everything is equivalent, everything is nothing, everything is superficial. Think of the character of Marcel Proust, Madame Verdurin, who also contemplates the catastrophes, not of Iraq, but of the war on the outskirts of Paris, having her croissant, eating her croissant, tasting her croissant in the morning, before the superficial images then conveyed by the newspapers saying: what a tragedy! This is more horrible than anything! And Marcel Proust describes her

diferentes radios europeas retransmiten una *premier belle* del canto, mas no dándose en tal mundo, y ahí está mi tesis, por imposibilidad ontológica, cosa alguna, no hay entidad superficial. Lo superficial no es sustancial, repito. Es inevitable que todo eso se convierta en falacia, y los propios representantes de ese sistema lo traducen verbalmente; el locutor evoca un acontecimiento cultural y nos ofrece un fragmento, por ejemplo notas musicales aisladas de un recital poético. Esto tuvo quizá lugar en algún sitio. Después la misma voz pasa a otra cuestión de actualidad, que puede ser cultural asimismo, o bien guerrera o gastronómica. Todo es equivalente, todo es nada, todo es superficial. Recuerden el personaje de Marcel Proust, Madame Verdurin, que contempla también las catástrofes, no de Irak, pero sí de la guerra en las puertas de París, y ya que tenía su *croissant*, comiendo su *croissant*, por la mañana, degustando su *croissant*, ante las superficiales imágenes vehiculadas entonces por los periódicos y diciendo: ¡qué tragedia!, ¡Esto es más horrible que todo!, y Marcel Proust describe su cara mientras degusta el *croissant* contemplando la guerra mediática. Todos hacemos eso todos los días.

De ese mundo abstracto, el llamado turista es el único que se debe compadecer; con sus cámaras, es el único trabajador, ya digo, a 45 grados en Sevilla y con *aqua-alta* en Venecia. Con sus cámaras intenta emular lo que la parcela de inevitable ocio en su vida cotidiana le ofrece a través de cosas como arte. Imaginémoslo en Venecia, ante él aparece Venecia. Saben ustedes que Venecia es pasto, ustedes que son arquitectos, pasto de una despiadada rapiña mediática. Yo era profesor en Venecia hace dos años y vivía enfrente de la ópera, y oía todos los días el ruido de la ópera que se estaba reconstruyendo. Vivía enfrente mismo. Ahí van a hacer lo mismo que aquí: un teatro en el cual las grandes puestas en escena modernas tengan cabida, pero un 30% del teatro no lo va a ver. Saben qué pasa aquí en esta ciudad, un 30% del Liceo no ve, y en principio la justificación para rehacer el teatro es que

face while she tastes the croissant watching the mediatic war. That is what we are all doing everyday.

Of this abstract world, the so-called tourists are the only ones to feel sorry for, with their cameras they are the only workers, believe me, in 45 degrees Celsius in Seville and with Aqua-alta in Venice. With the cameras they aim to emulate what this piece of ground, offers through for example art. Let us imagine the tourist in Venice, before him/her appears Venice. You know that Venice is pasture, you that are architects, pasture of a merciless mediatic robbery. I was a professor in Venice two years ago and I lived opposite the Opera house, and every day I heard the noise from the Opera house that was being rebuilt. I lived right opposite. There they will do the same as here: a theatre to fit big modern stage settings, but 30% of the theatre will not be able to see them. Are you aware of what is happening here in this city, 30% of the Liceo does not see, and actually the justification for redoing the theatre was that big stage settings should be seen. They are going to do a similar operation in Venice. Venice, before its frustrated adorers does not offer them even a single left-over. In some of his letters Kafka says to Milena that written kisses do not reach their destination, well, ghosts drink along the way what should have been served and it remains captured in images. My friend Javier Echeverría talks about domestic cosmopolitans in one of his books that earned many prizes. These sad digital cosmopolitans simply deceive in their conscious demand for information at the price of mutilating something that is within us all. The price is what I called Aristotelian love for substance, the farmer's love for the concrete, that in the case of Venice perhaps it would be a tendency to submerge into the water, and Venice, indifferent to the illusions of

había que ver grandes puestas en escena. Operación análoga se va a hacer en Venecia. He visto que hay una comunicación al respecto que me gustaría asistir (en este Congreso). Venecia, ante sus frustrados adoradores, no les ofrece ni el menor despojo. Hay unas cartas de Kafka donde dice a Milena que los besos escritos se desvanecen en el camino pues bien, los fantasmas beben en el camino lo que hubiera de servir y quedar plasmado en las imágenes. Mi amigo Javier Echeverría habla de cosmopolitas domésticos en un libro suyo que tuvo muchos premios, y estos tristes cosmopolitas digitales simplemente engañan en su exigencia conciente de informarse al precio de mutilar algo que está en todos. El precio es lo que llamaba yo el amor aristotélico por la sustancia, el amor de todo campesino por lo concreto, que en el caso de Venecia quizás sea una tendencia a sumergirse en la laguna, y Venecia, indiferente a los espejismos de la "*performance* digital", trasmite un mensaje, que en todo caso sí fue aprehendido por el texto. Hay un párrafo de Proust absolutamente conmovedor que le hace decir a Venecia lo siguiente: «Aprehéndeme ahora que paso ante ti, si tienes fuerza para ello, y lucha por resolver el enigma de fertilidad que te propongo», e inmediatamente la reconocí. Era Venecia, aprehendida y captada por la palabra de Proust. Nunca, porque la palabra es lo único que quizás no esté directamente afectada por el tiempo y que, sin embargo, tiene todos los caracteres de lo sustancial.

Quisiera aludir a un hecho. Un gran pensador, no de moda, que condenaba las tendencias a convertir el mundo en simulacros de quien todo es compatible —la bondad es compatible—, dice que sólo al precio de la abstracción se conseguía que las cosas fueran bondadosas, y escribe este texto terrible: "La ternura común por las cosas, que se preocupa tan sólo de que éstas no se contradigan, olvida que con esto se cae en la abstracción, y la contradicción no se haya solucionada, sino que se transforma, pasa a otro lugar, es decir, a la subjetivi-

the digital performance, transmits a message, that after all was learned by the text. There is a paragraph of Proust that is absolutely touching that makes him say the following to Venice: «take me now that I am before you, if you have the strength for that, and fight to resolve the enigma of fertility that I propose to you», and immediately I recognized it. It was Venice, taken and captured by the word of Proust. The word might be the only thing that is not directly affected by time and that, however, has all the characteristics of the substantial.

A great thinker, not fashionable, who condemned the tendencies to turn the world into simulacrums where everything is compatible – goodness is compatible – says that only at the cost of abstraction things would become good. He writes this terrible text: «the common tenderness for things, the only preoccupation is that they are not in contradiction, forget that with this, you fall into abstraction and the contradiction is not solved but transformed, it moves to another place, that is, to subjectivity, to subjective reflection that turns purely extrinsic. That is, the one who flees contradiction will necessarily live in abstraction.»

Our legislators, councillors, architects and programmers in general do not actually ignore that the negative exists, and I do not think they believe that there is room for a city without groans. This makes reference to an aspect of the city of Barcelona. There are some with a Samaritan spirit and others are simply hypocrites. But in the case of our city they all come together in a project, a project of turning the city into an abstract place where, as I was told recently, people can experience simulacrums of poverty in the third world simply by participating in festivities. Barcelona aims to be a place where only the aspects of coexistence are visi-

dad, a la reflexión subjetiva que se convierte en puramente extrínseca». Es decir, el que quiere huir de la contradicción vivirá necesariamente en la abstracción.

Nuestros legisladores, ediles, arquitectos y programadores en general no ignoran realmente que lo negativo se da *de facto*, y tampoco creo que todos ellos estimen que quepa realmente una ciudad sin gemidos. Esto hacía alusión a un aspecto de la ciudad de Barcelona. Unos tienen, por así decirlo, espíritu samaritano y otros son simplemente algo hipócritas. Pero en el caso de nuestra ciudad, unos y otros coinciden en un proyecto, un proyecto de convertir la ciudad a la vez en un lugar abstracto donde, como se me contaba ayer, se intenta que se vivan simulacros de la depauperación de gente del Tercer Mundo simplemente asistiendo a un festejo. La ciudad de Barcelona intenta conseguir ser un lugar donde sólo los aspectos convivenciales sean visibles, convivencia entre clases, entre adultos, entre comunidades, entre adultos y niños, entre hombres y animales. Si eso fuera verdad, se habría pasado por lo concreto y se habrían asumido las contradicciones inherentes a esta ciudad, como a todas. Tal no es el caso.

Y para cerrar esta conferencia, me referiré a un hecho que ilustraré. El viernes 27 de junio, un importante diario de esta ciudad imprimía a toda p-agina un anuncio que rezaba: «Los barceloneses estamos enfermos de diseño», y en caracteres menores: «La estética nos pierde. Otros solo ven muebles, nosotros vemos cultura, moda, estilo de vida, mataríamos por un diseño... exclusivo! Somos unos *snobs* sin curación», y el texto se ilustraba con la imagen, en blanco y negro, de un trivial sofá, o sofá cama, cuya virtud, y hasta novedad, escapaba por completo a lo que se atenía la imagen. La ternura común por las cosas que intenta evitar la contradicción sólo consigue que ésta se traduzca bajo la forma de una subjetividad alienada, cuando no embrutecida.

Muchas gracias por su atención.

ble, coexistence between classes, between adults, between communities, between adults and children, between men and animals. If this were true it would have shown in concrete things and you would have assumed contradictions inherent to this and to all other cities. This is not the case.

Finally, I will refer to an incident that I will illustrate. On 27 June an important newspaper in this city did a whole page announcement that read: «The Barcelonians are sick of design», and with smaller types: «We are lost in aesthetics. Others only see furniture, we see culture, fashion, life style, we would kill for an... exclusive design! We are snobs that cannot be cured», and the text was illustrated with an image, in black and white, of a trivial sofa, or sofa bed, whose virtue, and even novelty had nothing to do with the image. The common tenderness for things that is aimed to be avoided in to avoid contradiction only obtains that it is translated in a manner of alienated subjectivity, when not stultified.

Thank you for your attention.

The street

Jaan Valsiner

I begin with a deceptively simple question—what is a street?—and end up with the whole universe of human culturally organized life. What looks as if it is nothing—the «in-between space»—becomes the arena that is the missing link—a stage— in the relation between a person and a society.

From a purely formal standpoint, the street is an aperture—a kind of «empty space» between human-made structures. In the most general sense, the street is made by breaking the homogeneity of the substance to include a break (Figure 1). The substance in which the break is made is human-made—a naturally occurring break at the drifting of continents, for instance, does not create a street (Saramago, 1995), but a catastrophic break. In contrast, a street as an aperture unites the parts of the whole «in between» of which it is created.It is a link, the bond between the known and the unknown, the familiar and the surprising.

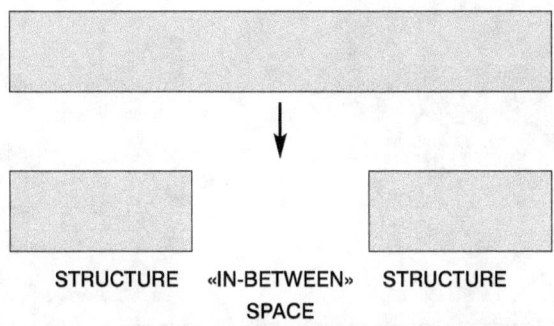

Figure 1. *Street as an aperture*

Street is created within the surrounding of archi-textured environments—village, or town. It is a trail –or a path– in a human-made, urban environment. It is a part of the whole of human cultural transformation of the natural environments. As part of the culturally textured environment, the street as «empty space» that is left for passageways «in between» of building structures is not «empty». It is structured culturally for both of its psychological functions—moving into the place already known, and moving out of the known—the unpredictable— to the increasingly unknown (Figure 2).

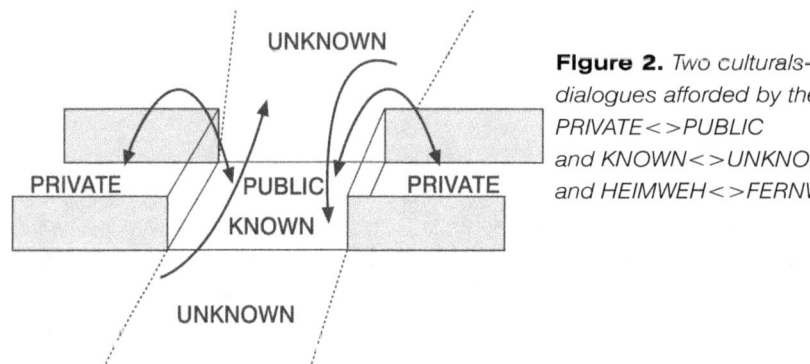

Figure 2. *Two culturals-psychological dialogues afforded by the streets PRIVATE<>PUBLIC and KNOWN<>UNKNOWN and HEIMWEH<>FERNWEH*

The street affords moving— in two directions— onto it, and through it. Both directions entail novelty for the person(s) on the move—yet of different kinds. Passing onto the street from its formative boundary structures entails moving onto a known arena where new social events may take place. These can be traumatic, dramatic, violent, or about to become so (e.g., Figure 3) or merely maintaining the relative ordinariness of everyday life—of social encounters (Figure 4). In the middle of a very ordinary street scene an extraordinary experience may take place. Social dramas that vary between all extremes can be played out on the familiar public

Figure 3. *A street as a public arena for a social event*
A. *Impeding confrontation of social forces*   B. *After a confrontation – bomb crater in a street*

domain of the street. The street is the place for private negotiation of the public domain— that takes place within that public domain. The person moving through a street is an inevitable peripheral participant of all that is happening in the street.

Peripheral participation in social events is the main process of human social development.It provides the input flow for internalization/externalization processes that continue within the person long after the experienced episode is over. Thus, the accessibility of persons to street scenes is likewise used to guide the peripheral participation of people in the street crowds towards different social goals, and guard them away from others. In that *guarded and guided participation* (VALSINER, 2000, chapter 12) the street is also the venue for public negotiation of the private domains.

The street as a part of the whole— constructed urban structure. The street is a result of the move of human habitats from sedentary rural settlements to urban contexts. It is a component of the wider semiotic structure of the urban space (Boudon, 1986; Fauque, 1986; Lagopoulous, 1975)—yet one that is usually under-emphasized in favor of other structural parts (buildings, gates, monuments, etc.).

All urban worlds are culturally constructed spaces. Such urban space ... has a history. It not only signifies some meaning, but also represents the end result of an economic and political process through which one among many meanings and conflicting uses has acquired hegemony. As a space it then serves to reproduce that particular interest and use against other contending ones. Oppositional signs exist not only as alternative uses or facades which were

Figure 4. *Ordinary activities in the street*
 A. A market street (Seoul)
 B. Encountering strangers

repressed during the hegemonic process. Urban space, and, in fact, any space belonging to a stratified society with an oppositional social structure, represents the material manifestation of dominant interests orchestrating social organization along with the traces of historical challenges to this hegemony. The surface naturalness of appearance and its taken-for-granted quality provides false testimony for what is a constant, often contentious process of group struggle over the control of spaces. (GOTTDIENER, 1986a, pp. 214-215)

There is hardly a better testimony for the tension of the history of various ideological "voices" than the Gedächtniskirche in Berlin. As a memory device, a war-damaged church is left relatively un-repaired in the middle of newly re-built city, and turned into a museum. Yet it develops new uses—as a place for contemporary bill-board advertising.

City environment as a whole is heterogeneous. Increased urbanization of human life environments leads to hyper-differentiation of the loci of human development. Such plurality creates both the freedom and the regulatory role of the city. As Dietmar Görlitz has observed,

> There is probably no entity in the world in which there gather as many active, indifferent strangers intertwined in a wider variety of orthogeneses and observing each other at a wider range of angles—from the street to the top of high-rises—as in the large city, with the virtual presence of others behind innumerable windows, in a maze of constantly shifting configurations that foreshortens what is given to an often fleeting, always selective, visual, perceptual impression...
>
> ... city life and the city as an alternative way of living *explodes the simple, internally directed centering of the traditional orthogenetic principle into many scattered, colliding, mutually supporting or restricting orthogeneses of mutually indifferent, unconcerned, or even mutually committed partners.* (GÖRLITZ, 1998, p. 309, added emphasis)

By such multiplicity of cultural direction of human lives, the urban environments guarantee its dwellers the episodic nature of the social regulation of their conduct. The agents of such regulation vary from one setting to another, their goals may vary from one time to another, providing the person with the «freedom to migrate» between the settings. Such migration requires passageways—streets—which are of various functional kinds (no-through, through, central streets—BRENDLE, 1993, pp. 214-215). The different functions of the streets as the connecting tissue of the city depend on the whole of the city.

The spatial and temporal functional structure of the city structure—including that of the street— fits the general realm of the theory of bounded indeterminacy (VALSINER, 1987) and constitutes a cultural arena for directing the streams of sub-conscious, conscious, and hyper-conscious (VALSINER, 2001, 2003) relating of the person with the social world. The notion of

constant evaluation of the beauty or dangerousness of a particular environmental setting is an affective process that entails feed-forward from established hyper-generalized semiotic fields into the immediate perceptual appraisal of the situation. A person who turns the corner in a mediaeval city, and exclaims "how beautiful!" when confronted with an old, run-down, dirty old house is affectively pre-oriented by aesthetic feeling fields to "find" beauty in the old, rather than in the cleaned-up versions of the old.[1]

The street in relation to the home. Human beings create over-generalized feeling fields to capture the holistic meaning of a place—a certain dwelling is not just one's place of living, but a home. That feeling can be created in relation to many places—a house, an office, a car, a street. It is the personal-cultural hyper-generalization. Given the territoriality and protective functions of human ordinary live arrangements, the home is—more often than not—a dwelling.

The street is the façade side of the built environments— where many social events may take place. It creates the oppositional contrast with the back side—back yard— of the houses— usually impassable apertures that are often hidden from public view by fences and walls. As the place for the departure from the private territory of the person (domestic space) to enter into the public arena, the street is a boundary space. It is a liminal place for transitory identity processes of human beings to be acted out. This makes the street into the key for integration of the psyche's of people in (and around) the street. It is a boundary zone—a case of liminality both in space and in the minds. Yet,

> ...liminality is not only transition but also potentiality, not only "going to be" but also "what may be," a formulable domain in which all that is not manifest in the normal day-to-day operation of social structures (whether on account of social repression or because it is rendered cognitively "invisible" by prestigious paradigmatic denial) can be studied objectively, despite the often bizarre and metaphorical character of its contents. (TURNER & TURNER, 1978, p. 3)

The study of streets goes through people—and the temporary appearance of people in the street makes such study possible. The street is a stage—and all people who participate in its spectacle are actors on that stage. Psychologically, encountering that stage entails the transition to settings of public exposure of the self, uncertainty of experiences, use of cognitive tools to anticipate these experiences, dialogical negotiation of the personal self with public social order, and seeking of new thrills. The street is simultaneously dangerous and alluring, uniting and separating, free and un-free. It is a place that supports the tension between two major cultural-psychological processes outlined by Ernst Boesch (1997, pp. 79-105)—Fernweh (striving towards the far-off, foreign, unknown, and thrilling) and Heimweh (striving towards the known, familiar, safe). This dynamics of "otherness" is the universal of all

psychological functioning of human beings (Simão, 2003)—human beings are in constant movement at the boundaries of the known and the unknown.

It is precisely at the near-familiar world where the non-familiar appears in its biggest contrast –and the street is the usual arena for that in our urbanized world. Historically, it is a theatrical arena of sociological importance, as it makes possible for

> ...workers, poor people, and racial minorities to broadcast messages to large numbers of people, which partly explains the vibrant popularity of parades of all kinds and the variety of autonomously produced mobile performances. The street was shared more equally than any other space. A decision to strike, a meeting's outcome, or a festive gathering could move quickly from an assembly into a marching line that conveyed a message to coworkers, neighbors, and the city at large. (DAVIS, 1986, p. 33)

The relativity of the meanings HOME<>STREET is testable by the meaning reversal: the street may become the home, and the previous home—an external environment that is liminal in the same way as the street is in its usual function. The position of the street in that role is relative—as the predicament of turning the street into the home indicates (APTEKAR, 1988; GÜNTHER & GÜNTHER, 1998, Pandey, 1991). Such home-in-the-street may be vulnerable by intrusions from outsiders (raids by police and other local gangs, etc.) and develops its own meaning system that is focused on the concurrent survival (FLEISHER, 1995, pp. 212-215).

If the street becomes home— the buildings surrounding it may become challenges of novelty—the homeless street children have no access to the homes of the sedentary house-dwellers. More importantly —the sedentary environments that are set up for «rehabilitation» of the street children often need to operate with the "open barrier" policy—the homeless can come and go as they wish. In the realm of meaning reversals, the entrance to dwellings (shelters) is functionally free in ways similar as the stepping onto a street is in the regular meaning setup. The culture of the street is apprehensive about being kidnapped into a dwelling, in ways similar to house inhabitants are apprehensive about being kidnapped in the street.

The street as the beginning place for a journey elsewhere. The street is the arena for the beginning of exploration of the wide world beyond the horizons of the known social world—to somewhere else. It is also the place of arrival—in a previously unknown urban environment.

In its usual role, the street the place for movement—a means to getting new experiences. It is the place for the action for meaningful alterity— expanding from the "secure base" of the home, the street is the place to move towards events that are new—and yet close to the old.[2] The orientation towards away from oneself is already encoded at the perceptual level—the

Figure 5.
A Road that Suggest There is Somewhere Else (Via Traiana, Italy-Esch, 1997, p.55)

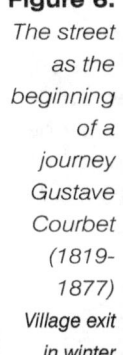

Figure 6.
The street as the beginning of a journey Gustave Courbet (1819-1877) Village exit in winter

linear perspective of purely graphic kind creates for human visual system the image of depth of the road to far away. When further supported by traces of human action in the making of a trail, pathway or a road (Figure 5) suggests the socially guided movement towards somewhere else («there is a road to somewhere») as well as caution about using it («who knows where it may lead ?!»). The beginning of such movement towards the unknown is both alluring and disquieting. Such uncertainty is bounded by the goals-oriented movement of people. Movement is the core of being human—as it is the basis for all actions that modify the environment. Human life is a kind of a journey—a «tour» through one's own self-constructed life space. In this respect, «tour-ism» is rooted in the very essence of being human (MASATOSHI, 1995).

Figure 7. *The road proceeds-beyond the asphalt*

The journey –for pleasure, business, or pilgrimage– is a way of constructing one's self. It has been collective-culturally promoted in many versions— ranging from pilgrimage (TURNER & TURNER, 1978) to tourism (GILLESPIE, 2005 in press). While on the journey, the cultural structuring of the street becomes a road (Figure 6), and the road may change its human-made texture from asphalt to gravel (Figure 7), or seem to come to its end in a place of no human action

traces—the «dead end». Yet—most likely— it can lead to another culturally structured place—a town (Figure 8) where – in totally unfamiliar context—public events are taking place in the street. These events are new—while being familiar by some similarity. And they may be precisely those of the arrival of the visitor—friend or foe (Figure 9). All of these distinctions are culturally made up by the actors in the scene of the journey and at its destination.

The human psyche as SMS. More importantly, the movement towards elsewhere is a universal human psychological process—it need not take spatial and temporal forms of prolonged public activity. Listening to music foreign to one's home (ABBEY & DAVIS, 2003), daydreaming (Pereira, 2004) or improvisation on the stage of theatres and other settings (SAWYER, 2003), or merely doing something usual in an unusual way— are all characteristics of the Strivingly Moving Self (SMS). Given the movement, and the inevitability of the irreversibility of time in human experience (VALSINER, 1998), the SMS is necessarily dialogical in its nature. Theories of dialogical self (HERMANS, 2002; HERMANS & HERMANS-JANSEN, 2003; MARKOVÁ, 1990) are built upon the axiom of doubleness of the singular events (event A consists of opposition A and non-A). Any action is the opposition between tendencies towards acting and non-acting.

Figure 8. *Entrance to a new place*

Figure 9. *Street and the arrival of the traveler Franz Pforr (1788-1812) – The entrance of Rudolf von Habsburg into Basel, 1808/1810*

Journeys elsewhere are thus –in a general sense– the universal psychological core of human psychological lives. The human-built environments –houses, villages, roads, automobiles, towns, tourist resorts, aircrafts and space rockets– are all both results of some first journey beyond the known (for the first constructors of the cultural tools), and, secondly, established tools for making further journeys possible. For the purposes of SMS, the street is a culturally constructed tool for both the personal and collective cultures (VALSINER, 2000).

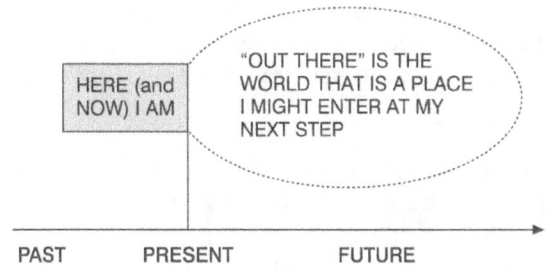

Figure 10. *Human* psyche *facing the future*

As all personal-cultural constructions, the personal meaning of the street is based on the ego-centered distinction that operates in human irreversibility of life-time (Figure 10). The ego-centered point is inevitably the anchor point for any social positioning of a person in environment and in communication efforts (Bühler, 1990). It is in the relation to that ego-center at the given space-time location that any next movement takes place. So, the person steps out into the street—or into a building from the street, crossing the symbolic boundary set up for the PUBLIC <> PRIVATE opposition embodied in the archi-texture.

The collective-cultural organization of the street makes it the major arena for encounters of personal worlds with experiences that transcend the immediate dialogue of the PUBLIC <> PRIVATE kind. These macro-social experiences make the use of the affordance of the street to subject persons in it to new social construction of experience. Some of these are closely linked to public life-cycle ritual observances—wedding or funeral processions that move between the private spaces to the public ritual grounds (cf. CHAUDHARY, 2004, pp. 16-18). It is here that the personal and collective cultures encounter one another—and enter into various kinds of dialogues.

Streets as territories. In terms of environmental psychology, streets are territories imbued with human control and identification functions. The distinction of primary (home), secondary, and public territories sets up a social psychological map for space. Within that, streets are secondary territories—in contrast to primary ones:

Primary territories such as homes are occupied for the longest periods, are psychologically central in meaning and significance, are well marked, under their owners' control, and are likely to be defended against intrusions. Public territories are areas that people can occupy as long as they follow norms and rules. Public territories have little psychological centrality, they are usually occupied for only a short time, control is limited, they are not marked in any permanent way, people exercise little control over their use, and intrusions are not always responded to with vigorous defense. Public plazas, shopping areas, and outdoor settings such as beaches and woods are typical public territories...

Secondary territories are between those two poles... it is more accurate to describe them as a range of possible forms or a continuum between primary and public territories rather than

a fixed point between the two. Some secondary territories for some groups are almost as meaningful and tightly held as a primary territory, whereas some secondary territories have less meaning, are shared readily with other groups, and are closer to public territory. (WERNER & ALTMAN, 1998, p. 131)

The subjective identification of the street in which one's home is as «my street», and the vigilance in the form of "neighborhood watch" indicates the extension of the primary territory to appropriate the secondary one—the street. In a similar way, neighborhood gangs may fight for the territory of a particular street with some other gangs. Yet such appropriation can be—and often is—contested, even in the mediaeval world (REYERSON, 1997). The extent to which street can be socially marked as someone's (or some enterprise's) territory may lead to legal disputes involving minimum space units at maximum fierceness of the fight.

Culture on the road to creating streets— and of its enacted dramas. Probably the first street was any aperture human beings—protohominids and all of us after them—made into the impassable forest. Making a trail entailed doing violence to the nature—for the purposes of making the nature fit with human goals-oriented actions. Human history is the process of domestication of the landscape (MATHER, 2003)—by making trails and roads, signifying different parts of the natural environment by attributing meanings-filled character to the selected places. Burial grounds or deep forests are not merely unknown physical locations of objective dangers from the predators (wild animals), but are turned into places of symbolic dangers always possible because of the wandering malevolent spirits and nasty ghosts.

In the urban environment, streets continue to be indicators of human cultural capacities of creating future objectives, and means of reaching these objectives. The trail, country road, or city street is a means to some end—of human movement of bodies, goods, and creating distinctions between different parts of the environment. The exit from a village is an opening to somewhere else—for a person who leaves the village and arrives somewhere else.

Cultural psychology looks at the meaning construction processes linked with a place. From that standpoint, the street becomes an arena—a stage—through which different non-local social experiences are brought in as temporary, passing-through the street, performances. Thus, military parades, street fairs, ceremonies of public execution, advertising, or religious processions, political demonstrations, etc. may all become parts of the system of importing extra-local value- and meaning systems into the local streets. All street events render themselves to unexpected scenarios— there may be accidents, mishaps, and dramas of improvisational actions by beggars, pickpockets, prostitutes, and politicians. The local people only need to be drawn by their curiosity for the novel events into the streets—and the passing processions bring the «symbolic goods» to the massive audiences. Who controls the streets controls the crowds—and crowds play a significant role in any transformation of the given state of the society.

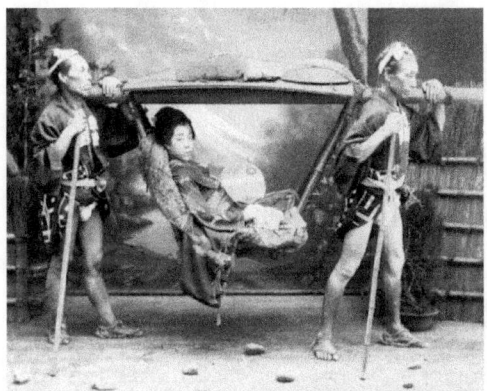

Figure 11. *Sedan chairs in a Chinese city, beginning of the 20th Century (WANG, 2003, p. 194 and p. 196). A. Sedan chairs and carriers (left). B. A dog knocks down a woman's sedan chair (right).*

The entrance to a town may mean entrance into new social roles—of the conqueror, or craftsman, or a homeless urban vagabond. Each of these social roles has established their own ways of movement in the town streets—by foot, by bicycle, by car, by sedan chair, by rickshaw, by a horse, by limousine— or by a tank. The specific social role/power distancing is encoded into the means of in-street movement—from strolling the streets by foot to the motorcade of VIP limousines of lowered blinds and with motorcycle escorts. Social class differentiation is visibly displayed in the ways of transportation through the streets. In 1916 the Chinese city of Chengdu was described as

> ... full of officials, both in and out of office, who move about the streets in sedan chairs carried at a great speed. The chairs were peculiar in that the long poles were curved, with the body of the chair resting on the top of the curve. When carried, such a chair is held well above the heads of the crowd. Sedan-chair carriers spoke in jargon, which helped to maintain working harmony and also alleviated boredom. The rear carriers listened to the front men's rhymed couplets that warned of the dangers ahead, and the rear men acknowledged that they understood. (WANG, 2003, pp. 193-194)

The dangers of moving such large team-carried vehicles safely through crowded city streets were formidable, and accidents with sedan chairs common (Figure 11). In our contemporary urban world, the sedan chair is conveniently replaced by extra-long chauffeur-driven limousines that demonstrate their power by making wide turns is small streets and demanding double parking space in front of fancy buildings.

Barriers, power relations, and affect. The ways in which people move in the street exemplifies the existing social roles by way of dramatizing those in the public arena. Different means of moving around in the street indicate the inherent ambivalence in social power relations. Thus, in the middle of 1940s Fez, in a retrospect of a young girl,

Most people walked on foot in the Medina. Father and Uncle had their mules, but poor people like Ahmed had only donkeys, and children and women had to walk. The French were afraid to walk. They were always in their cars. Even the soldiers would stay in their cars when things got bad. Their fear was quite an amazing thing to us children, because we saw that grownups could be as afraid as we could. And these grownups were on the outside, supposedly free. The powerful ones who had created the frontier were also the fearful ones. The Ville Nouvelle was like their harem; just like women, they could not walk freely in the Medina. (MERNISSI. 1994, p. 23)

All peripheral participants in the street events are related by mutuality of complementary social roles. Children—usually at the lowest level of social power (therefore having access across semiotic boundaries of social relations) are at the same time high in the importance for future – and hence under constant surveillance for where they have access. Social importance of a social group leads to segregation of the class by way of symbolic (and often architectural) boundaries. Such barriers are created both in the physical set-up of a street—by parked cars, barriers, stalls—as well as by internalized meaningful fears about the public domains (e.g., potential of meeting drug addicts, kidnappers, social deviants, muggers, etc. —Carbonara-Moscati, 1985, p. 122). The ambivalence of the personages in the street is an inevitable side of its role as a secondary territory.

The collective-cultural meaning systems built around street have been ambivalent. In the Western histories of everyday life it is possible to trace the opening of the urban world out of the home territory for the persons who have been most constrained by home confinement—women and children. The passage from private to public territories (and vice versa) is regularly guarded by social limits, access rules, and limitations—the history of locks, sentinels, and passwords is an ever-living testimony of the human tendency to build barriers to limit their own freedom of action. When 1880s London began to provide independent activity contexts for affluent women out of their homes, the meaning systems accompanied such adjustment by making trips to the city flavored as «being at home». The feeling of safety

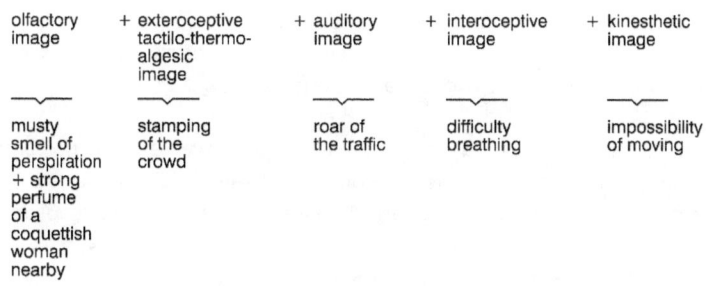

Figure 12. *Waiting for a bus: holistic signification og the context (Fauque, 1986, p. 147)*

was projected outwards from the confines of the home base to the uncertain public environment —now including lures like shop windows. Yet the presence of women in the streets remained ambivalent —the women in the streets were either "fallen" (to be "rescued" or «virtuous»— a dichotomy difficult to detect in the ever-creative world of human presentation;

Faded looks, painted faces, gaudy, seedy clothes supposedly marked off the streetwalkers from respectable ladies, dressed in muted colors, tailor-made jackets and waistcoats. Nonetheless, in the mid- and late-Victorian period, even as police cleared the streets and theaters of prostitutes to make room for the respectable women, these two categories constantly overlapped and intersected at the juncture of commerce and femininity. Although Victorians expected the vices and virtues of femininity «written on the body,» confusions over identity frequently occurred. In the elegant shopping districts around Regent Street, prostitutes, dressed in "meretricious finery," could and did pass as respectable, while virtuous ladies wandering through streets, "window glazing at their leisure" often found themselves accosted as streetwalkers. (WALKOWITZ, 1992, p. 50)

The uncertainty of identity in the street was general— to differentiate the intentions of the particular stranger who is encountered in close proximity is no easy task. The ambivalence about the public domain continues to our present day, and finds its expression in instructions to children about encountering strangers. Neither is that uncertainty new—already in the Ancient Roman cities the acts of sexually-based overtures were sufficiently prominent to warrant special legal actions against them.[3]

The differentiation of private/public transportation means has historically led to the establishment of public transportation—by taxi, bus, trolley-bus, tram, subway, etc. Here the physical distances between bodies are temporarily diminished and new proxemic structures for public transportation set into place. Conduct in the public entails whole bodily experience. FAUQUE (1986, pp. 146-147) has analyzed the signifiers involved in a simple act of waiting for

a bus in a crowded street (Figure 12). The redundant and unified total bodily experience —of smelly, warm, noisy, and kinaesthetic images—is the actual meaning of the experience in the socially set conditions for collective movement through the city.[4]

The liminal nature of the street as a place leads to ambivalence of tolerance and intolerance towards different social role bearers in the setting. Certain social groups may be barely tolerated in the streets —beggars, thieves, and streetwalking prostitutes have repeatedly been targets of eradication efforts in city streets by the social powers that govern these. Yet their presence in the streets supports the social organization of the given society as counter-roles (RAMAJUNAN, 1991) and anti-languages (HALLIDAY, 1976) do. In an integrated structure, the dominant parts depend upon the sub-dominant ones (and vice versa).

Improvisational actors in the street: beggars dramatizing conventional values. The social role of beggars has been prominent in the history of most

Figure 13. *A beggar in a city*

countries of the World. Their social roles are inherently ambivalent—beggars are a class not easily tolerated in the public domain of streets,[5] yet their being there actually supports the social order that marginalizes them. The view of a beggar in a street would evoke duty or sympathy in the potential donors to give alms—hence the very act of successful begging depends upon the complementarity of the roles of the donor and beggar, the giver and the receiver. By begging, the beggars made it possible to fortify the social class difference of the givers from the marginal social strata—the act of non-reciprocated giving is often an act of distancing.[6] Yet beggars would form their own social groups—regulating their activities, and negotiating their roles in the class structure of the town.

Begging is a symbolically dramatized act—hence the theater of the street is the fitting venue for its accomplishment (Figure 13). It builds upon the illusory intersubjectivity (Rommetveit, 1992) between the beggar and the donor—under the setting of the stage by the beggar. The targeted donor may understand the dramatized nature of the beggar's act very well—and still succumb to the sequence of psychological processes that leads to the making of the donation.[7] In the Chinese city of Chengdu,

One beggar, surnamed Li, lived with a group of fellow indigents by the Imperial River. Being young and healthy, but shabbily dressed, he received little sympathy from pedestrians or from waiters in restaurants, who considered him to be lazy. One day, an old beggar gave him advice: «There is a blind, old woman living along in the corner of Horse Riding Street. Why don't you carry her on your back and claim that she is your mother? You will become a 'dutiful son' while begging with 'your mother.' I guarantee you will get enough to eat if you do so.» Li «saw the light» and did what the old beggar suggested. From that moment on, the «dutiful son» carrying his blind, old «mother» on his back was a familiar sight in Chengdu. On the crowded street corners, he would seat his «mother» on a pedestal and feed her leftovers. His «filial piety» gained such immediate renown that people brought food and money just to get a glimpse of the «Dutiful Son Li» who «begged to feed his mother.» (WANG, 2003, pp. 100-101)

The value on which the sympathy was based here—filial piety—may be specifically powerful in the Oriental societies, but the general principle of relying upon a basic value that upholds the illusory intersubjectivity is universal. In the Occidental world, instead of {borrowing a mother» the beggar may "borrow a child" for similar purposes.

The reverse social role of the beggars (who want alms) is that of various kinds of street sellers— mobile («push-cart» sellers, newspaper sellers) or stationary («kiosk» or «stand» based sellers). Competition between the on the street and at the street (shops in the buildings aligning the street) sellers may become dramatic (e.g., see the description of «push-cart evil» in New York City—Bluestone, 1991). The legal issues of licensing the places for street vendors are a reflection of the tensions in the public space.

Of course the transfer of property in the street can occur also in ways different from giving/getting or alms and selling/buying of goods. The dangerousness of the public domain is exemplified by the unintentional loss of property (to thieves and pickpockets), or of lives (military and other violent actions).

Social regulation of public movement. The space in-between buildings within a town is limited, leading to high concentration of the people within small spaces. Implications are profound—epidemics have endangered the lives of city-dwellers in the history of towns, towns have been the places for social power struggles, etc. The crowdedness of the urban streets facilitates the turning of these places into theatrical arenas for the activities of all the social role-players and events described above—and more.

Crowds in closed spaces are dangerous—accidents and disorder can evolve. It is not unusual that whenever the public order in a town is altered, looting of the valuable targets in the street may occur. Hence the social public order is regulated by social roles of power—traffic police and their volunteer helpers, signs that regulate the movement of people across, and along,

A. Passageways for all (Melbourne's Victoria Parade)   B. Passageways compressed (Kyoto)
Figure 14. City street functionally divided

the street. The street can allow for separation of different kinds of passing-through traffic (parked cars, pedestrians, bicycle, car, tram—Fig. 14.A.) or marked separation of pedestrians from the rest of the traffic (Fig.14.B.), with corresponding locations for crossing the multi-flow traffic of the street (traffic lights, pedestrian crossings). Or—the different passing-through flows may be mixed (Fig.15). The role of private world in structuring public space is at its maximum here (e.g., any social event within the houses on either side of the narrow street can block the through-traffic), whereas on the wide public multi-flow thoroughfares of a city (Fig. 14.A.) such informal appropriation of the public domain would be contested by the social institution. In our days, municipalities grant permits for the use of city streets for demonstrations, close streets down for cars, etc. The addition of new forms of traffic to the existing organization of through-passing flows has been documented to evoke social tensions (e.g., planning railroad tracks onto town streets in U.S.—STOWELL, 1995). Similar tensions existed already in ancient Rome— cart trips in the darkness would be dangerous (so that advice was given «to send a slave ahead on with a torch or lantern»— JACOBELLI, 2003, p. 68). The surface of ancient roads (Figure 16) did not facilitate a smooth ride in wheel carts even during daytime—so the invention of the sedan chair was a comforting solution to the higher social classes.

Figure 15. Street in Tui, Galicia
Unstructured home/street transition:
no separation
on the onto-the-street and through-the-street public movement (see arrows)

Figure 16. *Pompeii streets (from Jacobelli, 2003, p. 63 and 69)*
A. Main street
B. Stepping stones to cross the street

The cultural structuring of public movement into and through the street can be viewed within the purely practical set of issues, the question of traffic safety has led to the various estimations of what kinds of speed limits to set up for the moving traffic, and how to regulate speed limits for cars and access to cars to different kinds of streets (FLADE, 1993, WECKWERTH, 1993). Mostly the practicality of street regulation is played out on concerns about children's safety in the streets (TORELL & BIEL, 1985; WERNER & ALTMANN, 1998) or on the basis of affordances of the space and moving traffic (HEINE & GUSKI, 1998, pp. 552-554)

Figure 17. *Cultural regulation of safety and institutional dependency in the street – helping children cross the street (Seoul, Korea)*

The needs of children crossing city streets (Figure 17) are an interesting case—without doubt their safety on the way to and back from school is of high relevance for social regulation. A uniformed crossing guard uses a flag to guarantee the safety of children back coming from school. The relation SELF <> TRAFFIC for the children is firmly appropriated by the

helper and the social institution she represents. The children in the city—who are faced with street traffic on all occasions they are in the streets—have that special occasion of return from school symbolically marked by the protecting institution in the form of the actions of uniformed crossing guards.

Conclusions: Cultural organization of urban worlds

The street is a central place for human development —one that has largely been overlooked both by psychologists (who have stigmatized it as potentially dangerous or corrupting) and by architects (whose main concern is naturally with the buildings that end up creating the street). The street is a complex object of study for psychologists—while for architects it constitutes an object of creative construction (GÖRLITZ *et al*, 1993, 1998). It can take into account the symbolically encoded needs of one or another part of the population—children («child-friendly city planning»—BEYER-JAENICHEN, 1993), women, the elderly, or any other social group.

Psychologically, the street has the enigma of constant departures and returns, and is thus the external projected construction of human internalized realities. Its nature has changed with human history—starting from repeatedly usable trails in the forest, and continuing with the fixation of access roads in sedentary settlements, the roads/streets system became functional in towns. Towns develop their own ways into cities, and larger urban fields, leading to further re-organization of the urban symbolic space.

Such re-organization, however, may lead to functional displacement of the loci where exploration of the non-home world takes place. Encounters in the street may become replaced by those on the internet—with similar ambiguities of the identity and dramatized persuasion efforts of any kind. Or—the road to the unknown town in our highly urbanized environments may bring us to face the challenges of another analogue of a city—the shopping mall:

> ... malls have ugly, blank walls on their outsides, as all activities are turned inward. In fact from the parking lots most malls look like concrete bunkers with an occasional logo of a department store serving as the only break in a monolithic pattern of bricks and steel. The purpose of this design is to prevent loitering outside the mall and quicken the pace with which shoppers leave their cars. ... this denial of the street outside can be called «introversion,» because the mall design captures the self-enclosed, protectionist atmosphere of the Medieval Castle. Thus, while the world outside may be filled with vagaries of urban life in a society characterized by conflict and social stratification, the experience within the mall is sheltered within blank fortresslike walls and by the auspices of its feudal-like proprietor, the mall management. (GOTTDIENER, 1986b, p. 296)

Not surprisingly, the social meeting place of the youth in the sub-urbanized urban environments move to the malls—away from near-home streets, and from parental supervision. The functions of the street can be transposed to many locations given the changes in urban mobility patterns. Yet the actors remain in movement—wherever our roads and streets are set up, we contemplate proceeding along them, act as peripheral participants in the social theatre, and often find ourselves avoiding the journeys the alluring end of the road may suggest. We are all street-children, after all— our streets may be located in different places in the environments, and in our minds.

Notes

1. A test case of this claim is a look at a statue—before it is cleaned from the "dirt" it has gathered over centuries, and after. The "feeling of historical authenticity" may be lost in the latter case—while in most other encounters with "dirt" in everyday lives we would not apply that hyper-generalized affective orientation to ordinary objects, but clean or discard them when they become "dirty".
2. An interesting new transformation of the home/street distinction occurs in large urban areas where people live in high rise buildings—the "street" (as non-home) in these buildings begins from the elevator—a kind of vertical street. The person exits from home (apartment) onto that street (elevator), encounters similar persons in transit—and in a state of high crowding. The result is a differential organization of the freedom of entrance of children to the actual (ground level) street—parents of children at upper floors restrict their children's activities more than those living on lower floors (BJÖRKLID, 1985, p. 95). The distance from home becomes three-dimensional in case of high-rises.
3. Three acts of trespass upon the respectable women —mater familas—were specified as punishable: adsectatio (following the object of courtship in silence but with insistence) apellatio (uttering flattery and persuasive comments) and abductio (removal of the guardian escort who accompanied the woman)—JACOBELLI, 2003, pp. 66-67. These measures were set up to protect not all women, but women in specific social roles—operating as social distinction devices.
4. The flow of people within the city—through streets, but on regular movement patterns within the city as a whole, is a mechanism for social regulation of the crowds.
5. For instance, in Chengdu beggars were often forbidden to live inside the city, and had to migrate to town every morning when the town's gates were opened, and out by the evening—WANG, 2003, p. 198). The cultural construction of the social role of beggars was intense in late 19th century United States (STANLEY, 1992)
6. It would be of interest to consider the practices of international aid given by countries of foundations from the "rich nations" to those of "poor nations" from this angle.
7. This is also visible in contemporary mass media based acts of begging—solicitation of donations for social and other causes ("fund raising").

References

Abbey, E. & Davis, P. (2003). *Constructing one's identity through autodialogue: A cultural psychological approach*. In I. Josephs (Ed), *Dialogicality in development*. (pp. 69-86). Stamford, Ct.: Greenwood.

Aptekar, L. (1988). *The street children of Cali*. Durham, N.C.: Duke University Press.

Beyer-Jaenischen, J. (1993). *Jugendhilfe und Stadtentwicklung: Kinderfreudlichkeitsprüfung als Verfahrer?* In D. Görlitz, H.-J. Harloff, J. Valsiner, B. Hinding, G. Mey, U. Ritterfeld and R. Schröder (Eds), Entwicklungsbedingungen von Kinden in der Stadt (pp. 235-243). Berlin-Herten: Stadtdrückerei Herten.

Björklid, P. (1985). *Children's outdoor environment from the perspective of environmental and developmental psychology*. In T. Gärling & J. Valsiner (Eds.), Children within environments (pp. 91-106). New York: Plenum.

Bluestone, D. M. (1991). "The pushcart evil"—peddlers, merchants, and New York City streets, 1890-1940. Journal of Urban History, 18, 1, 68-92.

Boudon, P. (1986). *Introduction to the semiotics of space*. In M. Gottdiener & A. P. Lagopoulous (Eds), *The city and the sign (pp. 99-113)*. New York: Columbia University Press.

Brendle, K. (1993). «Sesamstrasse oder Sedanstrasse»- Ein weiterführender Bericht über ein interdisziplinäres Gespräch zur Strasse als Ort für Kinder. Oder für alle? In D. Görlitz, H.-J. Harloff, J. Valsiner, B. Hinding, G. Mey, U. Ritterfeld and R. Schröder (Eds), Entwicklungsbedingungen von Kinden in der Stadt (pp. 212-222). Berlin-Herten.

BÜHLER, K (1990). *A theory of language*. Amsterdam: J. Benjamin.
CARBONARA-MOSCATI, V. (1985). *Barriers to play activities in the city environment: A study of children's perceptions*. In T. GÄRLING & J. VALSINER (Eds.), *Children within environments* (pp. 119-126). New York: Plenum.
CHAUDARY, N. (2004). *Listening to culture: constructing reality from everyday talk*. New Delhi: Sage.
DAVIS, S. G. (1986). *Parades and power: street theatre in nineteenth century Philadelphia*. Philadelphia, Pa.: Temple University Press.
ESCH, A. (1997). *Römische Strassen in ihren Landschaft*. Mainz: von Zabern.
FAUQUE, R. (1986). *For a new semiological approach to the city*. In M. GOTTDIENER & A. P. LAGOPOULOUS (Eds), *The city and the sign* (pp. 138-159). New York: Columbia University Press.
FLADE, A. (1993). *Kind und städtische Unwelt as Sicht der Umweltpsychologie*. In D. GÖRLITZ, H.-J. HARLOFF, J. VALSINER, B. HINDING, G. MEY, U. RITTERFELD and R. SCHRÖDER (Eds) *Entwicklungsbedingungen von Kinden in der Stadt* (pp. 85-94). Berlin-Herten.
FLEISHER, M. (1995). *Beggars and thieves*. Madison, Wi.: University of Wisconsin Press.
GILLESPIE, A. (2005 in press). *Giving the fog form: Non-reflective and reflective uses of symbolic resources*. In A. GÜLERCE, I. STEAUBLE, A. HOFMEISTER, G. SAUNDERS & J. KAGE (Eds.), *Theoretical Psychology*. Toronto: Captus Press.
GÖRLITZ, D., HARLOFF, H.-J., MEY, G., & VALSINER, J. (Eds.) (1998). *Children, cities, and psychological theories: Developing relationships*. Berlin: Walter de Gruyter.
GOTTDIENER, M. (1986a). *Culture, ideology, and the sign of the city*. In M. GOTTDIENER & A. P. LAGOPOULOUS (Eds), *The city and the sign* (pp. 202-218). New York: Columbia University Press.
GOTTDIENER, M. (1986b). *Recapturing the center: a semiotic analysis of shopping malls*. In M. GOTTDIENER & A. P. LAGOPOULOUS (Eds), *The city and the sign* (pp. 288-302). New York: Columbia University Press.
GÖRLITZ, D. (1998). *Werner augmented*. In D. GÖRLITZ, H.-J. HARLOFF, G. MEY and J. VALSINER (Eds), *Children, cities, and psychological theories: developing relationships* (pp. 301-314). Berlin: Walter de Gruyter.
GÜNTHER, I., & GÜNTHER, H. (1998). *Integration: what environment? Which relationships?* In D. GÖRLITZ, H.-J. HARLOFF, G. MEY and J. VALSINER (Eds), *Children, cities, and psychological theories: developing relationships* (pp. 237-247). Berlin: Walter de Gruyter.
HALLIDAY, M. (1976). *Anti-languages*. American Anthropologist, 78, 570-584.
HEINE, W.-D., & GUSKI, R. (1998). *Street traffic, children, and the extended concept of affordance as a means of shaping the environment*. In D. GÖRLITZ, H.-J. HARLOFF, G. MEY and J. VALSINER (Eds), *Children, cities, and psychological theories: developing relationships* (pp. 514-542). Berlin: Walter de Gruyter.
HERMANS, H. J. (Ed) (2002). *Special Issue on dialogical self*. Theory & Psychology, 12, 2, 147-280.
HERMANS, H. J. & HERMANS-JANSEN, E. (2003). *Dialogical processes in the development of the self*. In J. VALSINER & K. J, CONNOLLY (Eds), *Handbook of developmental psychology* (pp. 534-559). London: Sage.
JACOBELLI, E. C. L. (2003). *A day in Pompeii: daily life, culture and society*. Napoli: Electa.
LAGOPOULOS, A. P. (1986). *Semiotic urban models and modes of production: a socio-semiotic approach*. In M. GOTTDIENER & A. P. LAGOPOULOS (Eds), *The city and the sign* (pp. 177-201). New York: Columbia University Press.
MARKOVÁ, I. (1990b). *A three-step process as a unit of analysis in dialogue*. In I. MARKOVÁ & K. FOPPA (Eds.), *The dynamics of dialogue* (pp. 129-146). Hemel Hempstead: Harvester.
MASATOSHI, T. (1995). *The city and its model: a civilization's mechanism for self-expression as the object of tourism*. Senri Ethnological Studies, 38, 105-124.
MATHER, C. (2003). *Shrines and the domestication of landscape*. Journal of Anthropological Research, 59, 23-45.
MERNISSI, F. (1994). *Dreams of trespass*. Cambridge, Ma.: Perseus Books.
PANDEY, R. (1991). *Street children in India*. Allahabad: Chugh Publishers.
PEREIRA, S. (2004). *Morpheus Awakened: Exploring patterns in daydreaming*. Unpublished Honors thesis, Clark University.
RAMANUJAN, A. K. (1991). *Toward a counter-system: women's tales*. In A. APPADURAI, F. J. KOROM, & M. A. MILLS (Eds.), *Gender, genre, and power in South Asian expressive traditions* (pp. 33-55). Philadelphia: University of Pennsylvania Press.
REYERSON, K. (1997). *Public and private space in medieval Montpellier: the Bon Amic square*. Journal of Urban History, 24, 1, 3-27.
ROMMETVEIT, R. (1992). *Outlines of a dialogically based social-cognitive approach to human cognition and communication*. In A. H. WOLD (Ed.), *The dialogical alternative: Towards a theory of language and mind* (pp. 19-44). Oslo: Scandinavian University Press.
SARAMAGO, J. (1995). *The stone raft*. San Diego, Ca.: Harcourt.
SAWYER, R. K. (2003). *Improvised dialogues*. Wastport, Ct.: Ablex.
SIMÃO, L. M. (2003). *Beside rupture—disquiet: beyond the other—alterity*. Culture & Psychology, 9, 4, 449-459.

Stanley, A. D. (1992). *Beggars can't be choosers: compulsion and contract in postbellum America*. Journal of American History, 78, 4, 1265-1293.
Stowell, D. O. (1995). *Small property holders and the great strike of 1877—railroads, city streets, and the middle classes*. Journal of Urban History, 21, 6, 741-761.
Sylvester, R. P. (2001). *City of thieves: Moldovanka, criminality, and respectability in pre-Revolutionary Odessa*. Journal of Urban History, 27, 2, 131-157.
Torell, G., & Biel, A. (1985). *Parental restrictions and children's acquisition of neighborhood knowledge*. In T. Gärling & J. Valsiner (Eds.), *Children within environments* (pp. 107-118). New York: Plenum.
Turner, V., & Turner, E. L. B. (1978). *Image and pilgrimage in Christian culture*. New York: Columbia University Press.
Valsiner, J. (1987). *Culture and the development of children's action*. Chichester: Wiley.
— (1998). *The guided mind*. Cambridge, Ma.: Harvard University Press.
— (2000). *Culture and human development*. London: Sage.
— (2001). *Comparative study of human cultural development*. Madrid: Fundacion Infancia y Aprendizaje.
— (2003). *Upconscious processes in schooling*. European Journal of School Psychology, 1, 1, 43-56.
Walkowitz, J. R. (1992). *City of dreadful delight*. Chicago: University of Chicago Press.
Wang, D. (2003). *Street culture in Chengdu: Public space, urban commoners, and local politics, 1870-1930*. Stanford, Ca.: Stanford University Press.
Weckwerth, H. (1993). *Kinderorientierte Freiräume*. In D. Görlitz, H.-J. Harloff, J. Valsiner, B. Hinding, G. Mey, U. Ritterfeld and R. Schröder (Eds), *Entwicklungsbedingungen von Kinden in der Stadt* (pp. 116-143). Berlin-Herten.
Werner, C.M., & Altman, I. (1998). *A dialectical/transactional framework of social relations: children in secondary territories*. In D. Görlitz, H.-J. Harloff, G. Mey and J. Valsiner (Eds), *Children, cities, and psychological theories: developing relationships* (pp. 123-154). Berlin: Walter de Gruyter.

Research Essays

Ensayos de investigaciones

Calidad ambiental urbana: morfología e imagen

Caso estudio Parque Metropolitano Albarregas y sus alrededores (Mérida- Venezuela)

Urban Environmental Quality: Morphology and image Case Study of Metropolitan Park Albarregas and It's Environs (Mérida-Venezuela)

Morella Briceño[1] y Beatriz Gil[2]
mba@intercable.net.ve; bmgs70@cantv.net

Abstract: *We describe the methodology and results of a survey conducted to measure the perception that the inhabitants have in relation to the environmental quality of the urban image, in a sector of the city of Mérida, Venezuela.*

Resumen: Se describe la metodología y se comentan los resultados de la aplicación de una encuesta para medir la percepción que tienen los habitantes en relación con la calidad ambiental de la imagen urbana, en un sector de la ciudad de Mérida, Venezuela.

Introduction

The investigation was carried out in the mountain city of Mérida, Venezuela. It was founded in the year 1558 with a layout in the form of a checkerboard, implemented by the Spaniards during the colonization. Its original layout was conserved intact until the decade of 1940, when a first transformation took place with an expansion towards the southwest of the city, under the principles of a garden city. With the arrival of modernism around 1970, and with the application of the «City Regulations» of 1978 that proposed the expansion of vehicular transit, even within the downtown area, the city underwent an important change in its image, growth and rupture of the checkerboard layout; new avenues are planned, new residential and utility buildings are constructed, which leads to a great urban dispersion.

Introducción

La investigación desarrollada se plantea en la ciudad de montaña de Mérida, Venezuela. Fue fundada en el año de 1558 con un trazado en forma de damero implementado por los españoles durante la colonización. Su trama original se conserva intacta hasta los años de 1940, momento en el cual ocurre una primera transformación con una expansión hacia el suroeste de la ciudad, bajo los principios de la ciudad jardín. Con la llegada del modernismo hacia los años de 1970, y con la aplicación de las «Ordenanzas Municipales» del año 1978, que proponen la ampliación de la vialidad vehicular inclusive en su casco central, la ciudad sufre un importante cambio en su imagen, crecimiento y ruptura de la trama en damero; se planifican nuevas avenidas, se construyen edificaciones tanto residenciales como de equipamiento, lo que conduce a una gran dispersión urbana.

Since 1980, the development of marginal areas is added, located fundamentally in protective zones of rivers, mountains of great natural fragility and areas of urban parks. The property of these lands in government hands has made a true control of their environmental quality and urban development difficult. The sector under study, corresponding to a portion of the Metropolitan Park Albarregas, is inserted within this situation. There is currently an absence of normative criteria to regulate its development and integration into the city as an urban park; this is a consequence of the lack of definition of the legal jurisdiction of the government offices at the city council, state and national level, as well as an absence of a city project, and evidently, of a park project.

On the other hand, as an answer to the search for solutions that contribute to recover the quality of urban life in our city, the Research Group in Urban Environmental Quality at the University of Los Andes (GICAU), carried out an investigation that ended with a first work on the elements for measuring the urban environmental quality, applied in the community Juan Rodriguez Suárez of the city of Mérida (2004). In this work urban environmental quality is defined as the optimal conditions that regulate the behavior of the habitable space, related to the ecological, biological, functional, economic-productive, sociocultural, morpho-tipological, technological, aesthetic, in its spatial dimensions... it is the product of the interaction between these variables for the construction of a healthy habitat, comfortable and capable of satisfying the basic requirements for a sustainable individual human life in social interaction within the urban environment.

Currently the proposed method is being reviewed by applying it to an urban sector that includes part of the Metropolitan

A partir de los años de 1980 se suma el desarrollo de áreas marginales, ubicadas fundamentalmente en zonas protectoras de ríos, montañas de gran fragilidad natural y áreas de parques urbanos. La propiedad de éstos terrenos, en manos del estado, ha dificultado un verdadero control de su desarrollo urbano y el cuidado en su calidad ambiental. El sector de estudio correspondiente a una porción del Parque Metropolitano Albarregas se inserta dentro de esta problemática, presentando en la actualidad ausencia de criterios normativos que regulen su desarrollo e integración en la ciudad como parque urbano, consecuencia de la indefinición de las competencias legales de órganos municipales, estadales y nacionales, así como de la ausencia de un proyecto tanto de ciudad como, evidentemente, del parque.

Por otra parte y como repuesta a la búsqueda de soluciones que aporten elementos para recuperar la calidad de vida urbana de nuestra ciudad, el Grupo de Investigación en Calidad Ambiental Urbana de la Universidad de Los Andes (GICAU) realizó una investigación que concluyó en un primer trabajo sobre los elementos de medición de la calidad ambiental urbana aplicado a la parroquia Juan Rodríguez Suárez de la ciudad de Mérida (2004). En él se define como calidad ambiental urbana *a las condiciones óptimas que rigen el comportamiento del espacio habitable, asociadas a lo ecológico, biológico, funcional, económico-productivo, sociocultural, morfotipológico, tecnológico, estético, en sus dimensiones espaciales..., es el producto de la interacción de estas variables para la conformación de un hábitat saludable, confortable y capaz de satisfacer los requerimientos básicos de sustentabilidad de la vida humana individual y en interacción social dentro del medio urbano.*

Actualmente se revisa el método propuesto aplicándolo a un sector urbano que incluye parte del Parque Metropolitano Albarregas, hacia el noreste de la ciudad; es un espacio que reúne las condiciones más complejas de toda su extensión. Se encuentran en él grandes áreas marginales en zonas de fragilidad ambiental sin ceñirse

Park Albarregas towards the northeast of the city; it is a space that brings together the most complex conditions of all the park's extension. There are large marginal areas in zones of environmental

a normativa alguna, parte del área del casco central en dos de sus avenidas y áreas de nuevos desarrollos, fundamentalmente de edificios multifamiliares, educacionales, asistenciales o de salud y comerciales.

fragility not subject to any regulation, part of the downtown area in two of its main avenues, and areas of new developments, fundamentally of apartment buildings, educational, health and commercial edifications (figure 1).

The central objective of the project of the GICAU is to recognize the environmental quality of this sector, with the goal of formulating general directives, and territorial ordering and urban–architectonic projects, in the search of its sustainable development.

The method for measuring the urban environmental quality generates specific indicators for the evaluation of the sector under study. We begin with the definition of necessities, *understood as the requirements of the individuals or groups of individuals needed to guarantee their existence and permanence in a given space and time, in terms of healthy, safe, comfortable and harmonic habitat. Then,* necessity components *are determined, which constitute the various ways that necessities or requirements can be grouped, that can be subject to the formulation of policies, strategies and actions to improve the well-being of the individuals or groups, in relation to their habitat. Later the* **satisfactors**, *are introduced. These constitute all those means whose use or consumption allow responding adequately to a specific*

necessity. Finally, we define variables and indicators, *understood as those isolated elements of the necessity components that allow their measurement in quantitative or qualitative terms.*

The necessity components are grouped in three concepts: The Natural Environment, *referred to the levels of relative land stability, the vulnerability under natural risks and environmental contamination, among others.* The Built Environment, *represented by the facilities, urban function, aesthetic - perceptual aspects and social sense of the space, and finally* The Legal and Social Security *of the individuals. Each one is studied with its respective variables and indicators.*

This article explains one of the general variables of the method on built environment, in this case the Morphology and Urban Image, applied to the aforementioned sector. The central idea is to show the partial results of the polls carried out in terms of the relation existing between the morphology and image, and the social and cultural variables, in order to offer conclusions on the perception that the people who live there have about the environmental quality of their surroundings.

Environmental quality, morphology and urban image

The environmental quality of the urban image refers to the satisfaction and degree of well-being of the citizens with respect to their immediate perceptual surroundings, as well as of their material and spiritual requirements and necessities.

In this sense, the morphology is understood as the organization, configuration and arrangement of the physical elements of the city, such as its layout, the square, the street, crossroads and open

Figura 1. *Vistas del sector de estudio*
Figure 1. *Views of the Sector under Study*

El objetivo central del proyecto del GICAU es reconocer la calidad ambiental de este sector, con la finalidad de formular lineamientos y proyectos de ordenación territorial y de diseño urbanoarquitectónico, en la búsqueda de su desarrollo sostenible.

El método para medir la calidad ambiental urbana genera indicadores específicos para la evaluación del sector en estudio. Se parte de la definición de las *necesidades*, entendidas como los requerimientos de los individuos o grupos de individuos para garantizar su existencia y permanencia en un espacio y tiempo, en términos de un hábitat saludable, seguro, confortable y armónico. Luego se determinan los *componentes de*

or public spaces. The urban image holds relation with the picture created by a person when journeying through the city. On the hierarchy, organization and interrelation of the elements that the person can identify, will depend the degree of legibility and understanding the person has of the urban space (BRICEÑO and GIL 2003).

The method for studying the morphology and image as in regard to its environmental quality, begins by determining the individual and collective necessities, like orientation, legibility, tranquility, harmony, beauty, congruence, transparency and diversity, grouped in four general variables, the physical-natural, the urban-architectonic, the sociocultural and the aesthetic-perceptual (BRICEÑO and GIL 2005).

In order to respond adequately to the existing necessities, the proposed satisfactors address the perceptual quality, the aesthetic of the landscape and the social sense of space and security. Perceptual quality is the satisfaction that, at level of sensations, places transmit, that is to say, that which is seen and felt when the urban space is traversed. Aesthetic of the landscape are the qualities related to the beauty of the constructed and natural space, that is to say, what the forms transmit, the sense of the order, the harmony, the identification of the people with the elements that constitute their immediate surroundings, in other words, the sense of place. Social sense of the space is the relation between the people and the physical and public space of the city; spaces that promote encounter and social interchange, places of permanence as well as places of circulation, whose character express clearly the function they bear. Security constitutes a satisfactor of special care in our Venezuelan cities, where public space of good quality cannot exist without the

necesidad, los cuales constituyen las formas de agrupación de necesidades o requerimientos que pueden ser objeto de la formulación de políticas, estrategias y acciones conducentes a mejorar el bienestar de los individuos o grupos, con relación a su hábitat. Posteriormente se plantean los *satisfactores*: todos aquellos medios cuyo uso o consumo permiten responder adecuadamente a una necesidad determinada, y por último se definen las *variables e indicadores*, entendidos como aquellos elementos de desagregación de los componentes de necesidad que permiten su medición en términos cuantitativos o cualitativos.

Los componentes de necesidad se agrupan en tres conceptos: el *medio natural*, referido a los niveles de estabilidad relativa de terrenos, la vulnerabilidad ante riesgos naturales y contaminación ambiental, entre otras; el *medio construido*, representado por el equipamiento, funcionabilidad urbana, aspectos estético –perceptuales y sentido social del espacio, y por último, la *seguridad social y jurídica* de los individuos. Cada uno se estudia con sus respectivas variables específicas e indicadores.

Este artículo explica una de las variables generales del método sobre el medio construido, en este caso la *morfología e imagen urbana*, aplicado al sector antes descrito, cuya idea central es mostrar los resultados parciales de las encuestas llevadas a cabo en términos de la relación que guarda la morfología e imagen con las variables sociales y culturales, a objeto de proporcionar conclusiones acerca de la percepción que tienen las personas que allí habitan de la calidad ambiental de su entorno.

Calidad ambiental, morfología e imagen urbana

La calidad ambiental de la imagen urbana se refiere a la satisfacción y grado de bienestar de los ciudadanos con respecto a su entorno perceptual inmediato, así como de

corresponding activity that contributes to control it; therefore, security is also related to the visual and functional accessibility of a space.

Once the necessities, components of necessity and satisfactors are established, the general variables *shown in table 0 are defined. These variables have lead to the definition of intermediate variables and their respective indicators, used to operationalize the method through different measuring instruments like, for example, institutional data, technical sheet, mental maps and polls, among others. See table 0.*

Information Gathering Method

Even though the general method poses several ways for successfully gathering information, here we explain the results obtained by applying one of the instruments, the poll.

The purpose is studying the urban environmental quality in five sectors of the metropolitan park Albarregas and some bordering zones, in the city of Mérida. These sectors are: El Centro (S1), Las Américas (S2), Pueblo Nuevo (S3), Simón Bolivar (S4), Santo Domingo/San José Bajo (S5). The sectors Pueblo Nuevo, Simón Bolivar and Santo Domingo are located on the hydrographic river basin of the Albarregas river, and parts of the sectors Centro and Las Américas are located within the polygonal of the Metropolitan Park Albarregas (See figure 2).

The questionnaire for measuring the perception of the people about the urban environmental quality has been structured based on the following topics, 0) Statistical identification of the person, 1) Family data, 2) Housing data, 3) Educational services of the sec-

sus requerimientos y necesidades de orden material y espiritual.

En tal sentido, la morfología se entiende como la organización, configuración y disposición de los elementos físicos de la ciudad, tales como la trama, la manzana, la calle, el cruce y los espacios abiertos. La imagen urbana guarda relación con el retrato que elabora una persona al transitar por la ciudad. De la jerarquía, organización e interrelación de los elementos que la persona puede identificar, dependerá el grado de legibilidad y comprensión que se tenga del espacio urbano (BRICEÑO y GIL 2003).

El método para estudiar la morfología e imagen en cuanto a su calidad ambiental comienza por determinar las necesidades individuales y colectivas como son: orientación, legibilidad, tranquilidad, armonía, belleza, congruencia, transparencia y diversidad, agrupadas en cuatro variables generales: lo físico natural, lo urbano arquitectónico, lo socio cultural y lo estético perceptual (BRICEÑO y GIL, 2005).

Para responder adecuadamente a las necesidades planteadas, los satisfactores propuestos abordan la *calidad perceptual*, la estética del paisaje, el sentido social del espacio y la seguridad. La calidad perceptual es la satisfacción que a nivel de sensaciones transmiten los lugares, es decir, lo que se ve y lo que se siente cuando se recorre el espacio urbano. La *estética del paisaje* está constituida por las cualidades relacionadas con la belleza del espacio construido y natural, es decir, lo que transmiten las formas, el sentido del orden, la armonía, la identificación de las personas con los elementos que componen su entorno inmediato; en otras palabras, el sentido del lugar. El *sentido social* del espacio se estudia en la relación entre las personas con el espacio físico y público de la ciudad, espacios que fomenten el encuentro y el intercambio, lugares de permanencia, así como lugares de circulación, cuyo

tor, 4) Health services, 5) Cultural public services, 6) Social and Cultural aspects and urban image, 7) Organization and participation activities, and 8) Natural and physical aspects.

The house has been the sampling unit, chosen at random and its social and demographical composition is obtained during the survey.

The division by sectors has been done based on homogenous layers, because between them there are noticeable socio-cultural differences, as well as in their way of life and internal organization.

carácter exprese claramente la función que ha de alojar. La *seguridad* constituye un satisfactor de especial cuidado en nuestras ciudades venezolanas, donde el espacio público de buena calidad no puede existir sin la correspondiente actividad que contribuya a controlarlo, de allí que la seguridad también guarde relación con la accesibilidad visual y funcional de un espacio.

Una vez establecidas las necesidades, componentes de necesidad y satisfactores, se han definido las *variables generales* mostradas en la tabla 0. Estas variables han conducido a la definición de variables intermedias y sus respectivos indicadores, utilizados para operacionalizar el método a través de distintos instrumentos de medición,

Tabla 0: Variables generales

NECESIDADES	VARIABLES GENERALES	SATISFACTOR	VARIABLES INTERMEDIAS
Orientación	Aspectos físico - naturales	Calidad perceptual	Clima
			Relieve
Legibilidad			Áreas verdes
			Contaminación ambiental
Tranquilidad	Aspectos urbano-arquitectónicos	Estética del paisaje	Contaminación visual
			Contaminación lumínica
Armonía			Contaminación sonora
			Configuración trama / espacio público
Belleza	Aspectos socio-culturales	Sentido social del espacio	Configuración del muro urbano
			Configuración de la manzana, la calle y el cruce
Congruencia		Seguridad	Secuencias de espacios abiertos
Transparencia			
Diversidad	Aspectos estéticos -perceptuales		Componentes urbanos

Table 0: General variables

NECESSITIES	GENERAL VARIABLES	SATISFACTOR	INTERMEDIATE VARIABLES
Direction	Physical - Natural Aspects		Climate
	Urban Architectonic Aspects-		Relief
Legibility		Perceptual quality	Green fields
	Social and Cultural Aspects		Environmental contamination
Tranquility		Aesthetic of the landscape	Visual contamination
Harmony		Social sense of the space	Luminance contamination
			Sonic contamination
Beauty		Security	
			Configuration Plot/public space
Congruence			Configuration of the urban wall
Transparency			Configuration of the block, the street and the crossing road
Diversity	Perceptual aesthetic Aspects		Sequences of open spaces
			Urban components

The average family index varies by sector. The densest sectors are Simón Bolívar, Santo Domingo and San Jose Bajo with 6.25 and 6.00, respectively, members per family, near the annual value of the year 2000 according to the National Institute of Statistics of Venezuela, as can be observed in table 1.

The total population of the five sectors is 2137 inhabitants, and it has been taken as an adequate sample size n= 222; this number has been distributed among the different layers as seen in table 2.

Results

From the information obtained, and by making a synthesis and grouping of the essential aspects, we comment on the general characteristics, the morphology and urban image and its relation with the socio-cultural.

como por ejemplo datos institucionales, fichas técnicas, mapas mentales y encuestas, entre otros.

Método de recolección de información

Aun cuando el método general plantea varias formas de recabar información, en esta oportunidad se explican los resultados obtenidos de la aplicación de uno de los instrumentos, *la encuesta*.

Ésta tiene por finalidad estudiar la calidad ambiental urbana en cinco sectores del parque metropolitano Albarregas y algunas zonas aledañas en la ciudad de Mérida. Estos sectores son: el Centro (S1), Las Américas (S2), Pueblo Nuevo (S3), Simón Bolívar (S4), Santo Domingo/San José Bajo (S5). Los sectores Pueblo Nuevo, Simón Bolívar y Santo Domingo se ubican sobre la cuenca hidrográfica del río Albarregas, y parte de los sectores Centro y Las Américas se ubican dentro de la poligonal del Parque Metropolitano Albarregas. (Ver figura 2)

General characteristics

In figure 1 it important to highlight that the age of the people who live in the sector is in three age ranges, from 25 to 59 years, 15 to 24 and 5 to 14 years, in essence a young population. In figure 2 the occupation percentages are shown. Students dominate with 44%, formal employment is 25% and housewives represent 17%.

Home ownership is 58% and rented housing is 32%, as can be observed in figure 3. Houses and apartments dominate. People perceive that their houses are not subject to natural risks, even though they are located in some high risk areas.

Most housing does not possess interior parking. 34% of people indicate they do not have parking, 29% do have it and a 18% park in the street. The predominant type of development in the whole sector is spontaneous, or not planned.

Medical facilities are sufficient, of good quality and accessible, while educational facilities are not. Even though preschool, medium, high and university education exist in the sector, people do not identify them as good or sufficient. Public services in general are considered sufficient and of good quality. With the exception of accessibility for the disabled and elderly people to public spaces, the quality of pedestrian and vehicular highways, and road and personal security are also considered deficient (see figure 6).

Image and urban morphology

The aspects of image and urban form are related to the social cultural elements through the identification of elements and spaces, as well as in the appreciation that people have for the quality and amount of these.

In relation to the existence of public spaces, it can be observed in table 3 that

Figura 2
Figure 2

El cuestionario para medir la percepción del encuestado frente a la calidad ambiental urbana se ha estructurado según los siguientes tópicos, 0) identificación estadística del encuestado, 1) datos familiares, 2) datos de la vivienda, 3) servicios educacionales del sector, 4) servicios asistenciales, 5) servicios públicos, 6) aspectos socio culturales y de imagen urbana, 7) actividades organizativas y participativas, y 8) aspectos físico naturales.

La vivienda ha sido la unidad de muestreo, ha sido escogida al azar y al realizar la encuesta se ha obtenido su composición socio demográfica.

La sectorización se ha conformado según estratos homogéneos, debido a que entre ellos existen marcadas diferencias socioculturales, así como en su modo de vida y organización interna.

El índice familiar promedio varía por sector, destacan como sectores más densos Simón Bolívar, Santo Domingo y San José Bajo, con 6,25 y 6,00 miembros por

squares are perceived in an acceptable percentage of 45% throughout the sector.

In the Centre sector, 95% of interviewed people perceive squares. This is because such spaces exist from the moment of the foundation of the city, based on the colonial checkerboard model.

The existence of parks is considered to be 30%. This is a very low number, if we take into account that the polygonal of the metropolitan park Albarregas includes almost all the analyzed sectors, some of them are even located within the river basin of the Albarregas river. Nevertheless, there seems to be no collective conscience of this condition, perhaps because even though the Park does exist by decree, it has no treatment as such, with no place for enjoyment, it is simply a neglected, even dangerous place for the inhabitants (see figure 7).

Spaces for sports activities are perceived like existing in a relation of 50.9% in all sectors.

People consider that the cultural spaces only exist in a percentage of 38.3%, and 61.7% consider that they do not exist.

familia, cercanos al valor anual del año 2000 según el Instituto Nacional de Estadística de Venezuela, como se observa en la tabla 1.

Datos Familiares
Tabla 1: Miembros / Familia por Sector
Número Promedio

Sector	Promedio
Centro	4.63
Las Américas	3.92
Pueblo Nuevo	4.67
Simón Bolívar	6.25
Sto. Domingo / San José Bajo	6.00
Muestra	4.87

Familiar Data
T 1: Members / Family by Sector
(Number Average)

Sector	Average
Center	4,63
Las Américas	3,92
Pueblo Nuevo	4,67
Simón Bolívar	6,25
Sto. Domingo/ San Jose Bajo	6
Sample	4,87

La población total de los cinco sectores es de 2137 habitantes, y se ha sugerido como tamaño adecuado de la muestra n= 222. Esta cifra se ha repartido entre los distintos estratos, como se ilustra en la tabla 2.

Tabla 2: Encuestas por Sector (Número)

	Centro	Las Américas	Pueblo Nuevo	Sector Simón Bolívar	Sto. Domingo / San José Bajo	Total
Total	48	64	45	36	29	222

General information
T2: Surveys by Sector (Number)

	Centro	Las Américas	Pueblo Nuevo	Sector Simón Bolivar	Sto. Domingo/San José Bajo	Total
Total	48	64	45	36	29	222

Spaces for disabled and elderly people, and recreational spaces, exhibit the lowest levels in relation to their existence, this is 7%, 5% and 24% respectively. The amount and quality of all the

Resultados

A partir de la información recabada y haciendo una síntesis y agrupación de los aspectos más destacados, se

mentioned spaces are considered deficient (see figure 8).

Other aspects analyzed have to do with the activities that take place there. Sport activities, games, demonstrations and parking predominate in the streets. In street crossings, even though no specific activity predominates, those indicated by the people are sport activities and drug traffic. The square is the place where the most diverse activities are concentrated, such as religious acts, meetings, cultural and educational activities, sports and entertainment. It is the meeting place of clowns and jugglers but thefts also occur, among other things. In the park a specific activity is not indicated, but sports stand out, though this place is also associated with the presence of drugs.

The people interviewed were asked about the existence of problems in these spaces, with 48% indicating they occur on the street. 93% to 95% said that no problems exist in the other spaces. The existing ones take place due to different causes as shown in figure 4. The questions were made as open as possible in order to obtain a greater amount of answers and causes of problems that people perceive, in order to take them into consideration when establishing actions with special attention on the identified causes. In figure 4 the lack of security, little illumination, interventions in streets, lack of road maintenance, public transportation stops, absence of sidewalks, bad signaling, commerce, nonexistence of routes and roads, accesses and the hospital are all problem that stand out.

Questions were also posed in relation to the places most often used by people; in this regard public transportation stops and parking stand out. Regarding the most attractive places of the sector, people mentioned the boulevard located in the Centro sector, the street and the Centro Cultural; in the Simón Bolívar

comentan las características generales y la morfología e imagen urbana y su relación con lo socio cultural.

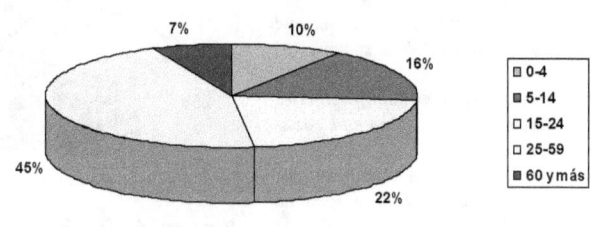

Figura 3. *Personas por rango de edad en la muestra (Porcentaje)*
Figure 3. *People by rank of age in sample (Percentage)*

Características generales

De la figura 1 destaca que la edad de las personas que habitan en el sector está comprendida entre los 25 a 59 años, en segundo lugar entre 15 y 24 y en tercero entre los 5 y los 14 años; es en esencia una población joven. En la figura 2 se observan los porcentajes en cuanto a la ocupación; predominan estudiantes con un 44%, empleo formal un 25% y ama de casa con un 17%.

La tenencia de la vivienda es propia en un 58% y alquilada en un 32% como se observa en la figura 3. Predominan las viviendas tipo casa y apartamentos. Las personas perciben que sus viviendas no poseen riesgos naturales, aun cuando se ubican algunas en zonas de alto riesgo.

La vivienda no posee en su mayoría estacionamiento interno, la mayoría de las personas, en un 34%, apuntan no poseer estacionamiento, un 29% sí lo poseen y un 18% estaciona en la calle. El tipo de desarrollo predominante en todo el sector es espontáneo o no planificado.

sector they also included the sports court, the chapel and the bull fishtailing arena. And in relation to the most important place for each sector the answer was the boulevard in Centro, and the street and Chapel of the Simón Bolívar sector.

The most common community activities in the sector varied. They emphasized the religious celebrations in Centro, demonstrations in Las Américas and the zones of spontaneous developments Santo Domingo/San José Bajo, Pueblo Nuevo and Simón Bolívar, people spoke of sport activities.

The cultural activities that stand out in all the sectors are the «Paradura del Niño Jesús», a traditional celebration of the entire Andean region of the country that takes place from January to February 2, the day of the Virgin of Candelaria.

Conclusions

Taking into account the variables expressed at the beginning of the investigation in table 0, and analyzing the polls, we conclude that the type of predominant development is spontaneous. From here arise the problems that can be observed in relation to the morphology and the urban image, and its social relation with the cultural thing.

The treatment of the urban space begins by determining the individual and collective necessities, in relation to the orientation, legibility, tranquility, harmony, beauty, congruency, transparency and diversity. To make it happen, the design of the physical elements that conform the city must be reintroduced, the configuration of the city layout and the public space, the configuration of the urban wall, of the block, street and street crossings. The sequences of open spaces contribute to address in part the visual and space needs of the people who inhabit the city.

Personas por ocupación en la mostra (porcentajes)

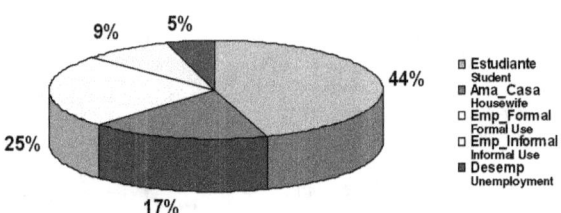

Figura 4. Personas por rango de edad en la muestra (porcentaje)

Figure 4. People by ocupation in samples (percentage)

Tenencia de la vivienda en la muestra (porcentajes)

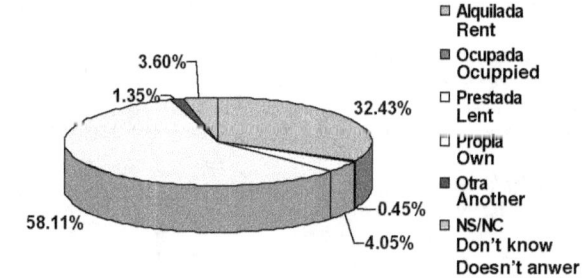

Figura 5. Tenencia de la vivienda en la muestra (porcentajes)

Figure 5. Owner of the house in sample (percentage)

El equipamiento médico es suficiente, de buena calidad y accesible, no así el equipamiento educacional. Aun cuando existen en el sector instalaciones de educación preescolar, básica, media y superior, las personas no las identifican como buenas y suficientes. Los servicios públicos en general son considerados suficientes y de buena calidad. A excepción de la accesibilidad de minusválidos y ancianos al espacio público, la calidad de la vialidad tanto peatonal como vehicular y la seguridad personal y vial también son consideradas como deficientes.

It is obvious from what the people expressed that the place that has a better legibility, harmony and beauty is the Centro sector, located in the old quarters of the city of Mérida. In the areas of new developments, even though they have been planned, the public space of encounter, exchange and relaxation is perceived as nonexistent. And in areas of spontaneous or unplanned developments, the public space for encounter and meeting is the street, maybe it is because of this that space is considered beautiful and contributes to direction and legibility.

Also, few constructions and references exist that contribute to establishing sequences of open spaces of a public type, structuring each sector internally and externally. Street crossings, from a morphologic point of view, are held as rather dangerous places, like parks.

This issue is a fundamental interest in the main research of the GICAU because the area contains part of the Metropolitan Park Albarregas, and discovering the social sense of space, it is possible to reconcile its development with the presence of existing urban sectors within it. Also to make more explicit the relationship of the Park with the rest of the city, so that it can be constituted into a structuring element of open spaces of public type.

The activities developed in the various sectors orient their vocation with respect to the feeling, custom and tradition of people, but they also indicate the identified problems and their possible causes; this leads to think about more accessible spaces, visually and functionally, especially in areas of spontaneous developments.

Finally, the design and treatment of public spaces, as well as constructions and natural elements, require special attention, according to the needs of

Figura 6. *Espacios públicos del sector de estudio.*
Figure 6. *Public Spaces of the Sector of Study.*

Imagen y morfología urbana

Los aspectos de imagen y forma urbana se relacionan con los socioculturales en la identificación de elementos y espacios, así como en la apreciación que tienen las personas sobre la calidad y cantidad de los mismos.

their users and elevating their perceptual and aesthetic quality.

Acknowledgments

We are grateful to the Council of Humanistic and Technological Scientific Development of the University of The Andes, Mérida, Venezuela, which has made this work possible through grant A-459-04-09-A,: «The Environmental

En relación con la existencia de espacios públicos, se puede observar en la tabla 3 que las plazas se perciben en un porcentaje aceptable de 45% en todo el sector.

En el sector Centro las plazas se perciben, en cuanto a su existencia, en un porcentaje del 95 del 100% de los entrevistados; esto se debe a que tales espacios existen desde el mismo momento de la fundación de la ciudad, basado en el modelo de damero colonial.

Tabla 3: Existencia Aspectos Socio-Culturales y de Imagen Urbana 1 (Porcentajes)

Sector	Aspectos Socio-Culturales y de Imagen Urbana (1)											
	Plazas			Parques			Esp. Deportivos			Esp. Culturales		
	Si	No	Total	Si	No	Total	Si	No	Total	Si	No	Total
Centro	95.8%	4.2%	100%	39.6%	60.4%	100%	35.4%	64.6%	100%	64.6%	35.4%	100%
Las Américas	48.4%	51.6%	100%	31.3%	68.8%	100%	46.9%	53.1%	100%	20.3%	79.7%	100%
Pueblo Nuevo	8.9%	91.1%	100%	6.7%	93.3%	100%	66.7%	33.3%	100%	20.0%	80.0%	100%
Simón Bolívar	11.1%	88.9%	100%	52.8%	47.2%	100%	97.2%	2.8%	100%	88.9%	11.1%	100%
Sto. Domingo / San José Bajo	51.7%	48.3%	100%	17.2%	82.8%	100%	3.4%	96.6%	100%	0.0%	100.0%	100%
Total	45.0%	55.0%	100%	29.7%	70.3%	100%	50.9%	49.1%	100%	38.3%	61.7%	100%

Quality with aims of urban ordering. The Metropolitan Park Albarregas in its section Viaduct Campo Elías - road Connection Briceño Ferrigni, in Mérida as case of Study».

We thank Engineer (MSc) Ernesto Augusto Ponsot Retamal for his help and advice on statistical techniques for the work «Sample design and statistical analysis, of the general poll: Measurement of the urban environmental quality of the sectors Centro, Las Américas, Pueblo Nuevo, Simón Bolivar, Santo Domingo /San José Bajo, of the city of Mérida, Venezuela». May of 2006.

References

Briceño, M. and Gil, B. (2005): The image of the public space for put into order the city. *Presented/displayed in SYMPOSIUM CITY 2005. Humanic- ULA. Mérida, Venezuela.*

La existencia de parques es considerada en un 30%; esto es un valor muy bajo si se toma en cuenta que la poligonal del parque metropolitano Albarregas abarca casi todos los sectores analizados, algunos de ellos inclusive se encuentran ubicados dentro de la cuenca del río Albarregas; sin embargo, parece no existir conciencia ciudadana de esta condición, tal vez porque aun cuando existe el Parque en un decreto no posee tratamiento alguno para su disfrute, simplemente es un lugar descuidado, incluso peligroso para los habitantes.

GICAU. (2004). Elements of measurement of the urban environmental quality. Case study Community Juan Rodriguez Suárez, Mérida, Venezuela. *FAAULA- CDCHT. Mérida, Venezuela.*

BRICEÑO, M. and GIL, B. (2003): Environmental quality of the urban image. Magazine FERMENTUM, Year 13, No 38. *Humanic, University of Los Andes. Mérida, Venezuela,* pp. 445

1. Architect, MSc. Urban Design. Profesor of the Faculty of Architecture and Design, Universidad de Los Andes. Mérida- Venezuela.
2. Architect, MSc. Urban Desing. Profesor of the Faculty of Architecture and Design, Universidad de Los Andes. Mérida- Venezuela.

Figura 7. Vista Panorámica del Sector desde el Casco Central de Mérida

Figure 7. *Panoramic view of the sector from the down town of Mérida*

Los espacios deportivos son percibidos como existentes en una relación de 50,9% en todos los sectores.

Las personas consideran que los espacios culturales existen solamente en un porcentaje de 38,3%, y un 61,7% consideran que no existen.

Los espacios para ancianos, los espacios para minusválidos y los recreacionales presentan los niveles más bajos en relación con su existencia, esto es, 7%, 5% y 24% respectivamente. La cantidad y calidad de todos los espacios mencionados es considerada como deficiente.

Figura 8. Áreas recreacionales del Parque Metropolitano Albarregas

Figure 8. *Recreational areas of the Metropolitan Park Albarregas*

Otros aspectos analizados tienen que ver con las actividades allí realizadas. Predominan en la calle las actividades deportivas, juegos, marchas y los estacionamientos. En el cruce, aun cuando no predomina ninguna actividad específica, las señaladas por las personas son la actividad deportiva y el tráfico de drogas. La plaza es el lugar en donde se concentran las actividades más diversas: religiosas, reuniones, culturales, educacionales, deportivas, de entretenimiento; es el lugar de encuentro, de malabares y payasos, pero también se presentan hurtos, entre otras. En el parque no se señala una actividad específica, pero destaca la deportiva, aun cuando también se asocia este lugar con la presencia de drogas.

Se preguntó a los entrevistados sobre la existencia de problemas en estos espacios y señalaron la calle en un 48%. En el resto de los espacios, señalaron que no existen problemas entre un 93% y 95%. Los existentes tienen lugar debido a diferentes causas, como muestra la figura 4. Las preguntas se hicieron abiertas, a fin de obtener la mayor cantidad de respuestas y causas de problemas que la gente percibe, para tomarlos en consideración en el momento de establecer acciones de intervención con especial atención en las causas identificadas. De la figura 4 destacan la inseguridad, la poca iluminación, las intervenciones en calles, la falta de mantenimiento vial, las paradas de transporte público, la ausencia de aceras, mala señalización, el comercio, la inexistencia de vías, los accesos y el hospital.

También se realizaron preguntas abiertas con relación a los lugares más usados por las personas en este particular destacan las paradas de transporte público y los estacionamientos. Sobre los lugares más atractivos del sector, las personas mencionaron el *boulevard*, ubicado en el sector Centro, la calle y el Centro Cultural; en el sector Simón Bolívar contestaron, además, que la cancha de deportes, la capilla y la manga de coleo. Y con relación al lugar más importante para cada sector, respondieron que el boulevard ubicado en el Centro, la calle y la capilla del sector Simón Bolívar.

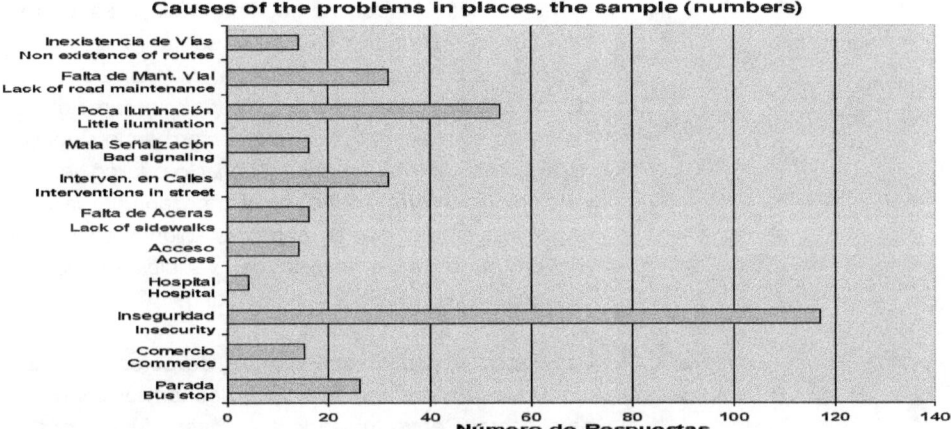

Figura 8
Figura 8

Entre las actividades comunitarias predominantes en el sector destacan las fiestas patronales y religiosas en el Centro, las protestas en las Américas, y en las zonas de desarrollos espontáneos, Santo Domingo/San José Bajo, Pueblo Nuevo y Simón Bolívar, las actividades deportivas.

Las actividades culturales que destacan en todos los sectores son la realización de la «Paradura del Niño Jesús», una fiesta tradicional de toda la región andina del país, realizada desde el mes de enero hasta el dos de febrero, que es el día de la Virgen de la Candelaria.

Conclusiones

Retomando las variables expresadas al inicio del trabajo en la tabla 0 y analizando las encuestas en el lugar, se concluye que el tipo de desarrollo predominante es espontáneo. De allí parten los problemas que se pueden observar respecto a la morfología y a la imagen urbana y su relación con lo sociocultural.

El tratamiento del espacio urbano comienza por determinar las necesidades individuales y colectivas, en relación con la orientación, la legibilidad, la tranquilidad, la armonía, la belleza, la congruencia, la transparencia y la diversidad. Para que ello ocurra, debe retomarse el diseño de los elementos físicos que conforman la ciudad, la configuración de la trama y del espacio público, la configuración del muro urbano, de la manzana, la calle y el cruce. Las secuencias de espacios abiertos contribuyen a cubrir parte de las necesidades visuales y espaciales de las personas que habitan la ciudad.

Resulta obvio, de lo expuesto por las personas, que el lugar que posee una mejor legibilidad, armonía y belleza es el sector Centro, ubicado en el casco fundacional de la ciudad de Mérida. En los sectores de nuevos desarrollos, aun cuando han sido planificados, el espacio público de encuentro, intercambio y esparcimiento es percibido como inexistente. Y en los sectores de desarrollos espontáneos o no planificados el espacio público y de encuentro lo constituye la calle, tal vez por ello ese espacio es considerado como bello y contribuye a la orientación y la legibilidad.

Existen también pocas edificaciones y referencias que contribuyan a establecer secuencias de espacios abiertos de tipo público, estructurando cada sector interna y externamente. Los cruces desde el punto de vista morfológico son apreciados como lugares más bien peligrosos, al igual que los parques.

Esta inquietud resulta en un interés fundamental del trabajo central de investigación del GICAU, debido a que la zona contiene parte del Parque Metropolitano Albarregas y a que descubriendo el sentido social del espacio es posible conciliar su desarrollo con la presencia de sectores urbanos existentes en su interior, así como también hacer más explícita la relación del Parque con el resto de la ciudad, para que se constituya en un elemento estructurante de espacios abiertos de tipo público.

Las actividades desarrolladas en los distintos sectores orientan su vocación respecto al sentimiento, costumbre y tradición de la gente, pero también señalan los problemas identificados y sus posibles causas; esto conduce a pensar en espacios más accesibles visual y funcionalmente, de manera especial en los sectores de desarrollos espontáneos.

Para concluir, el diseño y tratamiento de los espacios públicos, así como las edificaciones y los elementos naturales, requieren una atención especial, acorde a las necesidades de sus usuarios y elevando su calidad perceptual y estética.

Agradecimientos

Al Consejo de Desarrollo Científico Humanístico y Tecnológico de la Universidad de Los Andes, Mérida, Venezuela, que ha hecho posible la realización de este trabajo por la financiación otorgado al proyecto Código A-459-04-09-A, intitulado: «La calidad ambiental con fines de ordenamiento urbano. El Parque Metropolitano Albarregas en su tramo Viaducto Campo Elías – Enlace vial Briceño Ferrigni, en Mérida como caso de Estudio».

Al Ingeniero (MSc) Ernesto Augusto Ponsot Retamal, por su apoyo y asesoría estadística en la realización del trabajo «Diseño muestral y análisis estadístico de la encuesta general: Medición de la calidad ambiental urbana de los sectores Centro, Las Américas, Pueblo Nuevo, Simón Bolívar, Santo Domingo/ San José Bajo, de la ciudad de Mérida, Venezuela». Mayo de 2006.

Notas

1. Arquitecto, MSc. en Diseño Urbano. Profesora de la Facultad de Arquitectura y Diseño, Universidad de Los Andes. Mérida-Venezuela.
2. Arquitecto, MSc. en Diseño Urbano. Profesora Facultad de Arquitectura y Diseño Universidad de Los Andes. Mérida-Venezuela.

Referencias

Briceño, M. y Gil, B. (2005): *La imagen del espacio público como ordenador de ciudad*. Presentado en el SIMPOSIO CIUDAD 2005. Humanic- ULA. Mérida, Venezuela.
Gicau (2004): *Elementos de medición de la calidad ambiental urbana. Caso estudio Parroquia Juan Rodríguez Suárez, Mérida, Venezuela*. FAAULA- CDCHT. Mérida, Venezuela.
Briceño, M. y Gil, B. (2003): *Calidad ambiental de la imagen urbana*. Revista *FERMENTUM*, Año 13, No. 38. Humanic, Universidad de Los Andes. Mérida, Venezuela, pp. 445.

Patrones de actividad doméstica y su relación con la configuración espacial de la casa

Relation between domestic activity patterns and house spatial configuration

Eric Jiménez y Eva Paola Arenas
eric.jimenez@gmail.com

In this study, activity patterns in house and configurational properties where these occur, were investigated. Along two days, 60 participants recorded in a diary all activities they accomplished in their houses as well as their duration and the number of people involved. Three spatial properties were associated with such activities: depth (the number of intervening spaces that are necessary to pass through, form the exterior of the house, in order to reach the indoor spaces), integration (connection degree between the spaces in a complex and one other) and connectivity (the number of directly adjacent spaces). Results showed that domestic activity patterns are represented by two dimensions where the activities they contain are mutually excluding: 1) Private activities vs. Social interaction activities; 2) Self realization activities vs. Needs satisfaction. These dimensions show different spatial properties as well as different duration and number of people involved. Results are discussed in terms of spatial configuration significance over residential behavior and housing design.

House may be understood as an environment integrating a set of designed

En este estudio, se investigaron los patrones de actividad en la casa y las propiedades configuracionales donde éstos ocurren. Durante dos días, 60 participantes registraron en un diario las actividades que realizaron en sus casas, así como la duración de las mismas y el número de personas presentes. A dichas actividades se les asociaron tres propiedades espaciales: la profundidad (el número de espacios que hay que cruzar, a partir del exterior de la casa, para llegar a los diversos espacios dentro de ésta); la integración (el grado de conexión que tiene cada uno de los espacios de la casa con el resto de ellos), y la conectividad (el número de espacios directamente adyacentes). Los resultados indican que los patrones de actividad doméstica están representados por dos dimensiones, donde las actividades que las componen son mutuamente excluyentes: 1) Actividades privadas *vs.* actividades de interacción social; 2) Actividades de autorrealización *vs.* satisfacción de necesidades. Estas dimensiones presentan diferentes propiedades espaciales, así como diferente duración y número de personas involucradas. Los resultados se discuten en términos de la importancia de la configuración espacial sobre la conducta residencial y el diseño de la vivienda.

La casa se puede concebir como un ambiente que integra un conjunto de espacios diseñados e interconectados,

and interconnected spaces, where occupants' activities patterns are present in its organization. This idea has been previously outlined by authors like RAPOPORT (1989), who understood house as a «*system of settings where several activities systems took place*» (p. xiii).

Relations between built environments and behavioral patterns have been described through diverse concepts. Adjustment (ALEXANDER 1964), affordance (GIBSON 1979), sinomorphy (BARKER 1968) and congruence (MICHELSON 1976), are terms that highlight the idea of people doing an activity inside a place because this contains instrumental and/or symbolic elements that allow their accomplishment in a better way than any other.

There are design elements that intervene in the adjustment between house and activity patterns. Spaces with semi fixed features (HALL 1972), sociopetal and sociofugal spaces (OSMOND 1959) and anthropometric design of spaces, like bathrooms (KIRA 1976) are examples. Privacy needs (PARKE & SAWIN 1979), as well as individual (LANG 1987) and cultural differences (RAPOPORT 1969) also affect the inner house activities.

There is another aspect related to design which may take part in the adjustment between activities and house: the spatial configuration. This concept refers to how the different spaces in the house are related to each other. Spatial configuration is the main content in Space Syntax theory (HANSON 1998; HILLIER 1996; HILLIER & HANSON 1984, PEPONIS & WINEMAN, 2002). Such a theory offers a theoretical corpus in order to analyze and describe relations between spatial configuration of built environments and human activity.

en cuya organización se presentan los patrones de actividad de sus ocupantes. Esta noción ha sido planteada anteriormente por autores como RAPOPORT (1989), para quien la casa es «un sistema de escenarios dentro de los cuales ciertos sistemas de actividades tienen lugar» (p. XIII).

Las relaciones entre los ambientes construidos y los patrones conductuales han sido descritas a través de diversos conceptos. Ajuste (ALEXANDER 1964), oferta ambiental (GIBSON 1979), sinomorfia (BARKER 1968) y congruencia (MICHELSON 1976) son términos que enfatizan que las personas realizan una actividad dentro de un espacio porque éste contiene los elementos instrumentales y/o simbólicos que permiten su realización mejor que otros.

Existen elementos de diseño que intervienen en el ajuste entre la casa y los patrones de actividad. Por ejemplo, los espacios con características semifijas (HALL 1972), los espacios sociópetos y sociófugos (OSMOND 1959) y el diseño antropométrico de los espacios, como el baño (KIRA 1976).

Las necesidades de privacidad (PARKE y SAWIN 1979), así como las diferencias individuales (LANG 1987) y culturales (RAPOPORT 1969), también inciden en las actividades que se presentan dentro de la casa.

Existe otro aspecto relacionado con el diseño que puede intervenir en el ajuste entre los patrones de actividad y la casa: la configuración espacial, que se refiere a la forma en cómo los diversos espacios de la casa se relacionan entre sí. La configuración espacial es el contenido principal de la teoría de sintaxis espacial (*Space Syntax*) (HANSON 1998; HILLIER 1996; HILLIER y HANSON 1984, PEPONIS y WINEMAN 2002). Dicha teoría brinda un cuerpo teórico para analizar y describir las relaciones entre la configuración espacial de los ambientes construidos y la actividad humana.

La sintaxis espacial reconoce a la configuración espacial como el «acto de convertir el espacio continuo en un con-

Space Syntax recognizes spatial configuration as the «act of turning the continuous space into a connected set of discrete units» (BAFNA 2003, p. 17). The construction and disposition of walls in a building generate spatial distinctions, and the relations between these differentiated spaces shape the spatial configuration of built environments. Spatial distinctions may be associated to behavioral and sociological differences. Turning the space into a discrete configuration allows the assigning of different connotations for its individual parts. Different individuals, groups, laws or activities can be assigned to every discrete unit. In this way, a house or any other setting is conceived as a «precise map of its inhabitants economical, social or ideological relations» (HANSON 1998, p. 13), as well as behavioral patterns happening inside.

Analytical techniques to describe spatial configuration are realized through plans of urban fabric or buildings floor plans. In order to achieve analysis, plans must be transformed into an abstract format focusing on its topology. Spatial configuration descriptions consist of a graph called «justified graph», which contains lines and circles that represent the relations (in terms of connection) between the several spaces of a setting. Using these graphs, three measurements can be obtained: depth, integration and connectivity. Depth quantifies the number of spaces that must be crossed in order to get, from the exterior, to any space inside house. Integration represents the mean number of spaces that must be crossed to get, from one specific point into the house, to any other. In other words, it quantifies the degree in which the space is connected to any other. Connectivity quantifies, for every space, the number of spaces that are directly adjacent to it.

junto de unidades discretas conectadas» (BAFNA 2003, p. 17). La construcción y disposición de barreras en un edificio (por ejemplo paredes) genera distinciones espaciales, y las relaciones entre estos espacios diferenciados forman la configuración espacial de los ambientes construidos. Las distinciones espaciales pueden asociarse a distinciones sociológicas y conductuales. El convertir el espacio en una configuración discreta permite asignar diferentes connotaciones a sus partes individuales. A cada unidad discreta se le pueden asignar diferentes individuos, grupos, normas o actividades. De esta forma, la configuración espacial de una casa u otro escenario es concebido como «un mapa preciso de las relaciones económicas, sociales e ideológicas de sus habitantes» (HANSON 1998, p. 13), así como de los patrones conductuales que en ella ocurren.

Las técnicas analíticas para describir la configuración espacial se realizan mediante planos de los edificios o ciudades. Para realizar el análisis, los planos se transforman en un formato abstracto centrado en la topología del escenario. Las descripciones de la configuración espacial consisten en una gráfica, llamada *gráfica justificada*, la cual contiene líneas y círculos que representan las relaciones (en términos de conexión) entre los diversos espacios de un escenario. A partir de estas gráficas, se pueden obtener tres medidas: la profundidad, la integración y la conectividad. La profundidad cuantifica el número de espacios que deben ser cruzados para llegar, desde el espacio exterior, a cada uno de los espacios de la casa. La integración representa el promedio de espacios que se deben cruzar para ir desde un sitio determinado de la casa, a todos los demás. Es decir, cuantifica en qué grado está cada espacio directamente conectado con el resto de los espacios de la casa. La conectividad cuantifica, para cada sitio, el número de espacios directamente adyacentes a él.

Estas medidas proporcionan descripciones numéricas de las relaciones entre los diferentes espacios de la casa. Así, las propiedades espaciales de cada espacio se

These measures provide numeric descriptions of the relations between the different spaces of the house. Thus, spatial properties of every space are quantified, and social or behavioral connotations may be associated to: «It is by expressing these pattern properties in a numeric way that we can find clear relations between space patterns and how collection of people use them» (HILLIER 1996, p. 32). In the previously quoted works, a description about how integration, depth and connectivity are obtained is available.

Integration is the most used measure in Space Syntax research (PEPONIS & WINEMAN 2002). One of the most consistent discoveries is that integration is a very powerful predictor of how 'busy' or 'quiet' is a space (HANSON 1998, p. 1). The most integrated spaces attract more movement. This relationship has been found through several studies in urban settings and buildings. (HILLIER, BURDETT, PEPONIS, & PENN 1987; PENN, HILLIER, BANNISTER & XU 1998; PEPONIS, ZIMRING & CHOI 1990).

Spatial configuration may be an aspect of adjustment between house and activities patterns. Places spatial features can offer conditions for certain activities. The most isolated, deepest and least connected places can offer privacy conditions. The most integrated and connected spaces, with more communication, can offer conditions for adjusting activities involving social contact.

Relations between spatial configuration of houses and behavioral patterns have been analyzed through specific behaviors, like social withdrawal (EVANS, LEPORE & SHROEDER 1994) or through discrete indicators like the kind of objects distributed in a house

cuantifican, y a cada uno de ellos se le pueden asociar connotaciones sociológicas o conductuales: «Es mediante la expresión numérica de estas propiedades que podemos hallar relaciones claras entre los patrones del espacio y cómo los usan las personas» (HILLIER 1996, p. 32). En las obras anteriormente citadas se puede encontrar una descripción de cómo se obtienen los valores de integración, profundidad y conectividad.

La integración es la medida más utilizada en las investigaciones de sintaxis espacial (PEPONIS y WINEMAN 2002). Uno de los hallazgos más consistentes es que «la integración es un predictor muy poderoso de cuán 'ocupado' o 'quieto' es un espacio» (HANSON 1998, p. 10). Los espacios más integrados atraen mayor movimiento. Esta relación se ha encontrado a través de diversos estudios en ambientes urbanos y edificios (HILLIER, BURDETT, PEPONIS y PENN 1987; PENN, HILLIER, BANNISTER y XU 1998; PEPONIS, ZIMRING y CHOI 1990).

La configuración espacial puede ser un aspecto del ajuste entre la casa y los patrones de actividad. Las características espaciales de los lugares pueden ofrecer condiciones para ciertas actividades. Los espacios más segregados, profundos y poco conectados pueden ofrecer condiciones de privacidad. Los espacios más integrados y conectados, con mayor comunicación, pueden ofrecer condiciones para que en ellos se ajusten actividades que involucren contacto social.

Las relaciones entre la configuración espacial de las casas y los patrones conductuales se han analizado a través de conductas específicas, como la intención de aislamiento (EVANS, LEPORE y SHROEDER 1994), o por medio de indicadores discretos, como el tipo de objetos distribuidos en la casa (FRANCA y HOLANDA 2003), el mapeo de actividades con los espacios (MONTEIRO 1997), y rastros de actividad humana (por ejemplo en ruinas arqueológicas) (BUSTARD 1999; DAWSON 2002). Pero el comportamiento residencial no es una mera

(FRANCA & HOLANDA 2003), the matching of activities with spaces (MONTEIRO, 1997) and human activities trails (for example, in archeological ruins) (BUSTARD 1999; DAWSON 2002). But residential behavior is not a collection of isolated actions. Every behavior in house takes part of a general pattern. In such pattern, every behavior is part of a complex system of activities which shapes its inhabitants daily life.

In this study, domestic activities patterns were assessed from an every day life approach (MICHELSON 1994; ROBINSON 1988), which considers behavior in environments as a system of activities that shape a pattern. This approach offers a technique called "time budget", which assesses people's daily activities from several dimensions (activities frequency and duration, number of individuals involved and spatial location of activity). This investigation was driven under the idea that many different activities exist in the house, and these can be grouped in behavioral categories. These categories may vary in relation with duration of the activities and the number of individuals involved, as well as depth, integration and connectivity levels of the spaces where the activities took place.

Method

Participants and Houses

The study was carried out with 60 participants (20 males y 40 females), with a mean age of 26 years (SD = 5). 60% were students and 40% professionals. The mean of time living in their respective houses was of 14 years (SD = 8.70). Participants considered for the investigation were at least 18 years-old and had been living in their houses for at least a year. The 60 hous-

colección de conductas aisladas, sino que cada conducta en la vivienda forma parte de un patrón general. En dicho patrón, cada conducta es parte de un complejo sistema de actividades, el cual conforma la vida cotidiana de sus habitantes.

En este estudio los patrones de actividad doméstica se evaluaron desde el enfoque de la vida cotidiana (MICHELSON 1994; ROBINSON 1988), el cual considera al comportamiento en los ambientes como un sistema de conductas, las cuales forman un patrón. Este enfoque ofrece una técnica, llamada registros de uso del tiempo, que evalúa las actividades cotidianas de las personas desde varias dimensiones (frecuencia y duración de las actividades, número de personas presentes, y la ubicación espacial de la actividad). La investigación se condujo bajo la idea de que existen diferentes actividades en la casa, las cuales se pueden agrupar en categorías conductuales. Estas categorías de actividad pueden varían en relación con la duración da las actividades y del número de personas presentes, así como de los niveles de profundidad, integración y conectividad de los espacios donde éstas ocurren.

Método

Participantes y casas

La investigación se realizó con 60 participantes (20 hombres y 40 mujeres), con edad promedio de 26 años (DE = 5). El 60% de ellos fueron estudiantes de licenciatura y postgrado y 40% profesionistas. El tiempo promedio de estar habitando su casa fue de 14 años (DE = 8.70). Se consideraron en la investigación a los participantes que tuvieran un mínimo de 18 años de edad y que hayan residido en sus casas por lo menos durante un año. Se analizaron las 60 casas de los participantes, las cuáles eran casas-habitación unifamiliares, ubicadas en la cuidad de México y algunas áreas de la zona metropolitana. Las casas fueron seleccionadas en forma no probabilística, mediante un muestreo intencional. Se evaluaron casas de uno, dos y tres niveles. El número de espacios pro-

es of the participants were analyzed. The houses were located in Mexico City and some areas of the metropolitan zone. An intentional (not random) sampling was used. One, two and three floors houses were evaluated. Number of spaces mean was 15 (SD = 6), and the mean inhabitants per house was 4 (SD = 1.58).

Instruments and Measurement Strategies

In order to assess activities inside house patterns, a time budget with diary format was used. The instrument was a compact designed note book where participants recorded all activities they developed during 24 hours on two different days (one day in the middle of week, the other in weekend). Activities were recorded in chronological order. For each activity the beginning and the end of activity, how many people were present and which place of house they were reported. Spatial location of activities allowed the association between the activities and the integration, depth and connectivity level of the spaces where the activities were accomplished.

In order to measure spatial configuration variables (depth, integration and connectivity), floor plans of houses were used. Values calculation was carried out by Netbox 4.1 program from the Space Syntax Software package.

Procedure

A floor plan of every house was carried out and each space depth, integration and connectivity value were obtained through Netbox 4.1 program.

In order to get activities patterns, a diary was given to participants and the two recording days were agreed. This

medio de las casas fue de 15 (*DE* = 6) y el promedio de habitantes por casa fue de 4 (*DE* = 1.58).

Instrumentos y estrategias de medición

Para evaluar los patrones de actividad en la casa, se utilizó un registro de uso del tiempo con formato de diario. El instrumento fue un cuadernillo, diseñado lo más compacto y transportable posible, donde los participantes registraron las actividades que realizaron durante las 24 horas de dos días (uno entre semana y otro en fin de semana). Las actividades se registraron en orden cronológico y para cada actividad se informó de: el inicio y término de la actividad; cuántas personas estuvieron presentes y en qué lugar de la casa estaban ubicados. La ubicación espacial de las actividades permitió asociar un nivel de integración, profundidad y conectividad a cada actividad de acuerdo al espacio donde ésta se realizó.

Para medir las variables de configuración espacial (profundidad, integración y conectividad), se utilizaron los planos arquitectónicos de las casas. El cálculo de los valores se realizó con el programa Netbox 4.1 del paquete Space Syntax Software.

Procedimiento

Se realizó un levantamiento arquitectónico de cada casa, y mediante el programa Netbox 4.1 se obtuvo la profundidad, integración y conectividad de cada espacio de las 60 casas.

Para obtener los patrones de actividad, se entregó a los participantes un diario y se acordaron los dos días de anotación. La anotación del diario constó de las 24 horas de cada día, empezando a las 00:00 a.m. y finalizando a las 11:59 p.m. Se explicó la forma de anotar las actividades mientras se ejemplificaban las instrucciones y se simulaban diversas situaciones en que los participantes pudieran tener dudas. Se pidió que se realizara la anotación con cada cambio de actividad. Cuando el diario era devuelto,

diary consisted of 24 hours of possible recording, beginning at 00:00 a.m. and finishing at 11:59 p.m. The activities recording technique was explained while instructions were illustrated and several fictional situations where participants could have had any doubt were enacted. They were told that every new activity should be necessarily written in the note book. As the diary was given back, the researcher checked that there would not be any unclear information, if that was the case, an explanation was asked. If any participant felt an inconvenience at referring a particular activity, they could register any other similar (i.e. use the toilet could for washing hands). A list of 45 domestic activities made from former studies (AHRENTZEN, LEVINE & MICHELSON 1989; MONTEIRO, 1997; SMITH 1994; SZALAI 1966) was included. At the end of every day, the list was verified in order to notice any possible activity omitted. In that case, this omission could be aggregated in a special sheet for this purpose. Figure 1, shows an example of how timebudget information and depth, integration and connectivity values were processed

The 60 diaries were decoded into 1510 activity registers for the two recording days. These represent the reported activities by at least 50% of participants. Sleep activity at night was not considered. Every participant reported a mean of 25 activities (SD = 11). Mean staying at home time in the middle week was 6 hrs. (SD = 4) and 9 hrs. at weekend (SD = 4). The 1510 time registers were grouped firstly in 15 sub categories on the basis of former studies categories (Ahrentzen et al., 1989; Monteiro, 1997; Smith, 1994; Szalai, 1966). Later, these categories were grouped in five more inclusive categories in basis of a hierarchical cluster analysis (Table 1).

éste se revisaba con la finalidad de identificar información confusa, en cuyo caso se pedía aclaración. Se indicó que si por alguna razón pudieran sentirse incómodos(as) al informar de alguna actividad, podrían registrar alguna otra que se le asemejara (por ejemplo, ir al baño podría ser sustituido por lavarse las manos). Se incluyó una lista de 45 actividades domésticas, construida a partir de estudios previos (AHRENTZEN, LEVINE y MICHELSON 1989; MONTEIRO 1997; SMITH 1994; SZALAI 1966). Al final de cada día, se verificaba la lista para observar si se había omitido registrar alguna actividad, en cuyo caso ésta podía registrarse en una hoja destinada para ese fin. En la figura 1 se muestra un ejemplo de cómo se procesó la información de las anotaciones de uso del tiempo y de los valores de integración, profundidad y conectividad.

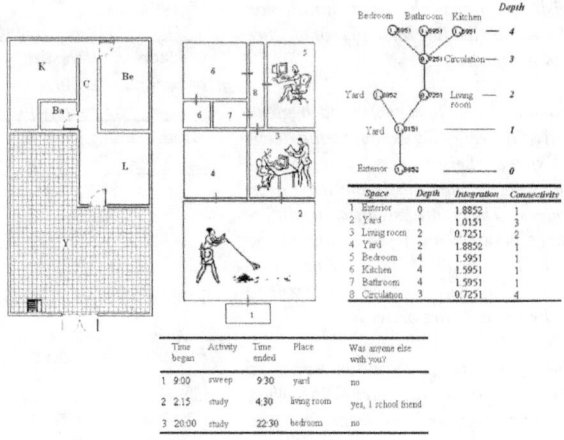

Figura 1. *Ejemplo de la anotación de uso el tiempo y de los valores de integración, profundidad y conectividad*
Figure 1. *Example ot timebudget recording and depth, integration and connectivity values*

Se decodificaron los 60 diarios en 1510 anotaciones de actividad para los dos días de investigación. Éstos representan las actividades que fueron anotadas por lo menos por el 50% de los participantes. No se consideró la activi-

Results

Activity frequency for each category was obtained, as well as the total number of people present (co presence), their mean duration (minutes) and the mean integration, depth and connectivity levels where activities were carried out (Table 2).

Data indicate that the most frequent activities at home are feeding and personal hygiene, after leisure, personal care and home work. Activities with the least number of people present (co presence) are hygiene and personal care, as well as scholar ones. Activities with the highest of co presence are feeding and leisure. The activities that lasted the most are scholar ones and leisure, whereas the least duration is present in feeding and personal care and hygiene.

Personal care, homework and hygiene activities were carried out in the deepest spaces. Leisure and feeding activities were carried out in the least deep spaces. There are significant differences between all depth means of the activities categories (F = 44.637, p = 0.000) but between scholar, hygiene and personal care activities.

The closer the integration value to zero, the greater the integration while the farther a value is from zero, the greater the segregation. Feeding and leisure activities were carried out in the most integrated places, while personal care, hygiene and scholarly activities were accomplished in the most segregated places. Significant differences between all integration means of activities categories were found (F = 36.03, p = 0.000) except between the most isolated categories (personal care and hygiene).

dad de dormir por la noche. En promedio, cada participante informó de 25 actividades (*DE* = 11). El tiempo promedio de permanencia en la casa en los días entre semana fue de 6 h. (*DE* = 4) y de 9 h. en fin de semana (*DE* = 4). Los 1510 registros fueron agrupados, primeramente, en 15 subcategorías, según categorías de estudios preliminares (Ahrentzen *et al.*, 1989; Monteiro 1997; Smith 1994; Szalai 1966). Estas subcategorías fueron, posteriormente, agrupadas en cinco más inclusivas según un análisis de conglomerados jerárquico (Tabla 1).

Tabla 1. *Categorías y subcatergorías de las actividades domésticas.*

Higiene personal	Cuidado personal	Alimentarias	Esparcimiento	Actividad escolar
Higiene personal	Arreglo personal y vestimenta	Preparación de alimentos	Ver televisión	Actividad escolar
Cuidado de la ropa	Limpieza de la recámara	Aseo de la cocina/ comedor	Hablar por teléfono	
Necesidades fisiológicas	Descanso	Alimentación	Conversar	
			Escuchar radio o música	

Table 1. *Categories and subcategories of domestic activities.*

Personal hygiene	Personal care	Feeding	Leisure	Scholar activity
Personal hygiene	Personal care and dressing	Making food	Watch TV	Homework
Clothes care	Room cleaning	Dining room and kitchen cleaning	Talking on phone	
Physiological needs	Resting	Feeding	Talking	
			Listening to music or to radio	

Categories with the least connectivity were hygiene, personal care and scholarly activities. These three activities present significant differences ($F_{4, 1263} = 56.72, p = .000$) with respect to the two categories with the most connectivity (feeding and leisure).

With the purpose of having a graphical description of how spatial configuration, duration and co presence are related to domestic activities, a multidimensional scaling analysis was carried out. Through Euclidian distances, some other distances between the five activity categories were generated on the basis of the next variable means: activity duration, co presence, integration, depth and connectivity of spaces were activities took place. The scaling structure ($R^2 = .99$, stress $= .000$) is shown in Figure 2. The configuration shows that activity categories are located on different points of the chart, which represent different dimensions of variables. The upper place of the chart represents a low co presence and segregated, deep and less connected places. In this section, hygiene, personal care and scholarly activities, are found. In the lower place, high co presence and integrated, less deep and very connected spaces are presented. In this sector, leisure and feeding activities are found. The horizontal axis represents activity duration. It can be read from left to right, where the longest activity, scholarly, is found in the left end and the least long activity, personal hygiene, is found on the right end. Therefore, the configuration showed the social and spatial dimensions of the activity in the vertical axis, whereas the horizontal axis showed the temporal dimension.

Discussion

The results of this study indicated that domestic activity patterns are repre-

Resultados

Se obtuvo la frecuencia de las actividades para cada categoría, así como el número total de personas presentes (copresencia), su duración promedio (en minutos), y los niveles promedio de integración, profundidad y conectividad de los espacios donde éstas se realizaron (Tabla 2).

Tabla 2. Frecuencia, duración y copresencia de las actividades.

	Higiene personal	Cuidado personal	Alimentarias	Esparcimiento	Actividad escolar
Frecuencia	380	258	388	340	144
Copresencia	35	86	413	345	35
Duración (promedio en minutos)	15 DE = 16	26 DE = 28	32 DE = 25	47 DE = 53	68 DE = 67
Profundidad	4.13 DE =1.84	4.59 4DE = 1.72	3.06 DE = 1.58	3.63 DE = 1.57	4. 15 DE = 1.19
Integración	1.45 DE = 0.49	1.48 DE = 0.38	1.16 DE = 0.33	1.27 DE = 0.33	1.34 DE = 0.42
Conectividad	1.27 DE = 0.76	1.22 DE = 0.59	2.00 DE = 0.99	1.87 DE = 0.05	1.46 DE = 0.76

Table 2. Frequency, duration and co presence of activities

	Personal hygiene	Personal care	Feeding	Leisure	Scholarly activities
Frequency	380	258	388	340	144
Copresence	35	86	413	345	35
Mean duration (minutes)	15 SD = 16	26 SD = 28	32 SD = 25	47 SD = 53	68 SD = 67
Depth	4.13 SD =1.84	4.59 SD = 1.72	3.06 SD = 1.58	3.63 SD = 1.57	4. 15 SD = 1.19
Integration	1.45 SD = 0.49	1.48 SD = 0.38	1.16 SD = 0.33	1.27 SD = 0.33	1.34 SD = 0.42
Connectivity	1.27 SD = 0.76	1.22 SD = 0.59	2.00 SD = 0.99	1.87 SD = 0.05	1.46 SD = 0.76

Los datos indican que las actividades más frecuentes en la casa son las alimentarias y las de higiene personal, seguidas de las de esparcimiento, cuidado personal y las actividades escolares. Las actividades que se realizan con menor número de personas presentes (copresencia) son

sented by two dimensions, where the activities they contain are mutually excluding. In the first dimension, private activities vs. social interaction activities are found. Private activities (hygiene and personal care and scholarly activities) are characterized as being done in the presence of few people and for being located in the most isolated, deepest and less connected places inside house. On other hand, social interaction activities (leisure and feeding) are characterized as being done in presence of more people and for being located in the least deep and more integrated and connected spaces in house.

This difference is a reflection of the well balanced expression of activity patterns, where an equilibrium between privacy needs and social interaction needs is manifested (LANG 1987). The spatial configuration of house is related to this equilibrium. As it has been mentioned, integration is a very powerful predictor of how busy or quiet a space is. This principle is present in the domestic environment. The activities with higher social contact were located in the most integrated and the most connected spaces, whereas private activities were located in the least connected and the most isolated ones. The most integrated spaces generate a higher connection and a higher communication between distinct places of house, which promotes an easier movement through several spaces, as well as the easy access to different objects and situations inside house. These aspects promote the encounter among inhabitants, which raise more interaction. On the contrary, the most isolated and least connected spaces diminish the chances of inhabitants' encounters, so interaction is limited and this favors private activities. As for depth, this afford greater opportunities to regulate social interaction because

las de higiene y cuidado personal, así como las escolares. Las actividades que se realizan con mayor acompañamiento son las alimentarias y las de esparcimiento. Las actividades con mayor duración son las escolares y las de esparcimiento, mientras que las de menor duración son las alimentarias, cuidado e higiene personal.

Las actividades que se llevaron a cabo en los espacios más profundos son la de cuidado personal, las escolares y las de higiene personal. Las actividades que se realizan en los lugares menos profundos son las de esparcimiento y las alimentarias. Existen diferencias significativas entre todo los promedios de profundidad de las categorías de actividad ($F = 44.637$, $p = 0.000$), excepto entre las categorías de actividad escolar e higiene y cuidado personal.

El valor de integración, cuanto más cercano esté de cero, representa mayor integración, mientras que cuanto más lejano esté, representa mayor segregación. Las actividades alimentarias y las de esparcimiento se realizaron en los lugares más integrados, mientras que las de cuidado personal, higiene y actividades escolares se ubicaron en los espacios más segregados. Se encontraron diferencias significativas entre los todos los promedios de integración de las categorías de actividad ($F = 36.03$, $p = 0.000$), excepto entre las dos categorías más segregadas (cuidado e higiene personal).

Las categorías con menor conectividad fueron higiene, cuidado personal y actividades escolares. Estas tres categorías presentan diferencias significativas ($F_{4, 1263} = 56.72$, $p = .000$) respecto a las dos categorías con mayor conectividad (alimentarias y esparcimiento).

Con la finalidad de tener una descripción gráfica de cómo se relacionan la configuración espacial, la duración y la copresencia con las actividades domésticas, se realizó un análisis de escalamiento multidimensional. Por medio de distancias euclidianas, se generaron las distancias entre las cinco categorías de actividad según promedios de las

inhabitants can more easily control the degree of physical separation among themselves (EVANS et al. 1994). In this way, activities requiring privacy are located in deepest spaces.

In the second dimension, basic needs addressed activities vs. self-realization-addressed activities are located. Basic needs-addressed-activities (hygiene, personal care and feeding) present a high frequency at home, but their duration is brief. They are activities which are necessarily done since they allow a good function of the individual and his or her space. Due this, they present a higher frequency. Self-realization-addressed activities (scholarly activities and leisure) present lower frequency but their duration is longer. Self realization involves «to experimenting personally, plain and vivid total concentration and abstraction». (GARCÍA and MOYA, 1993, p. 282). In this way, the investment and consumption of a great quantity of time is needed in order to achieve the conditions these activities demand.

Conclusions

The generation of a theory about the relation between design and activity patterns has not addressed spatial configuration as an aspect that intervenes in daily activities. In this study, it could be demonstrated that configurational features of house are importantly linked to its occupant's activities. This is possibly due the depth, integration and connection levels of spaces that allow the satisfaction of the needs of its inhabitants, as well as privacy as of social interaction.

The study of residential behavior has focused on assessment of specific behaviors or behavior indicators. In this study, daily activity patterns were evaluated. It is important to incorpo-

siguientes variables: duración de la actividad, copresencia, integración, profundidad y conectividad de los espacios donde ocurrieron las actividades. La estructura del escalamiento (R^2 = .99, stress = .000) se presenta en la figura 2. La configuración muestra que las categorías de actividad se ubican en diferentes puntos del plano, los cuales representan diferentes dimensiones de las variables. La parte superior del plano representa baja copresencia y espacios segregados, profundos y poco conectados. En este sector se encuentran las actividades de higiene y cuidado personal, así como las actividades escolares. La parte inferior representa alta copresencia y espacios integrados, poco profundos y muy conectados. En este sector se encuentran las actividades de esparcimiento y las alimentarias. El eje horizontal representa la duración de la actividad. Ésta se puede leer de izquierda a derecha, donde la actividad con mayor duración, la escolar, se encuentra en el extremo izquierdo, y la de menor duración, higiene personal, en el derecho. Por tanto, la configuración mostró en el eje vertical las dimensiones sociales y espaciales de la actividad, mientras el eje horizontal mostró las dimensiones temporales de las mismas.

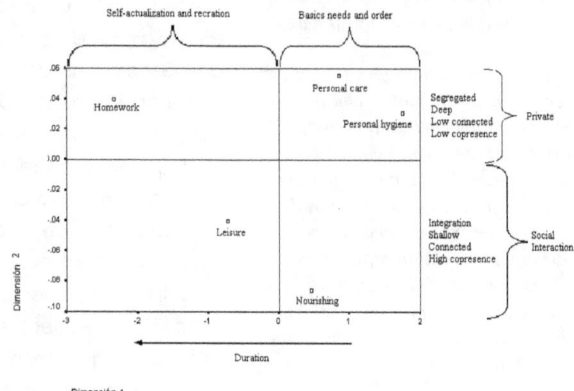

Figura 2. *Estructura bidimensional de las actividades domésticas*

Figure 2. Bidimensional structure of the domestic activities

rate residents' daily life in dwelling research in order to achieve a more exhaustive comprehension of domestic behavior.

The measurement techniques employed in this study may be a foundation for continuous collaboration between social scientists and environmental designers. The analytical techniques of space syntax give precise, quantitative and reliable descriptions of the spatial properties of houses. With them, researchers can identify which configurational features underlie behavior in the environment. Time budgets give detailed information about daily activity in environments. Both techniques may be very useful for research in environmental psychology and design fields.

Results can be used as standards for housing design. Goals and solutions for design could involve peoples daily life (not only specific behavioral aspects) inside house spatial configuration (not only in determined spaces). This would finally redound in residential satisfaction and users well being.

It is convenient to incorporate a larger diversity in participants' characteristics, so that other relevant activity categories can be identified. Also, any other research about differences between distinct spatial configurations (i.e. apartments and houses) as well individual and cultural differences can be incorporated. This would allow a spatial characterization for each environment and the identification of several activity patterns.

References

AHRENTZEN, S., LEVINE, D. W. & MICHELSON, W. (1989): «Space, time, and activity in the home: A gender analysis». Journal of Environmental Psychology, 9, pp. 89-101.

Discusión

Los resultados en esta investigación indicaron que los patrones de actividad doméstica están representados por dos dimensiones, donde las actividades que las componen son mutuamente excluyentes. En la primera dimensión, se encuentran las actividades privadas vs. actividades de interacción social. Las actividades privadas (higiene y cuidado personal, actividades escolares) se caracterizan por realizarse en presencia de muy poca gente y por ubicarse en los espacios más segregados, profundos y poco conectados de la casa. En cambio, las actividades de interacción social (esparcimiento y alimentación) se caracterizan por realizarse en presencia de mayor cantidad de gente, y por ubicarse en los espacios menos profundos y más integrados y conectados de la casa.

Esta diferencia es un reflejo de la expresión equilibrada de los patrones de actividad, donde se manifiesta una armonía entre las necesidades de privacidad y las necesidades de interacción social (LANG 1987). La configuración espacial de la casa está relacionada con este equilibrio. Como se ha mencionado, la integración es un predictor muy poderoso de cuán ocupado o quieto es un espacio. Este principio se presenta en el ambiente doméstico. Las actividades de mayor contacto social se ubicaron en los espacios más integrados y conectados, mientras que las actividades privadas en los más segregados y poco conectados. Los espacios más integrados generan una mayor conexión y comunicación entre los distintos sitios de la casa, lo que promueve el fácil desplazamiento a través de los diversos espacios, así como el fácil acceso a los diferentes objetos y situaciones de la casa. Estos aspectos originan el encuentro entre personas, por lo que promueven mayor interacción. Al contrario, en los espacios segregados y poco conectados, disminuyen las posibilidades de encuentros entre las personas que no estén en un mismo espacio o cuarto, por lo que la interacción se ve limitada, favoreciendo así las actividades privadas. En cuanto a la profundidad, ésta

ALEXANDER, C. (1964): Notes on the synthesis of form. Cambridge: Harvard University Press.
BAFNA, S. (2003): «Space Syntax. A brief introduction to its logic and analytical techniques.» Environment and Behavior, 35 (1), pp. 17-29.
BARKER, R. G. (1968): Ecological psychology. California: Standford University Press.
BUSTARD, W. (1999): «Space, evolution and function in the houses of Chaco Canyon». Environment and Planning (B): Planning and Design, 26, pp. 219-240.
DAWSON, P. C. (2002): «Space syntax analysis of central Inuit snow houses». Journal of Anthropological Archaeology, 21, pp. 464-480.
EVANS, G., LEPORE, S. J. & SHROEDER, A. (1994): «Crowding and spatial syntax». In NEARY, S. J.; SYNES, M. S. y BROWN, F. E. (Eds.): The urban experience. Londres: E&FN Spon.
FRANCA, F. & HOLANDA, F. (2003): My bedroom, my world: Domestic space between modernity and tradition. Paper presented at the 4th International Space Syntax Simposium, London.
GARCÍA, L. & MOYA, J. (1993): Historia de la psicología. Teorías y sistemas psicológicos contemporáneos. Madrid: Siglo XXI.
GIBSON, J. J. (1979): An ecological approach to visual perception. Boston: Hougton Mifflin.
HALL, E. T. (1972): La dimensión oculta. México, D.F.: Siglo XXI.
HANSON, J. (1998): Decoding homes and houses. Cambridge: Cambridge University Press.
HILLIER, B. (1996): Space is the machine. Cambridge: Cambridge University Press.
HILLIER, B., BURDETT, R., PEPONIS, J. & PENN, A. (1987): «Creating life: Or, does architecture determine anything?» Architecture and Comportment/Architecture and Behavior, 3(3), pp. 233-250.
HILLIER, B. & HANSON, J. (1984): The social logic of space. Cambridge: Cambridge University Press.
KIRA, A. (1976): The bathroom. New York: Viking.
LANG, J. (1987): Creating architecture theory. The role of the behavioral sciences in environmental design. Nueva York: Van Nostrand Reinhold.
MICHELSON, W. (1976): Man and his urban environment. Readin, Mass: Addison-Wesley.
MICHELSON, W. (1994): «Everyday life in contextual perspective». En ALTMAN, I. y CHURCHMAN, A. (Eds.): Women and the environment (Vol. 13, pp. 13-42). Nueva York: Plenum Press.
MONTEIRO, C. (1997): Activity analysis in houses of Recife, Brazil. Paper presented at the Space Syntax: First Intenational Simposium, London.
OSMOND, H. (1959): «The relationship between architect and psychiatrist». GOSHEN, C. (ed.): Psychiatric architecture. Washington: American Psychiatric Association.
PARKE, R. D. & SAWIN, D. B. (1979): «Children's privacy in the home. Developmental, ecological, and child-rearing determinants». Environment and Behavior, 11(1), pp. 87-104.
PENN, A., HILLIER, B., BANNISTER, D. & XU, J. (1998): «Configurational modeling of urban movement

brinda mayores oportunidades para regular las interacciones sociales debido a que sus ocupantes pueden, con mayor facilidad, controlar el grado de separación física entre ellos (EVANS y colaboradores 1994). De esta forma, las actividades que requieren privacidad se ubicaron en los espacios más profundos.

En la segunda dimensión, se encuentran las actividades dirigidas a las necesidades básicas vs. actividades dirigidas a la autorrealización. Las actividades dirigidas a las necesidades básicas (higiene, cuidado personal y alimentación) tienen una alta frecuencia en la casa, pero su duración es breve. Son actividades que se necesitan realizar, ya que permiten el funcionamiento del individuo y de su espacio. Debido a esto, tienen una frecuencia mayor. Las actividades dirigidas a la autorrealización (actividades escolares y esparcimiento), tienen menor frecuencia, pero su duración es mayor. La autorrealización involucra «experimentar plena, vívida y personalmente una total concentración y abstracción« (GARCÍA y MOYA 1993, p. 282). En este sentido, para alcanzar las condiciones que requieren este tipo de actividades, es necesario invertir y consumir una gran cantidad de tiempo.

Conclusiones

La generación de teoría acerca de la relación entre diseño y los patrones de actividad no ha dirigido la atención hacia la configuración espacial como aspecto que interviene en las actividades cotidianas. En esta investigación se pudo demostrar que las características configuracionales de la casa se vinculan de forma importante con las actividades de sus residentes. De esta forma, la configuración espacial es un elemento de la casa que permite el ajuste de las actividades. Esto es posible ya que los niveles de profundidad, integración y conectividad de los espacios permiten satisfacer las necesidades de sus habitantes, tanto de privacidad como de interacción social.

networks». Environment and Planning (B): Planning and Design, *25(1), pp. 59-84.*

Peponis, J. & Wineman, J. (2002): «Spatial structure of environment and behavior». Bechtel, R. B. y Churchman, A. (Eds.), Handbook of environmental psychology, *pp. 271-291. New York: John Wiley.*

Peponis, J., Zimring, C. & Choi, Y. K. (1990): «Finding the building in wayfinding». Environment and Behavior, *22(5), pp. 555-590.*

Rapoport, A. (1969): House form and culture. *Englenwood Cliffs, New Jersey: Prentice Hall.*

Rapoport, A. (1989): «Foreword: What is meant by housing?» Low, S. M. & Chambers, E. (Eds.): Housing, culture and design. *Filadelfia: University of Pennsylvania Press.*

Robinson, J. P. (1988): «Time-diary evidence about the social psychology of everyday life». McGrath, J. E. (Ed.): The social psychology of time, *pp. 134-148. EUA: Sage Publications.*

Smith, S. G. (1994): «The psychological construction of home life». Journal of Environmental Psychology, *14, pp. 125-136.*

Szalai, A. (1966): «The multinational comparative time budget research project: A venture in international research cooperation». American Behavioral Scientist, *10(12).*

El estudio del comportamiento residencial se ha centrado en la evaluación de conductas específicas o indicadores de conducta. En esta investigación se evaluaron los patrones de actividad cotidiana. Es importante incorporar al estudio de la vivienda la vida cotidiana de los residentes para poder llegar a una comprensión más exhaustiva del comportamiento doméstico.

Las técnicas de medición empleadas en este estudio pueden ser una base para la continua colaboración entre científicos sociales y diseñadores ambientales. Las técnicas analíticas de la sintaxis espacial brindan descripciones precisas, cuantitativas y fiables de las propiedades espaciales de la casa. Con ellas, los investigadores pueden identificar cuáles son las características configuracionales que subyacen al comportamiento en el ambiente. Los registros de uso del tiempo brindan información detallada acerca de la actividad cotidiana en los ambientes. Ambas técnicas pueden ser de gran utilidad para la investigación en psicología ambiental y para las áreas de diseño.

Los resultados pueden servir como estándares para el diseño de la vivienda. Las metas y soluciones de diseño podrían involucrar la vida cotidiana de las personas (y no sólo aspectos conductuales específicos), dentro de la configuración espacial de la casa (y no sólo en espacios determinados). Esto redundaría finalmente en satisfacción residencial y en el bienestar de los usuarios.

Es conveniente incorporar mayor diversidad en las características de los participantes, de tal forma que se puedan identificar otras categorías de actividad relevantes. También pudieran incorporarse estudios acerca de las diferencias entre distintas configuraciones espaciales (por ejemplo, entre apartamentos y casas -habitación), así como diferencias individuales y culturales. Esto permitiría una caracterización espacial de cada tipo de ambiente y la identificación distintos patrones de actividad.

Referencias

AHRENTZEN, S.; LEVINE, D. W. & MICHELSON, W. (1989): «Space, time, and activity in the home: A gender analysis». *Journal of Environmental Psychology, 9*, pp. 89-101.

ALEXANDER, C. (1964): *Notes on the synthesis of form*. Cambridge: Harvard University Press.

BAFNA, S. (2003): «Space Syntax. A brief introduction to its logic and analytical techniques.» *Environment and Behavior, 35* (1), pp. 17-29.

BARKER, R. G. (1968): *Ecological psychology*. California: Standford University Press.

BUSTARD, W. (1999): «Space, evolution and function in the houses of Chaco Canyon». *Environment and Planning (B): Planning and Design, 26*, pp. 219-240.

DAWSON, P. C. (2002): «Space syntax analysis of central Inuit snow houses». *Journal of Anthropological Archaeology, 21*, pp. 464-480.

EVANS, G., LEPORE, S. J. & SHROEDER, A. (1994): «Crowding and spatial syntax». En NEARY, S. J.; SYNES, M. S. y BROWN, F. E. (Eds.): *The urban experience*. Londres: E&FN Spon.

FRANCA, F. & HOLANDA, F. (2003): *My bedroom, my world: Domestic space between modernity and tradition*. Paper presented at the 4th International Space Syntax Simposium, London.

GARCÍA, L. & MOYA, J. (1993): *Historia de la psicología. Teorías y sistemas psicológicos contemporáneos*. Madrid: Siglo XXI.

GIBSON, J. J. (1979): *An ecological approach to visual perception*. Boston: Hougton Mifflin.

HALL, E. T. (1972): *La dimensión oculta*. México, D.F.: Siglo XXI.

HANSON, J. (1998): *Decoding homes and houses*. Cambridge: Cambridge University Press.

HILLIER, B. (1996): *Space is the machine*. Cambridge: Cambridge University Press.

HILLIER, B., BURDETT, R., PEPONIS, J. & PENN, A. (1987): «Creating life: Or, does architecture determine anything?» *Architecture and Comportment/Architecture and Behavior, 3*(3), pp. 233-250.

HILLIER, B. & HANSON, J. (1984): *The social logic of space*. Cambridge: Cambridge University Press.

KIRA, A. (1976): *The bathroom*. New York: Viking.

LANG, J. (1987): *Creating architecture theory. The role of the behavioral sciences in environmental design*. Nueva York: Van Nostrand Reinhold.

MICHELSON, W. (1976): *Man and his urban environment*. Readin, Mass.: Addison-Wesley.

MICHELSON, W. (1994): «Everyday life in contextual perspective». En ALTMAN, I. y CHURCHMAN, A. (Eds.): *Women and the environment* (Vol. 13, pp. 13-42). Nueva York: Plenum Press.

MONTEIRO, C. (1997): *Activity analysis in houses of Recife, Brazil*. Paper presented at the Space Syntax: First Intenational Simposium, London.

OSMOND, H. (1959): «The relationship between architect and psychiatrist». En GOSHEN, C. (ed.): *Psychiatric architecture*. Washington: American Psychiatric Association.

PARKE, R. D. & SAWIN, D. B. (1979): «Children´s privacy in the home. Developmental, ecological, and child-rearing determinants». *Environment and Behavior, 11*(1), pp. 87-104.

PENN, A., HILLIER, B., BANNISTER, D. & XU, J. (1998): «Configurational modeling of urban movement networks». *Environment and Planning (B): Planning and Design, 25*(1), pp. 59-84.

PEPONIS, J. & WINEMAN, J. (2002): «Spatial structure of environment and behavior». En BECHTEL, R. B. y CHURCHMAN, A. (Eds.), *Handbook of environmental psychology*, pp. 271-291. New York: John Wiley.

Peponis, J., Zimring, C. & Choi, Y. K. (1990): «Finding the building in wayfinding». *Environment and Behavior, 22*(5), pp. 555-590.

Rapoport, A. (1969): *House form and culture*. Englenwood Cliffs, New Jersey: Prentice Hall.

Rapoport, A. (1989): «Foreword: What is meant by housing?» En Low, S. M. y Chambers, E. (Eds.): *Housing, culture and design*. Filadelfia: University of Pennsylvania Press.

Robinson, J. P. (1988): «Time-diary evidence about the social psychology of everyday life». En McGrath, J. E. (Ed.): *The social psychology of time,* pp. 134-148. EUA: Sage Publications.

Smith, S. G. (1994): «The psychological construction of home life». *Journal of Environmental Psychology, 14,* pp. 125-136.

Szalai, A. (1966): «The multinational comparative time budget research project: A venture in international research cooperation». *American Behavioral Scientist, 10*(12). 5429 (6 Aug.), p. 836).

Willer, D. and Willer, J. (1973): *Systematic Empiricism: Critique of a Pseudosuence*. Englewood Cliffs, New Jersey: Prentice-Hall.

Williams, N. (1997): «Evolutionary Psychologists look for roots of cognition», *Science,* Vol. 275, No. 5296 (3 Jan.), pp. 29-30.

Willis, K. J. et al. (2004): «How "Virgin" is Virgin Rainforest?», *Science*, Vol. 304, No. 5 669 (16 April), pp. 402-403.

Wilson, E. O. (1975 & 2000): *Sociobiology: The New Synthesis*. Cambridge, Massachusetts: Belknap Press of Harvard University.

Wilson, E. O. (1978): *On Human Nature,* Cambridge, Massachusetts: Harvard University Press.

Wilson, E. O. (1984): *Biophilia*. Cambridge, Massachussetts: Harvard University Press.

Wilson, E. O. (1998): *Consilience (the Unity of Knowledge)*. New York: Knopf.

Wilson, E. O. (2001): «How to Unify Knowledge», in Damasio, A. R. et al. (Eds.): *Unity of Knowledge*. New York: NY Academy of Sciences, pp. 12-17.

Wohlwill, J. F. (1983): «The concept of nature: A psychologist's view», in I. Altman and Wohlwill, J. F. (Eds.): *Behavior and Natural Environment (Vol. 6 of Human Behavior and Environment)*. New York: Plenum, pp. 5-37.

Wyttenbach, R. A. et al. (1996): «Categorical perception of sound frequency in crickets», *Science,* Vol. 273, No. 5 281 (13 Sept.), pp. 1542-1547.

Zahavi, A. and Zahavi, A. (1997): *The Handicap Principle (A Missing Piece of Darwin's Puzzle)*. New York: Oxford University Press.

Zeki, S. (1999): *Inner Vision (An Exploration of Art and the Brain)*. Oxford: Oxford University Press.

Laboratorio de objetos arquitectónicos proyectados y usados: Una aproximación dialógica a la arquitectura

Ana Paula de Oliveira Lepori
aplepori@hotmail.com

Introducción

¿Dónde habita la comunicabilidad del objeto arquitectónico? Esta pregunta aparentemente sencilla exige una respuesta de gran complejidad. Indiscutiblemente, la comunicabilidad se materializa en la encrucijada entre el proyecto y el uso. Y en la satisfacción de estas dos premisas fundamentales de la arquitectura, con mayor o menor acierto, estará el grado de comunicabilidad del objeto arquitectónico.

Pero ¿cuáles son los elementos responsables de construir esta comunicabilidad? ¿Hasta qué punto puede controlar el arquitecto estos elementos y garantizar la comunicabilidad deseada?

El compromiso de realizar un proyecto arquitectónico coherente con el mensaje que se quiera transmitir es muy complejo, porque depende de una comprensión profunda, por parte del arquitecto, de los factores que intervienen en el proceso creativo proyectual y en la relación posterior con el entorno y con el usuario.

Los elementos y actores que conforman el discurso arquitectónico pertenecen a diferentes fases de la «vida» del objeto arquitectónico. Identificarlos y reflexionar sobre ellos nos ayuda a determinar en qué momento aparecen, de qué forma se materializan, qué peso tienen en la elaboración del objeto y cómo responden cuando el objeto ya está construido.

Conociendo a fondo los elementos que conforman el discurso arquitectónico, podemos construir herramientas de lectura e interpretación del proceso creativo proyectual, así como herramientas para la lectura de los elementos que conforman la comunicabilidad del objeto arquitectónico.

Pero ¿de qué sirve conocer a fondo los elementos que construyen la comunicabilidad de los objetos arquitectónicos?

En primer lugar, en cualquier ámbito profesional hay la necesidad de conocer a fondo los mecanismos de que se dispone y a los que el profesional puede echar mano para realizar su trabajo de forma, como mínimo, correcta. Luego desempeñarán su función con mayor o menor brillantez, pero, sin un profundo conocimiento de los elementos que intervienen en su proceso de trabajo, el profesional, sea del área que sea, no puede controlar la calidad del producto final.

En arquitectura, dado su carácter humanista, se maneja el conocimiento de áreas muy diversas, del cálculo al diseño, pasando por el conocimiento de los materiales, la interpretación del paisaje y el planeamiento del territorio. El proyecto arquitectónico es el instrumento capaz de reunirlos, interpretarlos, aplicarlos y darles una unidad que desembocará en la construcción del objeto arquitectónico. Son muchos los condicionantes que tener en cuenta en la elaboración del proyecto. Hay elementos de naturalezas muy distintas y, algunas veces, cuestiones de orden más inmaterial y sutil, pero que a la vez son extremadamente influyentes en los resultados obtenidos por el objeto arquitectónico cuando ya está construido, y que en numerosas ocasiones son consciente o inconscientemente ignorados y dejados de lado en la elaboración del proyecto, dado su planteamiento más filosófico, sociológico o antropológico. *La capacidad de comunicación del objeto con el entorno y con el usuario es una premisa fundamental que atender en la elaboración del proyecto, y hay que conocerla y estudiarla.* Sin un conocimiento a fondo de los elementos conformadores del discurso arquitectónico, el arquitecto no puede manejar de forma consciente los elementos que son capaces de satisfacer la interacción, tan fundamental, en la comunicación del objeto arquitectónico con el medio y con el hombre.

Hay que resaltar que crear comunicación no es necesariamente estar de acuerdo o mimetizarse con la realidad que circunda el objeto arquitectónico. Comunicar, en arquitectura debe significar la creación consciente de lazos de interacción, capaz de transmitir un mensaje de identidad o de cuestionamiento, de tradición o de innovación, con respecto a la realidad que lo circunda. Cuando me refiero a la realidad circundante del objeto, no es solamente con relación al entorno (geográfico, histórico e imaginario), sino con relación a la temática del objeto, al programa, al uso, al usuario, en fin, a todo un universo de condicionantes con los que el objeto está inevitablemente interrelacionado.

En arquitectura, la interacción entre el creador y el receptor se da de manera muy intensa, ya que la relación que se establece entre autor (a través del objeto construido) y usuario, la mayoría de las veces no se produce ni de forma consciente ni de forma consentida por parte del que recibe.

La arquitectura construye paisaje urbano y está todo el tiempo en exposición, a merced de toda clase de relaciones posibles con el usuario. *Este juego de relaciones es el que garantiza el carácter artístico a una obra y determina su poder de comunicación*, y Bajtín define una y otra vez como: «una forma especial de la interre*lación del creador con los receptores*, relación fijada en una obra de arte»[1].

El arte, como define Bajtín, *es un medio de expresión social y de carácter marcadamente ideológico* y que, como toda forma ideológica, «está creado por y para la sociedad». De este modo, para una lectura sociológica de la *arquitectura* es importante considerar aspectos relevantes, pertenecientes a la construcción del discurso, a parte de la relación entre autor y receptor. Hay que considerar ámbitos de orden ideológico, social y ambiental, además de las características técnico-formales que la arquitectura posee.

En el caso de la arquitectura, hay que añadir otra clase de relación que comunica: *la relación existente entre el arquitecto y el entorno donde se insiere el objeto arquitectónico*. Vale resaltar que el entorno a que nos referimos está compuesto de distintos niveles de información (geográfico, histórico e imaginario) y es bajo esta rica y compleja trama de relaciones entre autor, usuario, objeto y entorno donde habitan los elementos compositivos del poder comunicativo del objeto arquitectónico.

El contenido de la obra arquitectónica cambia cuando entra en contacto con el entorno construido; dada la espacialidad que caracteriza el objeto arquitectónico, el entorno gana total protagonismo tanto en la elaboración del discurso arquitectónico como, posteriormente, en la adaptación del objeto arquitectónico al medio.

En arquitectura es muy importante, principalmente, dado su carácter de permanente exposición al observador y elemento conformador de nuestras ciudades, que la construcción del objeto arquitectónico se realice de forma consciente por parte del autor. Este debe construir la comunicabilidad del objeto consciente del carácter profundamente social que la arquitectura posee, ya que una vez que se insiera el objeto arquitectónico en la ciudad está a la vez insiriéndolo en el proceso general de la vida social de un período histórico determinado y definiendo cuál es el lugar que el objeto arquitectónico ocupará dentro del movimiento histórico que le corresponde compartir.

Vale resaltar de qué nivel de consciencia hablamos cuando tomamos como premisa la necesidad de proyectar de forma consciente el objeto arquitectónico. Nos referimos a la consciencia en su sentido más humanista, como «conocimiento reflexivo de las cosas»[2]. La intención al identificar los elementos que componen el discurso arquitectónico es que se reflexione justamente sobre el nivel de alcance y transformación de la realidad que es capaz de tener la construcción del objeto arquitectónico. Este potencial transformador de la realidad debe ser manejado en el proyecto de forma consciente, para que el arqui-

tecto pueda controlar mejor el alcance de sus propuestas arquitectónicas. Esto no significa, sin embargo, que el arquitecto esté en posesión de un control absoluto sobre los resultados de su proyecto. Pero en cierto modo, reflexionar sobre la compleja trama de elementos y actores que se interrelacionan en distintos niveles y momentos de la elaboración, construcción y adaptación del objeto arquitectónico nos hace ser más responsables en la elaboración del proyecto a medida que conocemos mejor la dimensión de su alcance.

Consideramos, en definitiva, que el poder comunicativo de un objeto arquitectónico puede ser detectable, variable y mensurable. A partir de la identificación de los elementos y actores que componen el discurso arquitectónico, podemos no solamente reconocer los elementos que hacen parte del proceso creativo del arquitecto, sino además averiguar de qué forma actúan y en qué escala. La identificación, reflexión y medición de la comunicabilidad del objeto arquitectónico solamente es posible a través del análisis en profundidad del objeto como un todo, desde un punto de vista hermenéutico, es decir, desde su génesis (el proceso creativo del arquitecto), hasta la adaptación del objeto arquitectónico construido al entorno y al uso.

Aunque la construcción de la comunicabilidad del objeto sea fruto de un proceso dialógico, a medio camino entre la repetición y la destrucción, entre pasado y futuro, es necesario, para facilitar su análisis, una división en dos partes, esto es, en un antes y un después de la construcción del objeto arquitectónico, sin olvidar, sin embargo, que una lectura hermenéutica de la arquitectura, la relación entre lo proyectado (lo antes) y lo usado (lo después), es fundamental e indisoluble.

Para ello, proponemos establecer un *laboratorio* de objetos arquitectónicos, para investigar cómo se conforma el poder comunicativo de los objetos y elaborar un método capaz de estudiar los elementos generadores de comunicación en la arquitectura que, sin embargo, no tenga como foco principal de atención el proyecto, el objeto arquitectónico o el autor, sino que permita un enfoque donde nos centremos más bien en la *dinámica de una relación sociocultural* que es impulsada por el objeto arquitectónico, pero que está formada por el autor (a través del objeto) el entorno y el usuario.

El laboratorio de objetos arquitectónicos proyectados y usados

Dada la situación actual de la arquitectura, en que cada vez más los despachos proyectan, construyen y analizan el espacio construido fuera del ámbito de lo sobreentendido[3], desarrollando proyectos en diferentes lugares del mundo, se hace necesario un

conjunto de herramientas metodológicas preestablecidas que concientemente se destinen a la elaboración de proyectos arquitectónicos comunicativos con respecto al entorno y al usuario, conociendo y respetando lo específico y lo universal de cada uno de ellos.

El laboratorio es, por lo tanto, un método de investigación social empírica, que nos permite *la contrastación de hipótesis de una forma planificada, desarrollada en condiciones variables preestablecidas y empíricas*. El laboratorio nos permite leer el amago de la relación que se establece entre los tres elementos elegidos (autor – entorno – usuario) y permite que, aislando sus partes, podamos preestablecer variables que conforman la dinámica de la relación. De esta forma, podemos comprobar qué peso ejerce cada uno de los elementos y de sus combinaciones en la construcción de la comunicabilidad del objeto arquitectónico y, si confrontamos el análisis de diferentes objetos arquitectónicos, podemos comenzar a descubrir patrones y regularidades presentes en la dinámica existente entre autor – entorno – usuario.

El laboratorio que proponemos se divide en dos fases que son independientes, pero interrelacionadas. La fase «Proyectar la comunicación del objeto: el objeto proyectado» se plantea como *un análisis de contenido*, o sea, parte de la elaboración de una metodología de lectura de los objetos arquitectónicos comunicativos y de hipótesis formuladas. Esta fase del *laboratorio se propone investigar de forma sistemática y cualitativa cómo se relacionan autor (a través del objeto proyectado) – usuario – entorno, o sea, a nivel prefigurativo*.

La otra fase, denominada «El objeto comunica: el objeto usado», se plantea como una *experiencia de campo*, es decir, un análisis en el lugar de ubicación del objeto en situaciones «naturales», en condiciones normales, corrientes y familiares, centrado en la observación sistemática del comportamiento de los objetos arquitectónicos frente a una serie de interrogantes sobre la relación sociocultural entre autor (ahora a través del objeto usado) – entorno – usuario, para de esta forma complementar la experiencia de campo del investigador con un *análisis de contexto*, donde el usuario directamente opina y analiza cuestiones inherentes al uso y a la interpretación del objeto arquitectónico, *un análisis en el nivel refigurativo* del objeto arquitectónico.

A partir de las herramientas propuestas en este estudio para la lectura del proyecto y del uso de los objetos arquitectónicos, podremos ampliar la reflexión que ha motivado esta incursión por la inteligibilidad de los objetos arquitectónicos y el motor sociocultural que la impulsa: origen y finalidad de lo artístico, donde diferentes realidades se encuentran a partir del objeto comunicativo que, según Bajtín, por esto mismo es considerado artístico.

Laboratorio de objetos proyectados y usados: construcción teórica

El laboratorio de objetos proyectados y usados se estructura sobre unas bases teóricas que se ocupan en definir y reflexionar sobre las partes que componen el proceso creativo y también buscan comprender y especificar los procesos internos de construcción de cada una de las fases del proceso proyectual y de la adaptación del objeto arquitectónico al medio.

La **teoría del relato** desarrollada por el filósofo francés Paul Ricœur, es la teoría que sirve como base para la elaboración del laboratorio de análisis de proyectos arquitectónicos y, conjuntamente con los estudios de Mijail Baktin sobre el relato en el campo de la literatura y de Josep Muntañola en la arquitectura, forma parte del planteamiento teórico para identificar e interpretar los elementos que conforman el poder comunicativo del objeto arquitectónico.

Paul Ricœur clasifica los distintos niveles que conforman el relato en *prefiguración, configuración y refiguración*. Cada uno de estos niveles posee internamente otro proceso de estratificación conceptual, resultado de la dinámica interna existente dentro de cada una de las fases que componen el relato.

El proceso de configuración posee, dentro de su estructura conceptual, una subdivisión que incorpora tanto el nivel de prefiguración (1° nivel del relato) como el nivel de la refiguración (3° nivel del relato) así como los procesos conscientes por parte del autor cuando proyecta.

Mijail Bajtin también se ha ocupado de la reflexión sobre el proceso creativo en la literatura y denomina los niveles prefigurativo y refigurativo: «análisis inminente» y «*medio social extra-artístico*»[4] respectivamente.

El proceso de configuración, según describe Ricœur, es «donde el acto de narrar se libera del contexto de la vida cotidiana y penetra en el campo de la literatura.»

En lo que respecta a la arquitectura, en el proceso de proyección, el autor utiliza diferentes clases de información que preselecciona, que le sirven de herramienta para componer el proyecto arquitectónico. Los datos que reúne y sobre los cuales empieza a planificar el objeto a construir provienen de fuentes muy distintas, desde informaciones técnicas sobre el terreno hasta referencias históricas, reflexiones sobre la inserción en el medio, los usos propuestos y un sin fin de otras cuestiones referentes a la visión de mundo y de la arquitectura en sí, que el autor posee y que permiten que la arquitectura sea una disciplina altamente humanista y cargada de significados, valores, referencias...

Es por eso que el hecho arquitectónico habita en el cruce de teoría – práctica y sujeto – objeto. Es un proceso interactivo, solución poética a cuestiones éticas y científicas. Sobre este tema, Josep Muntañola a dedicado muchos ensayos y libros, como *Topogénesis*[5].

El medio donde se desarrolla este cruce de teoría, práctica , sujeto y objeto, *el entorno*, en sus tres niveles –histórico, geográfico e imaginario– no es un elemento pasivo, un mero fondo de la acción, sino que interviene en la lectura del objeto a medida que, con la inserción física del objeto en el lugar, se establece entre los objetos arquitectónicos de alrededor una relación con la historia, una confrontación entre tiempos construidos, entre historias de grupos sociales de tiempos históricos distintos.

La confrontación entre objeto y entorno también se da en el plano geográfico. El contacto entre el paisaje y objeto construido enseña la forma del autor relacionarse, entender e intervenir en el medio natural. Y del mismo modo, el entorno imaginario interviene en la interpretación que los grupos sociales hacen del objeto. Su lectura está cargada de lo sobreentendido, de los elementos que conforman culturalmente un grupo social y conforman su visión de mundo. Este entorno que envuelve el objeto arquitectónico de forma tan activa acaba por distorsionarlo, es decir, a través de la visión de mundo de los usuarios se generan distintas lecturas del objeto, diferentes de las sugeridas por el autor.

Esta dinámica sociocultural que seguirá interactuando en el objeto después de construido, enseña algunas de las premisas fundamentales que el arquitecto debe considerar para la elaboración de un proyecto arquitectónico comunicativo.

Por lo tanto, la configuración se formaliza como el propio acto creador, como la propia construcción del objeto, utilizando como elementos para su formulación tanto el instinto que construye el acto –o sea, la prefiguración[6]- como el efecto de este acto sobre lo existente o la coyuntura encontrada -lo que señala el nivel de refiguración del objeto arquitectónico proyectado (p.ej: el entorno, los usuarios, las creencias, los valores…).

De este modo, encontramos en la conformación de los conceptos de prefiguración, configuración y refiguración desarrollados por Ricœur para el relato literario dos conceptos que se vuelven fundamentales para la construcción del objeto arquitectónico comunicativo: la inteligibilidad del objeto y la intertextualidad existente.

La inteligibilidad del objeto

El concepto de inteligibilidad del objeto desarrollado por Ricœur presenta una importante reflexión que es aplicable a la construcción del objeto arquitectónico y nos da indicios para desarrollar un análisis sobre el poder comunicativo del objeto arquitectónico.

La inteligibilidad del objeto, descrita por Paul Ricœur, se caracteriza por ser la fase configurativa en sí misma. Dentro del 2° nivel del relato, así como existe un nivel de prefiguración y de refiguración internos (son internos a la configuración porque son procesos conscientes por parte del autor que proyecta), se puede definir de manera muy clara el momento configurativo en sí mismo, es decir, la inteligibilidad.

La inteligibilidad es el amago del proceso de configuración, la propia «narración». *En la arquitectura, la narración se puede traducir como el acto de inscribir un nuevo objeto en el espacio construido, o sea, la intervención, la inserción del objeto en el lugar.*

El objeto arquitectónico, entendido como objeto inteligible, es la construcción de una «trama» basada en acontecimientos, acciones, causas, casualidades y que formaliza los papeles que juegan dentro del proceso de creación de este nuevo objeto varios elementos, entre ellos, por ejemplo, la *innovación* y la *tradición*.

El juego entre innovación y tradición[7] *determina el nivel de compromiso del objeto construido con la tradición establecida*, a través de la interpretación que el arquitecto hace en relación al lugar, a la historia, a la memoria colectiva, a la utilización de su propio repertorio arquitectónico, a su entendimiento de los usos propuestos y a una serie de factores que pertenecen no solamente al lugar (geográfico, histórico e imaginario), sino también a los aspectos del uso y a elementos que conforman el universo del autor (sus experiencias personales, proyectos anteriores...).

Al proceso constructivo de la inteligibilidad del objeto arquitectónico la llamaremos en el laboratorio: '*proyectar la comunicación del objeto*'.

La intertextualidad existente

La intertextualidad, así, como lo propone Paul Ricœur en el campo de la literatura, aparece en dos momentos diferentes del relato arquitectónico.

La intertextualidad existente aparece dentro del propio proceso configurativo como parte intrínseca al acto de proyectar, surgiendo como puntos de vista[8] *(diferentes del autor) que el autor proyecta en la construcción del objeto arquitectónico* (p.ej. la manera de vivir del grupo, culturas, materiales...).

Dentro del proceso configurativo, estos puntos de vista pueden ser imaginados o reales. La configuración materializa la capacidad de redescripción del arquitecto de lo que representa el uso y la vida cotidiana en el objeto propuesto. La configuración, entre otros factores, enseña el grado de sensibilidad social del autor.

La intertextualidad también aparece como refiguración, fase posterior a la configuración y que completa el proceso de construcción del relato arquitectónico (3° nivel del relato).

Como 3° nivel del relato, la intertextualidad existente es la interpretación que se hace por parte del usuario del objeto expuesto. En la refiguración (3° nivel del relato), la intertextualidad aparece en forma de *voces*[9], como la lectura que diferentes grupos y usuarios hacen del objeto. La sensibilidad social del autor se materializa cuando se absorben las *voces* en el proyecto transformándolas en *puntos de vista*.

La intertextualidad en la arquitectura es, por lo tanto, la lectura que el arquitecto hace de la relación objeto-usuario, la reacción en sí misma del usuario frente al nuevo objeto construido, la relación que el objeto establece con el entorno, con el usuario, y también los nuevos significados que el objeto desarrolla como elemento simbólico que llega a ser. En el «laboratorio de proyectos usados» al proceso de la intertextualidad existente lo llamaremos «el objeto comunica».

La intertextualidad que conforma la lectura del «objeto comunica», aunque está en momentos diferentes de la «vida» del objeto arquitectónico (2° y 3° nivel del relato), representa el diálogo a través del tiempo entre autor y usuario, y materializa la existencia de un poder comunicativo en el objeto.

En el laboratorio de proyectos usados lo que se busca, por lo tanto, es mirar la arquitectura de una manera dialógica. La lectura dialógica se basa en la visión cultural, histórica, geográfica y social del objeto arquitectónico.

Mijail Bajtín propone la lectura dialógica en contraposición a una lectura «lingüística» del objeto, o sea, una lectura técnica del objeto arquitectónico. Aunque Bajtín defienda la supremacía de la dialogía sobre la lectura basada en la técnica y en los códigos de lenguaje, advierte que la dialogía no puede construirse sola. La dialogía se apoya en la técnica, en los códigos de lenguaje, y los utiliza como el soporte que genera la comunicación. No existe dialogía sin una herramienta de expresión. Pero lo que pretende Bajtín es dar la justa dimensión de la técnica (la lingüística) dentro del discurso literario. La lingüística es una importante herramienta para establecer la comunicación, pero no es la única ni tampoco la más relevante. Sin la lectura dialógica, es decir, sin dotar el discurso del sentido cultural de la comunicación, el código lingüístico, por sí solo, no se ve capaz de transmitir toda la profundidad comunicativa que un discurso pueda tener.

El laboratorio propuesto en la tesis, visa investigar cómo se fusionan la lingüística y la dialogía en los objetos arquitectónicos propuestos tanto en su nivel configurativo como en su refiguración. Mientras el código (la lingüística) representa una unidad definida y cerrada, el contexto (la dialogía) es un conjunto abierto e inacabado, que permite al discurso una mayor

amplitud comunicativa porque considera los diferentes niveles de comunicación existentes, tanto materiales como inmateriales del discurso, que además se encuentran yuxtapuestos.

La estructura conceptual dialógica es muy abierta si es comparada con la lingüística. La dialogía habita en el cruce de pasado y futuro, por un lado, y en la repetición y la destrucción, por otro.[10] Es decir, para generar un objeto dialógico, este no puede ser construido solamente a través de la perpetuación del *pasado*, pues la pura *repetición* no permite la innovación, por lo tanto no genera el cuestionamiento, la reflexión, la diversidad. Por otro lado, un proyecto socialmente dialógico tampoco puede construirse solamente proyectándose en el *futuro*, pues la *destrucción* del pasado crea un vacío, vacía la memoria y, ya que no hay qué recordar, tampoco el objeto se dota de valor, de significado, una vez que no se perpetúa en el tiempo y no se transforma en pasado. *Lo que la dialogía pretende es dotar a la forma de significado.*

El objeto proyectado

El análisis del proceso creativo arquitectónico es necesario y posible. Necesario porque, por una parte, a través del análisis del proceso creativo, como investigadores de la arquitectura, podemos averiguar cuáles son los elementos conformadores de la comunicabilidad propuesta por el arquitecto. En el análisis del *objeto proyectado*, nos acercamos al universo creativo del autor y podemos analizar si el arquitecto se preocupó de forma consciente de proponer un diálogo entre el objeto y el entorno o entre objeto y usuario, o entre objeto y uso, por ejemplo.

A través del análisis de la génesis del proyecto, ahora como proyectistas de arquitectura, nos hacemos conscientes de que la inspiración es una parte de la tarea del proyectar. La complejidad de los elementos que intervienen, muchas veces incluso de forma muy sutil, como lo sobreentendido, el entorno o la dimensión de la metáfora, son, sin embargo, determinantes en la construcción de un objeto arquitectónico comunicativo y dialogante. La lectura del proceso creativo demuestra también que la forma, cuando es un fin en sí misma, deja al descubierto una gran variedad de campos que son inherentes a la arquitectura, principalmente en lo que respecta a la función social de la arquitectura como herramienta de expresión e integración del individuo en la sociedad.

La función social de la arquitectura, como hemos visto en los elementos descritos a lo largo de este artículo, está necesariamente compuesta por la reflexión de los elementos conformadores de los distintos niveles del entorno, de lo sobreentendido, de las valoraciones y creencias, del apoyo coral, entre otros. Es de fundamental importancia tomar el proyecto como el laboratorio de ensayo donde convergen estos elementos de carácter sociológico, donde se entrecruzan para buscar una respuesta proyectual comunicativa, para que posteriormente la ciudad no sea el escenario de arquitecturas autistas o poco dialogantes.

Proyectar la comunicación del objeto: herramientas para la lectura

El proyecto y el análisis del objeto arquitectónico, aunque muchas veces se centren solamente en sí mismos, no se deberían tomar como una premisa, dado que el objeto arquitectónico es, ante todo, *una intervención en un lugar determinado bajo unas necesidades y condiciones específicas,* y esto conlleva una infinidad de consecuencias que no deberían ser ignoradas cuando se proyecta o investiga el objeto arquitectónico comunicativo.

Existe una situación exterior al objeto arquitectónico que en un primer momento lo define, lo delimita completamente: *la necesidad que genera el uso.* El objeto arquitectónico puede reinterpretar, ampliar, cuestionar esta premisa, pero jamás ignorarla. Cuando se ignora este hecho, el objeto ya no es arquitectónico. El objeto puede actuar como una escultura, como un juego, pero el hecho que hace que el objeto sea arquitectónico es su capacidad de ser habitado y el uso que puede generar.

El uso sugiere una serie de factores que condicionan su construcción. El programa de una casa puede tener muchos matices que a lo largo del tiempo han sido reinterpretados, ampliados, reducidos, pero siempre debe presentar determinadas características espaciales que atiendan a la necesidad humana de habitar.

La *comprensión de la necesidad* que impulsa la creación de un proyecto arquitectónico debe partir de un análisis profundo de la realidad que lo demanda. Esta realidad ha ser comprendida y reflexionada en las más variadas esferas que abarcan el objeto arquitectónico y no debe limitarse solamente a su calidad formal. Esta comprensión global de la necesidad que genera el proyecto es el primer paso en la construcción de la comunicación del objeto arquitectónico, a partir del momento que comienza a crear un puente comunicativo entre autor y lugar – autor y usuario, y que empieza a diseñar la forma de apropiación que existirá del objeto por el usuario y del objeto por el entorno.

Para la concreción del laboratorio de proyectos arquitectónicos, se hace necesaria la elaboración de herramientas metodológicas de lectura del objeto proyectado que sean capaces de identificar los factores y las variables relevantes, presentes en el discurso arquitectónico del autor.

A parte de identificar los elementos componentes del discurso de los proyectos en análisis, el papel de las herramientas es también elaborar hipótesis sobre las posibles relaciones existentes entre estos elementos componentes del discurso, en pleno proceso creativo del autor, que el autor utiliza para generar comunicación con el lugar y con el usuario.

Las herramientas también nos permiten averiguar de forma muy clara, cuales son los elementos que el autor prioriza en su discurso, en detrimento de otros, y cuál el grado de

importancia dado a cada uno de ellos. Otro aspecto relevante del análisis es que las herramientas también nos permiten aislar y evaluar por separado cada una de las variables, si es necesario y, como son genéricas, pueden ser aplicadas a varios proyectos, lo que facilita la observación y comparación de una misma variable o de la relación entre un conjunto de variables que se encuentren presentes en los distintos proyectos analizados.

Las subdivisiones presentadas en el análisis se originan del esquema propuesto por Mijail Bajtín para la lectura sociológica de la obra literaria. Primero, partiendo de una lectura «semántica», centrada en la descripción del objeto configurado, es decir, construido, pasando inmediatamente a la lectura del proyecto prefigurado, es decir, de los *elementos* cronotópicos y polifónicos considerados para la proyectación del objeto (apartado1). En el análisis propuesto para la lectura del objeto arquitectónico esta segunda categoría determinada por Bajtín, la subdividimos en dos partes: por un lado (apartado 2), analiza el papel que juega el cronotopo en la elaboración del objeto en toda su complejidad, y por otro lado (apartado 3), proponemos el análisis de cuestiones del orden genérico del proceso creativo, o sea, los modelos narrativos aplicados. La tercera división de la lectura sociológica para Bajtín es el peso de lo sobreentendido y las *conexiones* cronotópicas y polifónicas responsables del poder comunicativo de la obra literaria que aplicamos también al objeto arquitectónico. Por lo tanto, en la lectura que proponemos del objeto arquitectónico proyectado, la cuarta categoría es asignada al campo de lo sobreentendido y la interpretación polifónica (voces y puntos de vista), exponentes del poder comunicativo existente en el proyecto arquitectónico.

A partir de estas explicaciones preliminares, pasamos inmediatamente a describir las cuatro categorías del «proyectar la comunicación del objeto»:

1. El campo del enunciado y de la interpretación individual: El proceso de trabajo del autor en la elaboración del objeto arquitectónico[11]

    - Cómo desarrolla el arquitecto el poder creativo del lenguaje[12] (los elementos considerados para realizar el proyecto) y el grado de abstracción empleado en el proyecto (cómo organiza los elementos considerados).
    - ¿Cómo aparece el entorno en la elaboración del proyecto? (¿como prefiguración en la configuración, o sea, como lugar real o como refiguración en la configuración, como lugar idealizado?)
    - El grado de importancia dado por el arquitecto al papel que desempeña el apoyo coral *(voces y puntos de vista)* en la construcción de la comunicabilidad del objeto arquitectónico.
    - Análisis por el autor del entorno potencial / objeto potencial / usuario potencial.
    - El uso del olvido como estrategia del arquitecto.

- El grado de personificación de la obra del autor en la elaboración del proyecto:[13] *estilo vs. tipo.*

2. El campo del contenido: El papel que juega el cronotopo[14] en la elaboración del objeto arquitectónico. *La forma* y *el contenido*: cuando establecemos que no es el *origen*, sino el *resultado* de nuestra vida lógica, ética y estética[15].

   - Las leyes fundamentales de *conexión* entre memoria, lugar e identidad tenidas en cuenta en el proyecto; el exceso o la falta de memoria: ocasionantes de problemas de identidad.
   - ¿El proyecto hace diferenciación entre memoria, historia, conciencia histórica e imaginación (según los conceptos desarrollados por Paul Ricœur)?.
   - El uso de la metáfora (cronotopo: forma y contenido) como estrategia del arquitecto. El grado de compromiso e innovación del objeto arquitectónico dentro del ámbito científico, estético y ético[16]. Tradición *vs.* Innovación.

3. El campo de la palabra y de la entonación: Los «modelos narrativos» aplicados.

   - Constatar el *grado de intimidad* existente entre el autor y el tema que genera el objeto.
   - Los conceptos genéricos de la forma, del uso (usuario), del entorno, de los movimientos arquitectónicos, de la cultura. Los contenidos valorativos reflejados en la proyectación del objeto arquitectónico.[17]

4. El campo de lo sobreentendido: La diversificación de la memoria. Los valores que el objeto representa. El objeto no es el autor.

   - Confrontación de cronotopos. Cronotopo del autor *vs.* cronotopo del objeto.[18]

Los puntos arriba mencionados son capaces de generar información sobre el proceso creativo del arquitecto que finalmente se traducirá en un objeto arquitectónico construido y que a partir del momento de su inserción en el medio, va a interaccionar con un lugar determinado, en un momento histórico, con características propias del momento cultural y social, reflejo del comportamiento de un colectivo diversificado.

El objeto usado

Así como el análisis del proceso creativo del arquitecto es importante para conocer en profundidad los elementos constructores de la comunicación del objeto arquitectónico propuesto por el autor, el análisis de cómo se comporta el objeto arquitectónico una vez

construido con respecto al medio y con respecto al uso es el otro punto protagonista de una lectura tanto sociológica como hermenéutica de la arquitectura. Sin una análisis en profundidad de la relación objeto construido – usuario – entorno, no es posible averiguar el alcance real de la comunicabilidad proyectada por el arquitecto, de su compromiso con la función social de la arquitectura. Del mismo modo, tampoco es posible averiguar qué otras clases de comunicación consiguió establecer el objeto arquitectónico después de construido y que no fueron proyectadas por el arquitecto.

La necesidad de conocimiento y reflexión sobre lo que ocurre cuando el objeto arquitectónico ya está inserido en el medio y en contacto con los usuarios es fundamental tanto para el autor como para el investigador de la arquitectura. El *objeto usado* da muchas de las claves de comprensión del alcance de la arquitectura en la construcción del entorno, de la identidad, de la memoria, de la historia y de cómo muchas veces la arquitectura influencia a los grupos sociales en sus comportamientos espaciales, en su forma de comprender el espacio.

El poder de la arquitectura de generar repertorio espacial y arquitectónico en las personas es total. Los objetos arquitectónicos se convierten en numerosas ocasiones en paradigmas de la forma de entender determinados usos, de interpretar determinados programas y, finalmente, se convierten también en modelos de ciudad que se propagan muchas veces sin la intervención del arquitecto. Dado este carácter modélico y su inevitable permanencia espacio-temporal, el objeto arquitectónico debe ser construido no solamente a partir de un rigor técnico (en lo que se refiere al empleo de los materiales, las técnicas constructivas, las especificidades estructurales, los detalles constructivos), sino considerando también la necesidad de un rigor sociológico, de una comprensión profunda de la dinámica urbana.

El objeto comunica: herramientas para la lectura

En este punto, el análisis de la relación sociocultural entre autor (a través del objeto) – entorno – usuario se desplaza del *horizonte del autor*, contemplado en la fase analítica anterior, el «proyectar la comunicación del objeto», hacia el *horizonte del usuario*, en la fase actual del análisis de poder comunicativo del objeto arquitectónico que denominamos «el objeto comunica». Sin embargo, aunque hay un giro de perspectiva de la voz del autor hacia la voz del usuario, en la presente fase de la lectura, el punto de encuentro, de observación de la dinámica de esta relación sociocultural, es *el lugar* desde donde se establece el encuentro entre autor (ahora a través del objeto construido) y usuario.

En el análisis del objeto usado es donde podemos averiguar lo que ocurre cuando la relación sociocultural idealizada por el arquitecto entre el objeto arquitectónico el entorno y el

usuario se convierte en real. ¿Cuál es el nivel de sobreposición y adecuación de lo ideal (proyectado) a lo real (usado)?

Muntañola resalta el papel que desempeña la arquitectura como constructora de lugares: «Lo que sugestiona y repele al mismo tiempo de la arquitectura como constructora de lugares es justamente esta obligación que tiene el sujeto para comprender la razón del lugar, de colocarse en otro lugar, es decir, *en el lugar del lugar que el otro ocupaba al crear el lugar*. Muchos arquitectos fracasan al no saber colocarse *en lugar de*, aunque los que de verdad disfrutan diseñando acaban adquiriendo un gran virtuosismo en esta especie de *anti*teatro que es la arquitectura. *Anti*teatro porque debes colocarte *en el lugar del otro*, cuando, ni el otro, ni el lugar, ni el espectador te ven. El arquitecto es un autor teatral que actúa en solitario.»[19]

El actuar solitario a que se refiere Muntañola encuentra en el objeto arquitectónico cuando es usado todos los actores imaginados, simulados del proceso de proyección. En esta fase, los actores son reales y actúan, interaccionan con el objeto arquitectónico, completando el círculo hermenéutico de la relación sociocultural puesta en marcha por el objeto arquitectónico construido.

A través del uso y de la capacidad de adaptación al entorno, podemos verificar el poder comunicativo inherente al objeto arquitectónico, es decir, tanto el proyectado por el arquitecto como el alcanzado por el objeto al interaccionar socioculturalmente, con el usuario y el entorno.

Esta capacidad comunicativa inherente al objeto arquitectónico, independiente de la proyectada intencionalmente por el arquitecto, básicamente es fruto de la *capacidad de adaptarse al cambio* que el objeto arquitectónico comunicativo debe poseer.

El cambio al cual nos referimos puede actuar en diferentes e incluso divergentes instancias a las que el objeto está vinculado directa o indirectamente. Desde el cambio drástico del uso o del tipo de usuario, a transformaciones del entorno (en el ámbito físico, histórico e/o imaginario), o incluso un cambio en el ámbito de la cultura. La *capacidad de adaptación al cambio* ayudará al objeto arquitectónico a mantenerse en el tiempo, incluso adquiriendo nuevos significados para los cuales no había sido proyectado inicialmente.

La capacidad de adaptación al cambio sin embargo debe coexistir con la función primera de un objeto cuando arquitectónico; la adecuación al programa que le origina.

Comprender la función a que está destinado y la justa medida del uso es parte importante y activa de la retórica arquitectónica. Muchas veces, el arquitecto no analiza de

forma profunda las posibilidades de interpretación del uso a que está destinado. La comprensión del uso es mucho más compleja de la que reivindicaba los funcionalistas del Movimiento Moderno. El uso comprende una serie de cuestiones de orden práctica (características físicas, climáticas, de flujo, de densidad), pero también de orden cultural (históricas, hábitos, valores, mitos...).

Saber reconocer y relacionar entre sí estas cuestiones es de fundamental importancia para que el objeto arquitectónico dialogue con las aspiraciones de los usuarios, cosa que finalmente le otorgará su valor y utilidad para la vida de las personas. Este es el poder comunicativo que el objeto arquitectónico debe buscar.

A parte de la interpretación del uso y del programa, otro elemento que es parte actuante de la comunicabilidad del objeto arquitectónico es la comprensión del lugar. Dice Muntañola: «Ha de usar el lugar como clave de interpretación de la historia colectiva y de la vida individual, para encontrar las fisuras y decir qué sueños deben marcar el futuro».[20]

En la comprensión del entorno es donde el arquitecto establece las raíces más profundas y duraderas con el ámbito de la cultura. El entorno es donde se solidifican a lo largo de los años no solamente las características geográficas del lugar, sino también la historia y la visión de mundo de quien lo usa, de quien lo habita.

Comprender y traspasar al objeto arquitectónico una relación con las características del entorno es de fundamental importancia para la comunicabilidad del objeto arquitectónico. Sin embargo, es importante resaltar que relacionarse con el entorno no es obligatoriamente aceptarlo, sino establecer una diálogia,[21] un diálogo donde la imaginación jugará un papel protagonista en el establecimiento de la relación con el lugar. Dice Muntañola: «Sin imaginación –ni ficción– yo no puedo dialogar con otro que es diferente, ni construir en un lugar y desde un lugar diferente».[22]

Muntañola va más allá al apuntar las limitaciones del discurso monológico, donde no hay espacio para una interpretación profunda del entorno: «El arquitecto monológico no dialoga. Él sólo ejerce el arte del monólogo: se escucha a sí mismo. Y sus edificios también consiguen hacer esto. Se miran eternamente. Desdeñan e ignoran todo lo que les rodea, sea como sea y sea por quien sea».[23]

Al considerar todos estos elementos descritos más arriba en la proyección del objeto arquitectónico, se ve que el objeto, cuando está construido y usado, tenga valores y significados capaces de añadir positivamente nuevos significados y valores tanto al lugar como a la vida de las personas que lo habitan, que usan el objeto arquitectónico, completando el circulo hermenéutico, sociocultural que la arquitectura debe generar.

Aunque, como nos recuerda Amos Rapoport, los entornos «no pueden generar compartimientos (en un sentido más amplio, acciones, pensamientos o sentimientos humanos), pueden actuar como potenciadores o inhibidores de ciertos tipos de comportamiento, procesos cognitivos, estados de ánimo, etc.» [24] Esta situación refuerza la importancia del estudio del objeto usado. Al comprender mejor la dinámica que desprende en su entorno y en los usuarios, el grado comunicativo que alcanza, podemos *a posteriori* elaborar objetos arquitectónicos más sensibles a toda la dinámica sociocultural que desprende después de construido.

Amos Rapoport, acaso sobre la importancia del análisis del entorno en profundidad, señala que: "la mayor importancia recae en los mecanismos de identificación. El entendimiento de los mecanismos que vinculan a las personas con su entorno es absolutamente esencial, tanto para la comprensión de los fenómenos como para la capacidad de modificarlos (o sea, diseñar).[25]

De este modo, establecer la lectura del objeto usado es fundamental para comprender el grado de comunicabilidad alcanzado por el objeto arquitectónico cuando está construido y la relación con el objeto proyectado por el arquitecto.

No dejar al azar la relación entre proyecto y uso es un posicionamiento ético frente al planear, dibujar, proyectar. El arquitecto responsable de elaborar entornos y proyectar cambios debe ser consciente del alcance de su tarea.

Rapoport, en sus numerosos estudios sobre la relación entre arquitectura y cultura, resalta una vez más la importancia del conocimiento y la aplicación de una medida justa en el cambio que se va a practicar, de la intervención arquitectónica a realizar. Dice Rapoport: «De allí deducimos que un cambio drástico demasiado rápido puede ser destructivo. Eso ocurre cuando el alcance de los cambios es demasiado grande, se introduce con excesiva rapidez, no es deseado y cuando las personas involucradas sienten que no tienen control sobre estos cambios.» [26]

Las herramientas elaboradas para la valoración y análisis del objeto usado deben considerar las dos premisas que apunta Amos Rapoport: «Lo esencial es comprender la émica antes de desarrollar los aspectos éticos (por ejemplo, conceptos y principios comparativos, "neutros", válidos en el contexto intercultural).» [27]

Las herramientas del análisis se centran básicamente en la sobreposición y complementación de tres mecanismos: análisis de contexto (entrevistas), experiencia de campo (observación por el investigador) e historial (hemeroteca u otras fuentes). La apreciación del material no está basada en su valor cuantitativo, sino en el cualitativo.

Abajo describimos los elementos analizables que conforman la fase de *el objeto comunica* y que orientan la lectura de los objetos arquitectónicos cuando son usados:

1. Breve descripción y análisis del significado de los signos y de sus combinaciones (las ideas a respecto del imaginario colectivo, creencias y territorialidad del usuario, los elementos económico-sociales presentes en el momento histórico de la construcción del objeto arquitectónico y del momento histórico del análisis del objeto).

2. Estudio del papel desarrollado por la *intervención*: entendida como capacidad intelectual de construir un nuevo territorio, capacidad de comprender y solidificar el significado del *cambio*.[28]

    - ¿Cómo reacciona el objeto arquitectónico construido en relación al entorno real (la refiguración)? [29]
    - El grado de «apoyo coral» al objeto arquitectónico construido a lo largo del tiempo.
    - Confrontación del contexto potencial/autor potencial/usuario potencial propuesto por el autor y el observado *in situ*.
    - Análisis de la reacción al uso del olvido como estrategia del arquitecto en el proceso proyectual,
    - Análisis de la reacción al uso de la metáfora como estrategia del arquitecto en el proceso proyectual.
    - Análisis de la reacción al contenido valorativo depositado por el arquitecto en el objeto arquitectónico construido.

3. Tradición *vs.* innovación; el nivel de *contradicción* y de *continuidad*.

    - La relación alcanzada por el objeto arquitectónico construido con respecto a la historia, a la memoria y a la identidad.
    - La relación alcanzada por el objeto arquitectónico construido con respecto a la arquitectura y a la cultura. El nivel de *contradicción* y de *continuidad*.
    - Observación de cambio del significado a partir de la modificación del objeto y/o entorno y/o usuario a través del tiempo.

4. Confrontación de *cronotopos*[30] (como recuerdan, usan y conocen el lugar: mixto de territorialidad simbólica y condiciones físicas del lugar), es decir, el objeto arquitectónico construido *vs.* el objeto arquitectónico proyectado.[31]

Algunas consideraciones

La lectura del objeto arquitectónico usado nos conduce, por lo tanto, a la observación del potencial comunicativo que finalmente alcanza el objeto arquitectónico cuando está construido y en contacto con los usuarios a quien está destinado y con el entorno donde está inserido.

Las características del laboratorio como experimento social empírico nos da la posibilidad de observar diferentes fases, actores y acciones que interaccionan a través del objeto arquitectónico. La posibilidad de aislarlos nos permite constatar de manera menos intuitiva el peso que cada elemento dispone dentro del discurso y las consecuencias que conlleva en el objeto arquitectónico cuando es usado.

Aunque el objeto arquitectónico congrega toda la dinámica sociocultural, es muy importante para el laboratorio no centrarse especialmente en el objeto, sino reconocer los papeles que desempeñan el autor, el usuario y el entorno en la comunicabilidad del objeto arquitectónico. Esta situación nos permite observar de manera muy clara que un análisis formal del objeto es solamente una parte –además de resultante– de una dinámica que llega más allá de lo etéreo de una forma, como ha señalado Mijail Bajtín: «El menosprecio de la naturaleza del enunciado y la indiferencia frente a los detalles de los aspectos genéricos del discurso llevan, en cualquier esfera de la investigación lingüística, al formalismo y a una abstracción excesiva, desvirtúan el carácter histórico de la investigación, debilitan el vínculo del lenguaje con la vida.».[32]

La lectura de la dinámica sociocultural impulsada por el objeto arquitectónico, además, permite acercarnos al carácter sociológico de la obra arquitectónica desde dos perspectivas diferentes: primero, observar los hechos arquitectónicos en el universo social de su tiempo histórico, y segundo, qué lugar ocupa la obra dentro de su tiempo histórico. También podemos observar el carácter ideológico del arte, que como nos recuerda Bajtín es una manifestación estética de la realidad, basada en la razón y en el conocimiento de la situación que evoca y que habita en el campo de la ética. Todos estos elementos que se encuentran en el objeto arquitectónico lo convierten finalmente en una especie de umbral, intersección entre el mundo del autor y del usuario.

En el caso del laboratorio, podemos observar al final del análisis entre proyecto y uso de los objetos los diferentes grados de comunicabilidad alcanzados por los objetos arquitectónicos que nos disponemos a investigar. Estos resultados están directamente vinculados con la génesis de los proyectos, como por ejemplo, con el poder creativo del lenguaje, el grado de abstracción empleado, al peso del apoyo coral en el proyecto o el análisis de la potencialidad del entorno, del usuario y del propio objeto entre otros factores analizados.

Consideramos, finalmente, que acercarnos a la arquitectura como un hecho sociocultural permite que observemos los objetos arquitectónicos desde diferentes ámbitos de la cultura, más allá del ámbito estético y que, de manera directa o no, también condicionan la comunicabilidad del objeto artístico, como nos recuerda Bajtín: «Es verdad que lo estético viene dado, de una u otra manera, en la misma obra de arte –el filósofo no lo inventa–; pero sólo la filosofía sistemática, con sus métodos, puede entender de una manera científica la especificidad de lo estético, su relación con lo ético y lo cognitivo, su lugar en el conjunto de la cultura humana y, finalmente, los límites de su aplicación. La concepción de lo estético no puede extraerse intuitiva o empíricamente de la obra de arte: de esta manera sería ingenua, subjetiva y frágil; *para una autodefinición segura y exacta, se necesita una definición realizada en relación con otros dominios, dentro de la unidad de la cultura humana.*».[33]

Notas

1. *La palabra en la vida y la palabra en la poesía. Hacia una poética sociológica*; «Hacia una filosofía del acto ético. De los borradores y otros escritos» (pag.106 -137). Anthropos Editorial, Barcelona, 1997.
2. *Diccionario de la Lengua Española*. Ed. Real Academia Española. Madrid: 2001.
3. Lo sobreentendido es parte del poder comunicativo del objeto arquitectónico, sus ámbitos (espacial, conocimiento compartido y valoraciones compartidas) son ámbitos socialmente objetivos, que formalizan la comprensión de un colectivo respecto del mundo que los rodea. Bajtín justifica la objetividad de lo sobreentendido como «actos que socialmente son necesarios y consecuentes», que garantizan una unidad social a un grupo y conforman su visión de mundo.
4. *La palabra en la vida y la palabra en la poesía. Hacia una poética sociológica*; "Hacia una filosofía del acto ético. De los borradores y otros escritos" (pag.106 -137). Anthropos Editorial, Barcelona, 1997.
5. Muntañola y Thornberg, Josep. *Topogénesis. Fundamentos de una nueva arquitectura*. Arquitext, 11. Barcelona: Edicions UPC, 2000.
6. la prefiguración se da a través de la reunión de datos para el proyecto, la aplicación de «los modelos narrativos», que en arquitectura serían los conceptos genéricos de la función, del uso, de la memoria, del lugar...
7. Circunstancia de tener una cosa su origen o raíces en tiempos pasados y de haber sido transmitida de unas generaciones a otras. *Diccionario del uso del español María Moliner;* Editora Gredos: Madrid, 1990;
8. Es la experiencia del personaje. Concepto desarrollado por Mijail Bajtin Ricoeur, Paul. «Tiempo y Narración II. Configuración del tiempo en el relato de ficción.» Madrid: Siglo Veintiuno de España Editores, 1998.
9. A la voz le incumbe los problemas de comunicación. Está dirigida al lector. Se sitúa en el punto de transición entre configuración y refiguración. Intersección entre el mundo del texto y del lector. Concepto desarrollado por Mijail Bajtín. Ricoeur, Paul. «Tiempo y Narración II. Configuración del tiempo en el relato de ficción." Madrid: Siglo Veintiuno de España Editores, 1998.
10. Muntañola y Thornberg, Josep. «Arquitectura y racionalismo: espacio monológico y espacio dialógico» IN *Topogénesis. Fundamentos de una nueva arquitectura*. Arquitext, 11 Barcelona: Edicions UPC, 2000.
11. La interpretación, el grado de diálogo justo y consciente por parte del arquitecto en relación a los factores que pertenecen al entorno (geográfico, histórico e imaginario), al diálogo que establece con ámbito de la construcción del discurso, como puede ser el estilo, el tipo, el olvido, lo sobreentendido, los usuarios y a elementos que conforman el universo del autor (sus experiencias personales, proyectos anteriores, vanguardias artísticas, el tiempo histórico que vive).
12. El lenguaje arquitectónico entendido como la información más cercana al universo del autor, transformándose, por lo tanto, en su expresión ideológica más pura, en rico material para la investigación tanto del proceso creativo del autor como de su proceso de trabajo, a parte de materializar la forma del autor de relacionarse con el mundo que le rodea y con la arquitectura.
13. El uso del tipo, de la forma y de la función.
14. Según define Mijail Bajtín, cronotopo es «la conexión esencial de relaciones temporales y espaciales asimiladas artísticamente en la literatura y en las artes en general». Bajtin, Mijail. "Las formas del tiempo y del cronotopo en la novela." *Teoría y estética de la novela*. Madrid: Taurus, 1989 (p.237).

15. Muntañola y Thornberg, Josep. *Topogénisis Uno. Ensayo sobre el cuerpo y la arquitectura*. Barcelona: Oikos-Tau Ediciones, 1979. p.132.
16. Conceptos ampliamente desarrollados por Muntañola y Thornberg, Josep. *Topogénisis Uno. Ensayo sobre el cuerpo y la arquitectura*. Barcelona: Oikos-Tau Ediciones, 1979. (p.21-194).
17. La conformación del estilo del autor.
18. Por un lado, el cronotopo del objeto que resuelve las cuestiones planteadas por el proyecto como el programa, las normas, los espacios necesarios, y por otro lado el cronotopo del autor, con los significados que quiere añadir al proyecto. Sus vivencias, su experiencia con el tema. Desde a confrontación de estos dos cronotopos se da el origen del cronotopo refigurado, inteligible. Es la cuestión que da sentido a la obra de arte Bajtin, Mijail. «El problema del contenido, el material y la forma en la creación literaria.» *Estética de la creación verbal* México: Siglo XXI, 1982.-396. (p.30-37).
19. Muntañola y Thornberg, Josep. *Topogénesis. Fundamentos de una nueva arquitectura*. Arquitext, 11 Barcelona: Edicions UPC, 2000. (p.18).
20. Muntañola y Thornberg, Josep. *Topogénesis. Fundamentos de una nueva arquitectura*. Arquitext, 11. Barcelona: Edicions UPC, 2000. (p.20).
21. J.B.Grize define la lógica de un diálogo como una «dialogía» porque, en oposición a la matemática normal, los temas de un diálogo no comparten los mismos significados u opiniones sobre los temas de que se hablan. No saben cuál será el fin del diálogo. No obstante, pueden comunicar, dialogar, y finalmente, llegan a un acuerdo común, al final del diálogo. Un tipo específico de lógica está a camino, y se pueden detectar unas estrategias de argumentación: estrategias de 'consolidación' (o construcción de un espacio común de diálogo) que deberían ser desarrolladas a través del proceso de comunicación." Muntañola i Thornberg, Josep. *Topogénesis. Fundamentos de una nueva arquitectura*. Arquitext, 11. Barcelona: Edicions UPC, 2000. (p.140).
22. Muntañola y Thornberg, Josep. *Topogénesis. Fundamentos de una nueva arquitectura*. Arquitext, 11. Barcelona: Edicions UPC, 2000. (p.136).
23. *Ídem* (p.138).
24. Rapoport, Amos. «Cultura, Arquitectura y Diseño.» *Arquitectonics. Mind, land & society*. Barcelona: Edicions UPC, 2003. (p.25)
25. Rapoport, Amos. «Cultura, Arquitectura y Diseño.» *Arquitectonics. Mind, land & society*. Barcelona: Edicions UPC, 2003. (p.26)
26. Rapoport, Amos. «Cultura, Arquitectura y Diseño.» *Arquitectonics. Mind, land & society*. Barcelona: Edicions UPC, 2003. (p.13)
27. Rapoport, Amos. Cultura, Arquitectura y Diseño.» *Arquitectonics. Mind, land & society*. Barcelona: Edicions UPC, 2003. (p.14)
28. Todo cambio necesita un tiempo variable para su adaptación. Cuando el cambio es demasiado grande o implantado de forma drástica, no es deseado o las personas implicadas no se sienten partícipes del cambio, y los resultados suelen ser negativos. (Rapoport, Amos)
29. El nivel de *contradicción* y de *continuidad* con el entorno.
30. Confrontación de los puntos -de- vista, existentes en la proyección, y de las voces, encontradas cuando construido el objeto arquitectónico. Confrontación de los resultados del uso propuesto por el autor y el alcanzado por el objeto cuando ya está construido.
31. La estratificación de significados, en cómo espacio y tiempo se comportan cuando son organizados de una nueva manera; la simplificación de la solución formal final, los valores más sensibles a la diversificación, si hay alta especialización de significados diversos, el papel de la interpretación, construcción o transformación de la identidad. El uso del olvido como estrategia del arquitecto. El uso de la metáfora como estrategia del arquitecto.
32. Bajtín, Mijail. «El problema de los géneros discursivos.» *Estética de la creación verbal*. México: Siglo XXI, 1982.-396.
33. Bajtín, Mijail. «El problema del contenido, el material y la forma en la creación literaria.» *Estética de la creación verbal*. México: Siglo XXI, 1982.(p.16).

El límite: inclusión social a través del espacio

The Edge:
Social Inclusion
Through Space

MIGUEL FERNÁNDEZ
mfr10@hotmail.com

Abstract

The process of consolidation of informal settlements and their social and economical incorporation to the formal city is the framework of this research. This paper is set out to suggest that apart from the supplied infrastructure to the marginalized urban areas there is a need to evaluate the physical relation between the formal and informal settlements in terms of spatial connectivity.

Because there seems to be segregating of urban borders that splits the whole urban grid, a series of syntactic analysis are made in order to measure the actual spatial relation between the two urban states. It is suggested that the urban edge as physical segregating element has the potentiality to invert its barrier condition to become a binding and integrating space.

Consolidation

The process of consolidation of informal poor settlements is seen as a starting point of an important urban incorporation. The lack of public space and inner road networks are remarkable issues regarding informal settlements.

Resumen

El proceso de consolidación de asentamientos informales y su incorporación social y económica a la ciudad formal es el marco de esta investigación. Este trabajo plantea que aparte de la nueva infraestructura provista a las áreas urbanas marginadas es necesario evaluar la relación física entre los asentamientos informales y la ciudad formal en términos de conectividad espacial.

Dada la existencia de fuertes límites urbanos aparentemente segregadores que rompen con la trama urbana de la ciudad, se han hecho una serie de análisis sintácticos, cuantificables, para medir la relación espacial real entre las dos situaciones urbanas. Se sugiere que el borde urbano como elemento físico segregador tiene la potencialidad de invertir su condición de barrera para convertirse en un espacio de encuentro y de integración.

Consolidación

El proceso de la consolidación de asentamientos informales de bajos recursos se considera como el punto de partida de una importante incorporación urbana. La carencia de espacio público y redes viales internas son aspectos notables con respecto a los asentamientos infor-

Other public services such as drain systems, sewage, water services, electricity and common use buildings are of great importance as well. Instead of being considered a product of consolidation the provision of infrastructure and formal urban services are now considered important and independent variables necessary to set the whole process going (GREENE 2002).

The city of Caracas displays an archetypical condition in Latin American cities as its territorial expansion reveals pronounced divisions that separate the formal urban developments from the informal settlements. The formally planned parts of the city are registered within the legal frames and official regulations intended to guide the growth of built environment. On the other hand, there is an informal urban reality with no governmental control based on the illegal and spontaneous occupation of private and public land.

The city is effectively made up of two cities of approximately equal population: the formal and the informal. It could be seen as the physical testimony of its social, cultural and economic polarisation. The fact that these two seemingly antagonistic urban panoramas have acquired approximately an equivalent amount of population sets out the urgent necessity to consider both with the same attention and take part in this situation from multidisciplinary scopes.

In recent times the Caracas government has insisted on mobilizing all available resources in order to achieve the official recognition of the metropolitan informal settlements and its total incorporation into the formal city. (BALDÓ y VILLANUEVA 1995). The aim is to incorporate an informal kind of urban, social, cultural and economic reality into the formal city. The gov-

males. Otros servicios públicos tales como sistemas de drenaje, aguas residuales, servicios de agua, electricidad y edificios comunitarios son de gran importancia también. En vez de ser considerado un producto de la consolidación, la disposición de nueva infraestructura y de servicios urbanos formales se consideran ahora variables importantes e independientes necesarias para fijar las bases del proceso de consolidación (GREENE 2002).

La ciudad de Caracas, capital de Venezuela, presenta una condición arquetípica como ciudad latinoamericana, ya que su extensión territorial revela divisiones pronunciadas que separan los desarrollos urbanos formales de los asentamientos informales. Las partes de la ciudad formalmente concebidas se insertan dentro de los marcos legales y regulaciones oficiales previstos para dirigir el crecimiento del medio ambiente construido. Por otra parte, hay una realidad urbana informal sin control gubernamental basado en la ocupación ilegal y espontánea de la tierra privada y pública.

Caracas se compone, efectivamente, de dos realidades urbanas de aproximadamente igual cantidad de población: la formal y la informal. Esta situación podría ser vista como el testimonio físico de su polarización social, cultural y económica, pero el hecho de que estos dos antagónicos panoramas urbanos hayan adquirido aproximadamente la misma cantidad de población plantea la necesidad urgente de considerar ambos de la misma importancia y atenderlos desde ámbitos multidisciplinares.

Recientemente, en Caracas, se ha insistido en movilizar todos los recursos disponibles para alcanzar el reconocimiento oficial de los asentamientos informales metropolitanos y su incorporación total a la ciudad formal. (BALDÓ y VILLANUEVA 1995). El objetivo es incorporar una realidad informal, urbana, social, cultural y económica, a la ciudad formal.

El marco jurídico gubernamental ha comenzado a formalizar la situación informal ilegal concediendo títulos de

ernmental legal framework has begun to formalise the illegal informal situation by granting property titles while urban and architectural projects of great importance have turned their efforts to improve road networks, basic infrastructure and public spaces; and providing new buildings for the common use.[1]

Space

Because informal occupations are illegal they fold to very precise urban limits that on the one hand protect them from forced legal evacuations but on the other hand produces an apparent connection split towards the formal city. There are clear spatial differences in these two, perhaps antagonistic, urban territories; but can we measure this spatial discontinuity?

One is the formal part of the city which can be described as a series of preconceived layouts blended within the overall urban grid, filled with conventional buildings that vary in dimensions and in types of uses and are linked by a road network system of named streets. The other, the informal, is a series of self built dwellings that generate a rather spontaneous and organic built environment in which the anonymous public spaces seem to be left out of its creation process.

The different sizes between informal and formal spaces are notoriously uneven as well. The formal city presents wide open kind of spaces, mainly because the streets are intended as much as for cars as for pedestrians and because the buildings are made by heavy construction machinery capable of growing vertically while leaving free spaces at ground floor. The hand made informal settlements present a smaller kind of space more in relation to human dimensions with most of its net-

propiedad, mientras que proyectos urbanos y arquitectónicos de gran importancia han volcado sus esfuerzos en mejorar los sistemas viales, la infraestructura básica y los espacios públicos y a proporcionar nuevos edificios para el uso común.[1]

Espacio

Dado que las ocupaciones informales son ilegales, se pliegan a límites urbanos muy precisos que, por un lado, las protegen contra evacuaciones legales forzadas, pero por otra parte producen una ruptura espacial hacia la ciudad formal. Hay claras discontinuidades espaciales entre ambos contextos urbanos, ¿pero podemos medir con precisión esta discontinuidad espacial?

La ciudad formal puede ser descrita como una serie de trazados preconcebidos ensamblados dentro de una trama urbana total, compuesta convencionalmente por edificios que varían en dimensiones y en usos, y relacionados por un sistema de red vial de calles con nombres. La ciudad informal es orgánica, no es planificada, está compuesta por una serie de viviendas autoconstruidas espontáneamente relacionadas por espacios residuales, anónimos, que paulatinamente adquieren carácter de espacios públicos.

Las escalas internas entre los espacios informales y formales son notablemente diferentes también. La ciudad formal presenta tipos de espacios grandes y abiertos, principalmente porque las calles se piensan tanto c para vehículos como para peatones, y los edificios, que son hechos por maquinaria pesada y materiales de la industria de la construcción, concentran densidades verticales mientras que dejan espacios libres a nivel del suelo. Los asentamientos informales, hechos a mano, presentan espacios más pequeños, en estrecha relación con el tamaño humano en donde la mayor parte de su red de circulación se compone por angostas escaleras y callejones peatonales.

work being pedestrian alleyways and stairways.

These two most dissimilar urban textures seemed to be physically and socially separated. They share an edge that appears to be a spatially segregating element. Freeways are typical physical examples of this kind of edges, which at metropolitan scale are part of a connection network, but at a lower urban scale, seems to sharply divide the two different urban realities.

This phenomenon leads to the questions of What is the spatial relation between the informal and formal settlements within the city? Can it be quantified? and Is there a relation between urban space and its social use? It is most important to be able to measure this spatial relation in order to search for an answer to the question of: Does a physical (spatial) incorporation of informal settlements into the formal city have anything to do with its socio-economic incorporation?

Space Syntax

The interest in the theoretical knowledge of space syntax is based on the idea that space configuration and social structure are not independent. That space; the urban grid itself, can be analyzed through a process of abstraction pursuing the better understanding of how the city works. Space is understood not merely as the background of human activities but as the form that determines and explains its function through human activities. The relation of form to function in the urban context has been one of the main focuses in space syntax studies. It is important to understand how the shape of an urban grid as a connectivity matrix is determining as far as the social use of public space.

Estas dos texturas urbanas disímiles se perciben divididas física y socialmente. Comparten bordes que parecieran ser elementos de segregación espacial. Un ejemplo típico de esta especie de borde urbano es la autopista, que a escala metropolitana forma, parte de la red vial, pero a una escala urbana reducida pareciera cortar nítidamente las dos diferentes realidades urbanas.

Este fenómeno conduce a las preguntas *¿Cuál es la relación espacial entre los establecimientos informales y formales dentro de la ciudad? ¿Puede ser cuantificada? ¿Hay relación entre la forma del espacio urbano y su uso social?* Es sumamente importante poder medir esta relación espacial para buscar para una respuesta a la siguiente pregunta: *¿La incorporación espacial, física, de asentamientos urbanos informales en la ciudad formal tiene alguna relación con su incorporación social y económica?*

Space Syntax

El interés en el conocimiento teórico del *space syntax* se basa en la idea de que la configuración espacial y su estructura social no son independientes, que el espacio, la trama urbana, puede ser analizada a través de un proceso de abstracción con el objetivo de comprender cómo funciona la ciudad. El espacio se entiende no simplemente como el soporte de actividades humanas, sino como la guía que determina y explica su función a través de actividades humanas. La relación de forma a función en el contexto urbano ha sido uno de los focos principales en estudios de space syntax. Es importante entender cómo la forma de una trama urbana cualquiera como matriz de conectividades es determinante en cuanto al uso social del espacio público.

Movimiento natural

En la teoría de «movimiento natural», un sistema de análisis abstractos sobre tramas urbanas revela una

Natural Movement

In «Natural Movement» a series of abstract analyses on the urban grid reveals a correlation between spatial configuration and movement patterns. Instead of the idea that individual buildings are the main source of movement within the city in which people move from one building to another as if they were attractors, it is argued that «the configuration of the urban grid itself is the main generator of patterns of movement» (HILLIER, PENN, HANSON, GRAJEWSKI & XU 1993: 1). The authors argue that through the shape of the city it is possible to predict not only potential patterns of movement, but the location of built attractors as well, such as commercial buildings, shops and so on. This seems to be a non symmetrical relation, in the sense that taking as starting point an attractor building or just plain data of movement patterns, it would be impossible to decipher the morphology of an urban grid.

Axial Map

The urban grid can be defined as a network of streets and other public open spaces that can be divided into convex spaces. An axial map is a reduction of the grid made by the longest and fewest straight lines drawn through all convex spaces covering the whole urban grid and reproducing it by intersecting axial lines. In this way all axial lines are connected to at least one other line of the global system. An axial line then, is a direct line of sight and access, therefore it relates to perceptual aspects through which individuals understand and move within the urban configuration.

Configuration / Integration Values

The space configuration of an urban grid can be understood as the multiple relations of every space component or

correlación entre configuraciones espaciales y patrones de movimiento. En vez de la idea de que edificios individuales son la fuente principal de movimiento en la ciudad en donde la gente se mueve de un edificio a otro, como si fueran atraídos por ellos, se argumenta que «la configuración de la trama urbana es en sí misma el generador principal de patrones del movimiento» (HILLIER, PENN, HANSON, GRAJEWSKI & XU 1993: 1). Con la forma de la ciudad (sistema de espacios), es posible deducir no solamente patrones potenciales de movimiento, sino también la localización de «edificios atractores», como por ejemplo centros comerciales, tiendas y demás edificios o lugares de alta concentración. Esto pareciera ser una relación asimétrica, ya que si se toma como punto de partida la disposición de dichos «edificios atractores» o, sencillamente, puros datos de patrones de movimiento, sería imposible descifrar la morfología de una trama urbana. En suma, a partir de la trama urbana se pueden identificar patrones de movimiento y de uso del espacio; sin embargo, a partir de patrones de movimiento o del uso del espacio es imposible vislumbrar la forma de la ciudad.

Mapa axial

La trama urbana se puede definir como la suma de espacios convexos que componen la red de espacios públicos. El mapa axial es una reducción de la trama urbana, hecha por las más largas y menor cantidad de líneas rectas que atraviesen todo el sistema de espacios convexos, abarcando y reproduciendo la totalidad de vacíos de la trama urbana. De esta manera todas las líneas axiales están conectadas con por lo menos una otra línea del sistema urbano considerado. Una línea axial, entonces, es una línea referida a visibilidad y accesibilidad, por lo tanto se relaciona con los aspectos perceptivos a través de los cuales los individuos entienden y se mueven dentro de la configuración urbana.

axial lines against the rest of the network. In this sense, it is not only the association of one element in relation to the whole, or a group of elements in relation to another group, but a simultaneous relation in which all elements are measured against the system as a whole.

Through «space syntax» tools it is possible to calculate this global relation assigning to each line a specific integration value, which measures the mean depth of every other line in the system from each line in turn. The most integrated axial lines (lines of sight and access) are the shallowest on average to all others, and the most segregated are the deepest.

Integration value measures both; visibility, because axial lines are traced only through open visual fields they are related to intelligible properties, and accessibility; because it shows how deep or shallow one segment is from any other.

Many case studies (HILLIER et al. 1993) have correlated axial integration values with actual movement rates in specific urban areas. Axial analysis were tested against movement observation data on site, finding a correlation between the integrated rates and movement flows of people within the urban grid. Taking into account variables such as gender, age and day times, it was shown how the shallowest lines of the system were more crowded according to the variables, while the deepest absorbed less movement. It becomes clear that spatial configuration and movement are not independent; furthermore, movement within the urban grid can be predicted by syntactically analysing its space.

Movement Economies

In «Cities as movement economy» (HILLIER & PENN 1996) a relation of form to function within the city is high-

Configuración/Integración

La configuración espacial de una trama urbana se puede entender como las múltiples relaciones de cada componente espacial, o líneas axiales, en relación al resto del sistema. En este sentido, no es solamente la asociación de un elemento referido al conjunto, o un grupo de elementos referido a otro grupo, sino de una relación simultánea en la cual cada uno de los elementos se miden en relación al sistema en su totalidad.

A través de las herramientas de *space syntax* es posible calcular esta relación global asignando a cada línea axial un valor de integración específico, que mide la profundidad promedio del sistema en relación a cada una de las líneas axiales. Las líneas axiales de mayor valor de integración (líneas de la vista y del acceso) son las más superficiales en relación con el promedio del resto, y las más segregadas son las más profundas.

El valor de la integración es un factor de medición referido tanto a la visibilidad, dado que las líneas axiales se trazan únicamente a través de campos abiertos de visibilidad y por lo tanto se relaciona con características inteligibles, como a la accesibilidad: identificar cuán profundo o superficial es un segmento en relación a los demás segmentos.

Muchos casos de estudio han relacionado valores de integración axial con rangos reales de movimiento en áreas urbanas específicas (HILLIER et al., 1993). Análisis axiales han sido puestos a prueba frente a datos de movimiento producidos por la observación *in situ*, encontrando una correlación entre rangos de integración con flujos de movimiento de gente en la trama urbana.

Considerando variables tales como edad, sexo y determinados horarios, fue demostrado cómo los ejes más superficiales del sistema eran a su vez los de mayor con-

lighted in precise terms. The sequence begins with the shape of an urban grid as the main source of information. This potential data base can predict movement rates, and in turn, the authors explain how movement in the city is directly related to the functional aspects of urban space. Land uses and movement rates are both derived from the urban morphology. This is beautifully explained, among other examples, within the city of London where analysis at different radius and scales show a relation between degrees of integrated areas in association with commercial, residential and other types of land use. Oxford Street, for example, reaches the highest integration value at local and global scale of the city's axial analysis revealing a true-to-life functional picture. The high streets concentrate the most movement flows as well as the most commercial activities. The theory of movement economies is an analytic tool to think with regarding how the city works and its potentialities embedded in its urban grid.

Caracas case

This study considers a well known and one of the biggest informal settlement in Caracas and will be the object of a series of syntactic analyses. The research questions posed in order to understand this urban phenomenon are: Is there a local informal urban structure? Can it be analyzed as an isolated settlement? And this will lead us to the main subject in this research which is: what is the spatial relation at global scale between a particular informal settlement and the so called formal city?

One of the two informal settlements of the city that were considered to be part of the CAMEBA project (Caracas Slums Improvement is taken). This informal settlement, Petare, was chosen because it represents very clearly

centración de gente, mientras que los más profundos absorbían menos movimiento. Comienza a estar claro que la configuración espacial y el movimiento en el espacio no son independientes; más aún, el movimiento dentro de la trama urbana puede ser deducido a través de un análisis sintáctico del espacio.

Economías en movimiento

En la teoría de «Ciudades como economía del movimiento» (HILLIER & PENN 1996), la relación de la forma y la función dentro de la ciudad se destaca en términos muy exactos. La secuencia comienza con la forma de una trama urbana como fuente principal de información analítica, como la materia prima. Se demuestra que la lectura sintáctica de esta materia prima guarda una relación directa con tendencias de movimiento urbano, y a su vez, se explica cómo el movimiento en la ciudad se correlaciona con aspectos funcionales del espacio urbano. El uso del suelo y la tendencia de movimiento, ambos, derivan de la morfología urbana. Esto se explica maravillosamente, entre varios ejemplos, dentro de la ciudad de Londres, en donde el análisis sintáctico en diversos radios, escalas, muestra la correlación entre niveles de integración y usos comerciales, residenciales y demás tipos de uso del suelo. El eje este-oeste que traza Oxford Street, por ejemplo, alcanza el valor más alto de integración en la escala local y en la global del análisis axial de la ciudad de Londres, con lo cual se revela un cuadro funcional de acuerdo con la realidad. Naturalmente, las calles principales suelen ser las de mayor integración, las que concentran mayor cantidad de flujos de movimiento y las que contienen a su vez los núcleos comerciales de mayor importancia.

La teoría «Ciudades como economía del movimiento» es una herramienta analítica con la cual se puede pensar en cómo la ciudad trabaja y cuáles son las potencialidades intrínsecas de la trama urbana.

an archetypical relation between informal and formal urban structures in which specific physical boundaries separate one another. By 1998 Its population reached 84.498 inhabitants in an area of 227,16 hectares.

Petare (Figure 2), is one of the 14 Physical Planning Units (UPF 4) registered within the sub-domain of the Inner Metropolitan Area. Physical Planning Units are intended to approach the impact of informal settlements considering a large metropolitan scale. It is also subdivided into four Urban Design Units (UDU); these Units are intended to influence localized urban problems at a lower scale.

Located at the east end of the city defining the border of the metropolitan area, Petare sits on a hilly land that stands at the end of the longitudinal valley of Caracas.

To analyze this informal settlement a natural boundary was found; an enclosed area defined by the own urban grid's properties more or less in concordance with the official boundary stipulated in «Un Plan para los Barrios de Caracas» («A Plan for Caracas Slums») (BALDÓ y VILLANUEVA 1995).

Petare is limited by a highway on its west and northern edges, while in the southern side formally planned urban areas are adjacent to it, linked by a vehicular road that cuts between the two developments. On the east side, facing the outer metropolitan land, the border begins to fade and the area becomes a less clear compact unity in itself.

Informal Structure

The mapping takes into account a set of different road types, in which main streets, secondary streets, dirt roads,

Caso Caracas

Este estudio considera uno de los más conocidos y más grandes asentamientos urbanos informales de Caracas, y será objeto de una serie de análisis sintácticos. Las preguntas de investigación que se plantean para entender este fenómeno urbano son: ¿Hay una estructura urbana informal local? ¿Puede ser analizada como un asentamiento aislado? ¿Es un asentamiento aislado? Esto nos conducirá al tema principal de esta investigación: ¿Cuál es la relación espacial a escala global entre el asentamiento informal y la llamada ciudad formal?

Se escoge uno de los dos asentamientos informales de la ciudad de Caracas que fueron considerados en el proyecto de CAMEBA (CAracas MEjoramiento de BArrios). Este asentamiento informal llamado Petare Norte (figura 2), fue elegido porque representa muy claramente una relación urbana arquetípica en donde la presencia de barreras físicas separa tajantemente una realidad urbana informal de la otra formal.

Su población alcanza los 84.498 habitantes en un área de 227.16 hectáreas. Petare, es una de las catorce Unidades del Planificación Física (UPF 4) ubicadas dentro del dominio del área metropolitana interna. Las Unidades de Planificación Física de asentamientos urbanos informales están previstas para aproximar su impacto sobre la gran escala metropolitana. Ésta a su vez se subdivide en cuatro Unidades de Diseño Urbano (UDU); estas unidades están pensadas para incidir sobre deficiencias urbanas a una escala más local.

Petare se asienta sobre un terreno de colinas, de topografía accidentada ubicada en el extremo este del valle de Caracas, definiendo el confín del área metropolitana.

Para analizar este asentamiento informal se localizó y se trazó un «límite natural», un área perimetral definida por

pedestrian streets, alleyways and stairs are all part of this rather organic network system.

The axial analysis of the settlement considered in isolation from its surroundings reveals a well defined spatial structure. The map is coloured in a spectrum from red to blue: representing numerical values of integration to segregation.

It is most remarkable how the edge lines, especially the east border, are highly integrated elements even though it is a radius n analysis in which configuration is related to the global scale. To the south the edge makes a curve maintaining its integration value and it turns to become a central spine that evolves through the middle of the settlement splitting it up into two sub areas. As it reaches the northern edge the spine reduces its linearity closing the loop in a somewhat winding shape.

Within the density of the western sub area it seems interesting how the outer edge connects with a well differentiated sort of perpendicular segments that penetrate the inner apparent labyrinth, while the spine connects to both sides in a more or less diffuse spread.

The eastern sub area appears to be more disordered with some highly segregated bits and with a few large voids that stand for a formally planned housing estate, an educational facility and some unoccupied land at geological risk. Despite this, there is a visible integrated line that stretches to the centre of the sub area and joins back to the central spine at the northern part. The northern part shows a fairly homogeneous integration distribution that is perhaps more visible at local scale.

It could be said that the system as a whole has a coherent and intelligible

las propiedades específicas de la trama urbana informal, manteniendo cierta concordancia con el límite oficial estipulado en «Un plan para los barrios de Caracas» (BALDÓ y VILLANUEVA 1995).

Petare está limitado por una autopista en sus extremos norte y oeste. En su extremo sur se vincula a modo de embudo con su casco antiguo (formal), y con áreas urbanas adyacentes formalmente previstas ligadas por una carretera vehicular que corta entre los dos asentamientos. Por el lado del este, haciendo frente al exterior del área metropolitana, sus límites comienzan a desdibujarse sobre áreas menos construidas, perdiendo así su condición de asentamiento compacto.

Estructura informal

El registro del plano toma en cuenta una serie de sistemas viales diversos, vehiculares y peatonales, en donde calles principales y secundarias, caminos de tierra, callejones, pasajes y escaleras, componen una red compleja y orgánica.

Al considerar el asentamiento urbano informal como un ente independiente y aislado, el análisis axial revela una estructura espacial bien definida.

Las líneas axiales del plano se corresponden con valores cromáticos del rojo al azul que representan gráficamente los valores numéricos de integración a segregación. Es notable cómo los segmentos perimetrales, especialmente en el extremo Este, son los de mayor valor de integración, a pesar de ser un análisis de radio *n*, en el cual la configuración se relaciona con la escala global. En el sur, los segmentos del borde hacen una curva manteniendo su valor de integración y dan la vuelta para convertirse en una especie de espina dorsal, eje central, que se desarrolla por el

individual structure which should allow the understanding and functioning of the settlement. Even though the aim is to relate the spatial configuration of the informal grid to the formal city it would be appropriate to take forward analyses of form to function with the informal settlement itself.

In order to establish a true-to-life comparison in this matter it seems likely to take into account a larger area but still with the attention being paid to the informal urban structure.

Form to Function / Global Scales

In Figure 5, a global scale radius n axial analysis of Petare is made considering a wider area of the city's grid instead of the isolated informal settlement. Regardless of the surrounding area some differences can be noticed. The most important one is that the strong inner spine that was seen in the previous analysis has lost its high integration value, yet the peripheral edge has kept its values amongst the most integrated lines of the system. What this means is that considering a global scale; the most integrated streets of the informal settlement are those that represent the edge facing the formal city.

A plan in which the commercial use of the informal settlement is highlighted (Figure 4) can be compared to this analysis. The overall picture of the commercial plan shows a strong concentration all along the west edge and also at the beginning of the inner spine at the south. There is a correspondence between integrated streets and the exclusively commercial land use type.

Even at the global scale, the highway becomes a distinctive segregated cutthrough element dividing the two different settlements. Untouched by the

medio del asentamiento dividiéndolo en dos áreas secundarias. Al alcanzar el extremo norte, el eje central reduce su linearidad, pierde nitidez y cierra el circuito de manera poco clara.

Es interesante observar cómo la traza perimetral en el lado oeste sobresale como un borde fuerte en relación a su entorno inmediato, conectando puntualmente con perpendiculares de menor valor de integración que penetran la trama mas o menos laberíntica, mientras que la espina central se desarrolla como un sistema ramificado más complejo, con un espesor compuesto de múltiples pequeñas trazas que se difuminan a ambos lados.

El área secundaria en el lado este pareciera ser más desordenada, menos compacta, con algunas pequeñas trazas altamente segregadas y con algunos vacíos grandes que corresponden a un desarrollo habitacional formal, instalaciones educacionales y zonas desocupadas por riesgo geológico. A pesar de esto, hay un eje visiblemente integrado que parte de la espina central por el sur y atraviesa por el medio del área secundaria juntándose de nuevo al norte de manera poco precisa. Esta parte del norte, en el área secundaria este, presenta una integración más regular y homogénea, quizás más visible en un análisis a escala local.

Podría decirse que el sistema en su totalidad tiene una estructura individual coherente e inteligible que permite la comprensión y el funcionamiento del asentamiento. Aunque el objetivo es relacionar la configuración espacial informal con la ciudad formal, sería apropiado indagar dentro de la trama informal en términos de forma y función. Con el propósito de establecer una comparación real en este sentido, sería necesario incluir dentro del análisis un área mayor de incidencia, manteniendo la atención fija en la estructura urbana informal.

highway, a parallel street within the informal side serves as the main global integrator of the informal settlement, absorbing most of the exclusively commercial type use.

It must be noticed that there are some isolated spots at the north east of the settlement that do not correspond to any highly integrated line; it is most likely because they are related to certain smaller scale or perhaps a wider scale considering that the highway, at this point, takes on a regional range. Nevertheless there is still something unknown about the inner spine which is not as integrated as it was in the previous analysis but continues to show a relative degree of integration.

Form to Function / Local Scale

It can be that a lower scale analysis, still taking into account a considerable area of the formal city, can emphasize the middle spine along with the inner structure. It is reasonable to think that the inside structure could be better related at local range. A radius 8 analysis seems to acquire the scale needed to highlight the local integration values as seen on Figure 7. Radius 8 means that integration values are calculated considering a range of up to 8 axial lines from every other line expressing a more localized scale of movement.

The first thing to notice in Figure 7 is that the strong edge axis looses its integration property as the tying perpendicular connections become less relevant. This reinforces the idea of the edge as a highly global integrator, nevertheless; it is still a local integrated element although its perpendicular attachments seemed to fade at this scale. On the other hand the internal informal structure arises in a more precise way. The inner spine clearly becomes emphasized

Forma-función escala global

En la figura 5, se ha hecho un análisis axial global de radio n en Petare, incluyendo una trama urbana más amplia que la suya propia. Sin considerar las áreas exteriores, se perciben algunas diferencias internas. La más importante es que la fuerte espina dorsal interna descrita en el análisis anterior ha perdido su alto valor de la integración. Sin embargo, el borde periférico ha mantenido su valor, conservando los segmentos de mayor integración del sistema.

Lo que esto significa es que considerando la escala global, más allá de la propia estructura informal, las vías mejor integradas del asentamiento son precisamente aquellas que representan el borde urbano que hace frente a la ciudad formal.

Este análisis puede ser comparado con el plano que se presenta en la figura 4, en el que se destaca el uso comercial del asentamiento informal. La imagen general del plano comercial presenta una fuerte concentración de puntos a todo lo largo del borde oeste y también al principio de la espina dorsal interna en el sur. Hay una correlación de segmentos altamente integrados con el tipo de uso del suelo exclusivamente comercial.

Incluso en la escala global la autopista aparece como un elemento particularmente segregado que corta a través de los dos tipos de estructuras urbanas y las divide. Sin ser tocada por la autopista, la calle paralela dentro del lado informal sirve como el principal integrador global del asentamiento informal, absorbiendo la mayor parte del uso exclusivamente comercial.

Debe acusarse la existencia de algunos puntos aislados en el noreste del asentamiento que no se corresponden con ningún segmento de alto valor de integración; es muy probable que esto suceda porque están relacionados a una escala más local o quizás a una escala inclusive más global, ya que la autopista en este

as an important axis of the local system. A parallel axis on its western side seems to appear. The southern end of the spine seems to be an interesting network junction. On the eastern side of the settlement the rather segregated area in which exclusively commercial activities were highlighted at a global scale appears more integrated at a lower scale. And finally, the highway becomes a clearer segregated component that lacks integration properties at local scale.

It is suggested that Petare local spatial configuration could offer helpful associations with a more specific type of land use. Approaching the relation of form to function at local scale it is proposed to rely on mixed use land data. Figure 6 points out hybrid locations that combine residential use with commercial use. The reason why this kind of mixed use is highlighted is because they can be related to local type exchange, where owners of small shops are likely to live nearby and offer basic supplies to the local population.

This analysis of spatial configuration in relation to commercial-residential mixed use provides a clearer perspective on how the interior of the informal settlement works. It is most surprising that the western edge of Petare does not have any commercial-residential types of building. This, again, confirms the fact that the importance of the high lateral street works in relation to a larger scale. There is a concentration of mixed use activities at the junction of the larger spine in its southern end with the peripheral road and with a less outstanding inner spine. The two inner spines, one more visible than the other, seemed to be evolving towards a ring kind of shape. This apparent tendency is also visible in the land use map where the multiple dots reproduce this sort of interior ring related to commercial-residential local use.

punto adquiere un alcance regional. Sin embargo, todavía hay algo desconocido sobre el eje central interno que no está tan integrado como estaba en los análisis anteriores, pero que continúa demostrando un grado relevante de integración.

Forma-función escala local

Se sugiere que un análisis más bajo de escala, todavía incorporado a un área considerable de ciudad formal, puede enfatizar la espina dorsal de la estructura interna. Es razonable pensar que la estructura interior podría ser mejor relacionada a escala local. Un análisis de radio 8 parece aproximarse a la escala adecuada para destacar los valores de integración local, como puede verse en la figura 7. Radio 8 significa que los valores de integración están calculados considerando un alcance de hasta 8 líneas axiales a partir de cada línea, buscando así un resultado acorde con la realidad local.

Lo primero que se observa en la figura 7 es que el borde perimetral disminuye su valor de integración, ya que sus conexiones perpendiculares que lo vinculan al interior del asentamiento no se entregan de manera uniforme, por lo que pasan a ser menos relevantes. Esto refuerza la idea del límite urbano como fuerte integrador global, sin embargo, sigue siendo un elemento integrador a nivel local a pesar de que sus conexiones perpendiculares pierden valor en esta escala. Por otra parte, el interior de la estructura informal se presenta de una manera más precisa.

El eje central interno se manifiesta claramente como un sistema que funciona con mayor incidencia sobre la escala local, y también se puede percibir un eje secundario que se desarrolla paralelamente. En el extremo sur del eje central se produce una interesante confluencia en la trama, mientras que en el noreste del asentamiento el área que se percibía algo segregada y donde sin embar-

Relations on form to function and local to global aspects within the informal settlement perimeter have been analyzed to achieve an intertwined understanding of the urban phenomena. The seemingly haphazard and organic informal settlement of Petare has revealed a well defined independent urban structure. Its space configuration is not independent from such land uses that have been shown previously. But what is the actual relation between the informal settlement and the formal city?

Segregation

It has been suggested that the layout of the city can either promote or restrict social life as a consequence of its topological and morphological properties. Physical segregation, thus, social isolation of the poor from the daily life of the city stimulates an exclusive presence of locals and prevents strangers from having to pass by or naturally wander through a particular area (HILLIER 1988). It has been explained how the shape of the city affects human movement and social behaviour. The purpose of this research folds to the will of a social incorporation of the informal inhabitants into the formal framework. There is a social unbalanced reality; Does space have anything to do with it?

In order to approach this questions consideration of the exclusively pedestrian network of Petare, such as stairways, alleyways and dirt paths; is suggested as mainly local components of the whole informal system that have little impact on the asphalted road network of the formal city. Nevertheless all vehicular roads within Petare will be taken into account in this analysis where the area considered covers a radius of 2,8 kilometres.

go habían sido destacadas a escala global actividades exclusivamente comerciales, en la escala local aparece como un área mejor integrada. Y finalmente, la autopista se percibe como un componente segregador más claro que carece de propiedades de integración en la escala local.

A través de un análisis más específico de usos del suelo se plantea que la configuración espacial local de Petare podría corresponderse a un tipo de uso híbrido. Para una aproximación a la relación entre forma y función en la escala local se propone utilizar datos referidos a la mezcla de usos del suelo. La figura 6 puntualiza edificaciones funcionalmente complejas que combinan uso residencial con uso comercial. La razón por la que se destacan estos usos híbridos es porque están relacionados con el tipo de intercambio local, en donde los dueños de pequeñas tiendas viven allí mismo o muy cerca y ofrecen a población local suministros básicos.

Esta configuración espacial referida a usos combinados comercial-residencial proporciona una clara perspectiva de cómo funciona el interior del asentamiento. Es muy notable que el borde perimetral oeste de Petare no tenga ningún edificio de tipo comercial-residencial. Esto reconfirma el hecho de que la calle principal como límite del perímetro urbano funciona sobre todo a escala global.

Hay una concentración de edificios funcionalmente híbridos en la confluencia del eje central en su parte sur con el perímetro del asentamiento y con otra vía interior, no tan fuerte como el eje central, que se desarrolla hacia el este. Los dos ejes internos, uno mejor definido que el otro, sugieren por su trazado una especie de circuito en forma de anillo. Esta tendencia interna es también visible en el plano de usos del suelo en donde la ubicación de los múltiples edificios híbridos reproducen esta especie de anillo interior relacionada con el uso local comercial-residencial.

Figure 8 shows a global radius n analysis over an area that covers the entire informal settlement of Petare and its immediate surroundings, it is more than clear that the integration of the urban grid is very much unbalanced. The highway can be seen as a strong edge element that connects exclusively to the formal part of the city in its west side, leaving the informal settlement highly segregated.

In the west side of the highway, the formally planned city has fairly segregated sinuous lines in the middle of a highly integrated core. This core is constituted by a sharp tip at the west end that opens itself embedding the sinuous isolated area, and closes down with a straight axis parallel to the highway. This straight axis seems to be the connector of both urban situations at three specific points; at the intersection of the core in its northern end, at the middle of it by a direct perpendicular line, and at the southern intersection of the core, where the most integrated axial lines are, which links indirectly through the southern formal developments adjacent to Petare.

radius n	Integration Value
Global Integration	Accessibility
Most integrated axial line	0.712
(located within the formal settlement)	
Least integrated axial line	0.191
(located within the informal settlement)	
Formal urban grid average	0.516
Informal urban grid average	0.337
Global average	0.458

In order to measure the actual relation of the spatial configuration between both the informal and formal urban grids, few numerical values should be exposed. As it was said before, the accessibility from one space to any other space can be measured in terms of integration values. Figure 9 shows that within the considered system, inte-

Se han analizado relaciones de forma a función y de local a global dentro del asentamiento urbano informal con el objeto de alcanzar una comprensión entrecruzada del fenómeno urbano. Se ha identificado una estructura urbana independiente bien definida dentro del asentamiento informal, espontáneo y orgánico de Petare. Su configuración espacial no es independiente de sus propios usos del suelo que se han demostrado previamente. Pero *¿cuál es la relación real entre el asentamiento informal y la ciudad formal?*

Segregación

Se ha sugerido que el trazado de la ciudad puede promover o restringir aspectos sociales como consecuencia de sus características topológicas y morfológicas. La segregación física como obstáculo que tiene un sector social en formar parte activa de la vida cotidiana de la ciudad, estimula una presencia exclusiva de habitantes locales e impide que habitantes externos se adentren naturalmente. (HILLIER 1988).

Se ha explicado cómo la forma de la ciudad afecta al movimiento humano y al comportamiento social. El propósito de esta investigación se pliega a la voluntad de una incorporación social de habitantes informales dentro del marco de la ciudad formal. Ante una realidad social desequilibrada, *¿qué tiene que ver el espacio?*

Para abordar la pregunta planteada se sugiere considerar la red exclusivamente peatonal de Petare, tal como escaleras, pasajes y caminos de tierra, como componentes locales del sistema informal del conjunto que poco impacto tiene sobre la red vial, global, de la ciudad formal. Se consideran entonces todas las calles principales y secundarias de Petare dentro de un análisis más grande que abarca un área de 2.8 kilómetros de radio.

gration values ranges between 0,712, being the most integrated spaces, and 0,191 being the least integrated spaces. After adding all integration values of every axial line that corresponds to the formal urban grid, the result shows that the average integration value of the formal city is 0.058 shallower than the global grid average, furthermore; the informal grids average integration value becomes 0.121 deeper than the global average.

Social Marginalization / Economic Isolation

The spatial segregation of informal settlements and their social and economical exclusion has been considered in previous studies. Urban form has been considered as an analysis framework for a complementary study of spatial form to that of land use and socio economic structures (LIMA 2000: 2). Analysis of the relationship between poor areas and their spatial degree of connectivity have suggested a strong fracture between the economic life of the city and the poor areas of the city, hence, «the lack of potential for the economically marginalized to ultimately integrate into society» (VAUGHAN 2005:1). It seems that physical segregation can contribute both to social marginalisation and economic isolation.

The syntactic analysis on the specific area of Caracas shows how the formal area of the city is by far, more accessible to and from most of the points in the system while the informal settlement presents a highly segregated spatial configuration. There is an outstanding spatial discontinuity between the two urban states and there is an effective correlation between the existing socio economic marginalization and the proven spatial segregation. The axial analysis shows precisely how the

En un análisis sintáctico de radio global (Figura 8) sobre un área que cubre todo el asentamiento informal de Petare y sus alrededores inmediatos, se hace claro que la integración de la trama urbana es muy desequilibrada. La autopista se puede ver como un fuerte elemento limítrofe que conecta exclusivamente con la parte formal de la ciudad en su lado oeste, dejando al asentamiento informal gravemente segregado.

En el lado del oeste de la autopista, la ciudad formal presenta algunas líneas sinuosas segregadas contenidas dentro de un perímetro muy bien integrado. Este perímetro está constituido por una punta aguda en el extremo del oeste que se abre envolviendo el área segregada, y luego se cierra con un eje recto paralelo a la autopista. Este eje paralelo a la autopista conecta las situaciones urbanas informal y formal en tres puntos específicos; en la intersección del perímetro en su extremo norte, en el centro de él por una línea perpendicular directa, y en la intersección del perímetro en su extremo sur, en donde se encuentran las líneas axiales de mayor valor de integración que conectan indirectamente a través de los trazados formales adyacentes a Petare en el extremo sur.

radio n Integración global	Valor de integración Accesibilidad
Línea axial de mayor valor de integración (ubicada en el asentamiento formal)	0.712
Línea axial de menor valor de integración (ubicada en el asentamiento informal)	0.191
Promedio en la trama urbana formal	0.516
Promedio en la trama urbana informal	0.337
Promedio global	0.458

Para medir la configuración espacial entre ambas tramas urbanas, la informal y la formal, algunos valores numéricos deben ser expuestos. Como se ha dicho anteriormente, la accesibilidad, la facilidad con la que un espacio se comunica con cualquier otro espacio, se

presence of the highway is a sharp edge obstacle in the spatial configuration of Petare in relation to the formal city. Further discussion should evolve around this segregating element.

Further discussion

The edge as a concept is rather diffuse as it is an indissoluble relation of opposing and complementary meanings. It is a border, an edge, an element that defines the end of something but nevertheless represents the beginning of another one. Philosophically the edge has been thought to have a certain fertile quality, sometimes explicit other times latent, of a «susceptible space of colonization, or that can be inhabited, cultivated and experienced, configuring itself as the domain in which the question of being and the sense are argued and discerned» (Trías 1991:22).

The Edge: Integrator?

In a recent study carried out in Santiago de Chile, space syntax analysis was used to measure the consolidation of several peripheral poor neighbourhoods that were apparently planned with the same parameters. It was suggested that «the critical spatial factor in the development of the settlements is the degree to which the settlement is able to develop 'edge oriented commercial activity' through its outward facing edges, and through this, to participate in a wider local economy» (Greene 2002: 4). It was also stated that where the so called "edge oriented commercial activity" was high, the overall level of self generated economic activities in the settlement increased as the local properties of the neighbourhood were preserved and the mugging and burglary in the settlement decreased.

It is suggested that the sense of the edge as a physical element that iso-

puede medir en términos de valor de integración. La figura 9 muestra que dentro del sistema considerado los valores de integración oscilan entre 0.712, correspondiendo a la línea axial de mayor integración, y 0.191, indicando la de menor integración. Después de sumar todos los valores de integración de cada línea axial correspondientes a la trama urbana formal, el resultado demuestra que la integración de la ciudad formal es 0.058 mayor al promedio global, mientras que el valor de integración promedio de la trama informal es 0.121 menor al promedio global.

Marginación social / aislamiento económico

La segregación espacial de asentamientos urbanos informales y de su exclusión social y económica se ha considerado en estudios anteriores. La morfología urbana se ha considerado como el marco de un análisis en el que se complementan la forma del espacio y el uso del suelo como estructura socioeconómica (Lima, 2000: 2). Análisis que relacionan a sectores de bajos recursos con grados de conectividad espacial urbana han revelado graves fracturas entre la vida económica de la ciudad y las áreas menos favorecidas, y por lo tanto una carencia potencial de las zonas marginadas económicamente para integrarse eventualmente a la sociedad (Vaughan 2005:1). *Efectivamente, la segregación física contribuye a las dos: la marginalización social y el aislamiento económico.*

El análisis sintáctico en el área específica de Caracas demuestra cómo el área formal de la ciudad es en gran medida más accesible desde y hacia la mayoría de los puntos en el sistema, mientras que el asentamiento informal presenta una configuración espacial sumamente segregada. Hay una discontinuidad espacial excepcional entre las dos situaciones urbanas y una evidente correlación, en el contexto informal, entre la marginalización socioeconómica existente y la comprobada

lates and excludes uneven urban situations, could be turned the other way around. Perhaps the urban edge in the form of a highway hides a potential binding and multifunctional space. That is to say, that the proper physical border could invert its barrier condition and become a space that works as an urban link in which the actual spatial integration between the informal city and the formal city can be materialized; where abundant social and commercial activities can take place.

Notes

1. *Proyecto CAMEBA: «Caracas Mejoramiento de Barrios»,* Caracas Improvement of Slums, *1998-2003. It is the largest Consolidation Project of Informal Settlements in Latin America, held by the United Nations Development Programme UNDP, in association with the World Bank and the Venezuelan Government. Caracas.*

segregación espacial. El análisis axial demuestra en términos precisos cómo la presencia de la autopista es un obstáculo urbano, un límite hermético entre la configuración espacial de Petare y su relación con la ciudad formal. Futuros estudios y eventuales proyectos de integración urbana, social y económica deberían fijar gran parte de su acción sobre este tipo de elementos segregadores.

Argumentos adicionales

El límite como concepto es complejo por su contenido indisoluble de significados opuestos y complementarios. Es una frontera, un borde, un elemento que define el final de algo y que a su vez representa el principio de otra cosa. Filosóficamente el límite se ha pensado por tener una cierta calidad fértil, algunas veces explícitas y otras veces latente, de un «espacio susceptible de colonización, o que puede ser habitado, cultivado y experimentado, configurándose como el ámbito mismo en el cual se debate y se discierne la cuestión del ser y del sentido» (TRÍAS 1991:22).

El límite, ¿integrador?

Análisis sintácticos fueron utilizados en un estudio reciente realizado en Santiago de Chile para medir la consolidación de diecisiete barrios periféricos de bajos recursos que fueron planificados aparentemente bajo los mismos parámetros. Se concluyó con que el factor espacial que determina la evolución de los asentamientos es el grado mediante el cual el asentamiento es capaz de desarrollar actividades comerciales concentradas en sus límites, y de esta manera participar en una economía local más amplia (GREENE 2002: 4). También fue indicado que, en los casos en donde las actividades comerciales se concentraban en los límites vinculantes, los niveles de autogeneración económica del asentamiento en general eran mayores, se preser-

vaban las propiedades locales del barrio y los índices de robos y asaltos eran menores.

El sentido de límite como elemento físico que aísla y excluye situaciones urbanas desiguales podría ser transformado. Se sugiere que el límite urbano en forma de autopista oculta un espacio potencial multifuncional y unificador en términos espaciales, sociales, culturales y económicos. Es decir, la propia frontera física podría invertir su condición de barrera urbana y convertirse en un espacio que funcione como acoplamiento urbano en el cual la integración espacial real entre la ciudad Informal y la ciudad formal pueda ser materializada, en donde actividades vinculantes sociales y comerciales pueden tener lugar.

Notas

1. Proyecto CAMEBA: «Caracas Mejoramiento de Barrios», 1998-2007. Es el mayor proyecto de consolidación de asentamientos informales en América Latina, sostenido por el Programa de las Naciones Unidas para el Desarrollo PNUD, en asociación con el Banco Mundial y el Gobierno de Venezuela.

Referencias bibliográficas

Baldó, J. & Villanueva, F. (1995): «Un Plan para los Barrios de Caracas», *A Plan for the Slums of Caracas*. Caracas: National Prize in Housing Research. Caracas

Bolívar, T & Baldó, J. (compiladoras) (1995): Compiladoras. «La Cuestión de los Barrios», *The Issue of Slums*. Caracas.

Bolívar, T. (1998): «Contribución al análisis de los territorios autoproducidos en la metrópoli capital venezolana y la fragmentación urbana». Texto extraído de la revista

Greene, M. (2003): «Housing and community consolidations in informal settlements: A case of movement economy». 4th. International Space Syntax Symposium. London.

Hillier, B. (1988): «Against Enclosure», in Wooley, T. Wooley (ed.): *Rehumanizing Housing*. London: Butterworth. London

Hillier, B.; Penn, A.; Hanson, J.; Grajewski, T. & Xu, J. (1992): «Natural Movement: or, configuration and attraction in urban pedestrian movement». London.

Hillier, B. & Penn, A. (1996): «Cities as Movement Economies», *Urban Design International*, London.

Hillier, B. (1996): «Space is the Machine». London.

Hillier, B. (1998): «The hidden geometry of deformed grids: or, why space syntax works, when it looks as though it should´t». London.

Hillier, B. (2001): «Centrality as a process: accounting for attraction inequalities in deformed grids». London.

Hillier, B.: «A theory of the city as object: or, how the spatial laws mediate the social construction of urban space». London.

Lima, J. J. (2000): «Socio-spatial segregation and urban form: Belém at the end of the 1990s». Post Graduate Research School, School of Architecture, Oxford.

Trías, E. (1999): «La razón fronteriza». Barcelona.

Trías, E. (1991): «Lógica del límite». Barcelona.

Vaughan, L. (2005): «The relationship between physical segregation and social marginalization in the urban environment», World Architecture. Special issue on space syntax, vol. 185, pp. 88-96, China.

Figura 1. Plano de Caracas
Figure 1. Map of Caracas

Figura 2. Unidad de Planificación Física UPF 4: Petare Norte
Figure 2. Physical Planning Unit UPF 4. Petare Norte

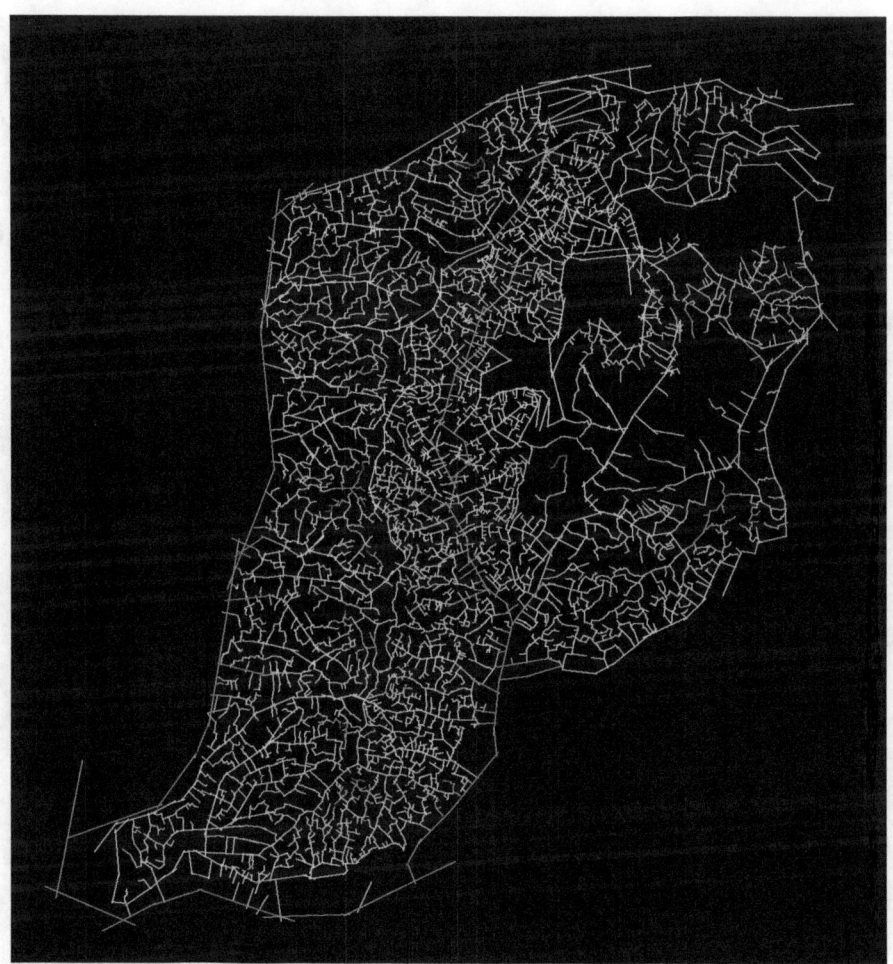

Figura 3. Análisis axial, Petare Aislado radio n. Integración Global
Figure 3. Axial Analisis radius n. Petare Isolated. Global Integration

Figura 4. *Petare. Usos exclusivamente comerciales*
Figure 4. *Petare. Exclusively Commercial Use*

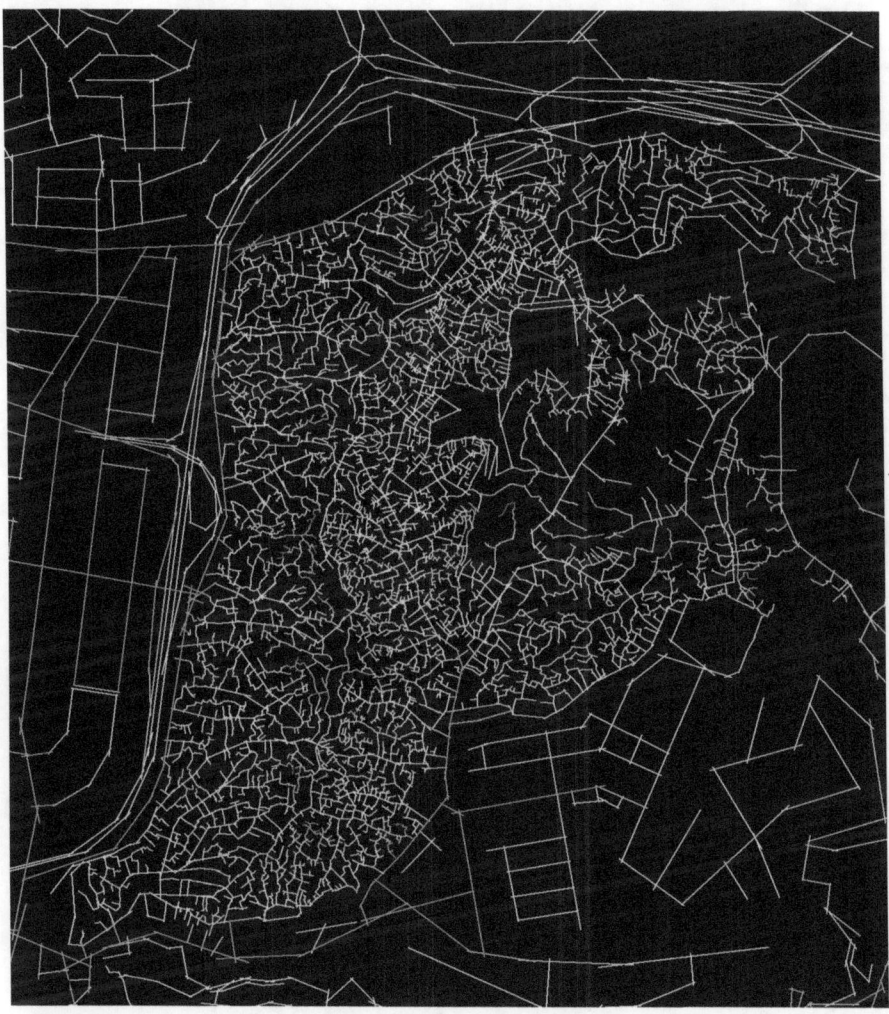

Figura 5. Petare. Análisis axial radio n. Integración global
Figure 5. Petare. Axial Analysis radius n. Global Integration

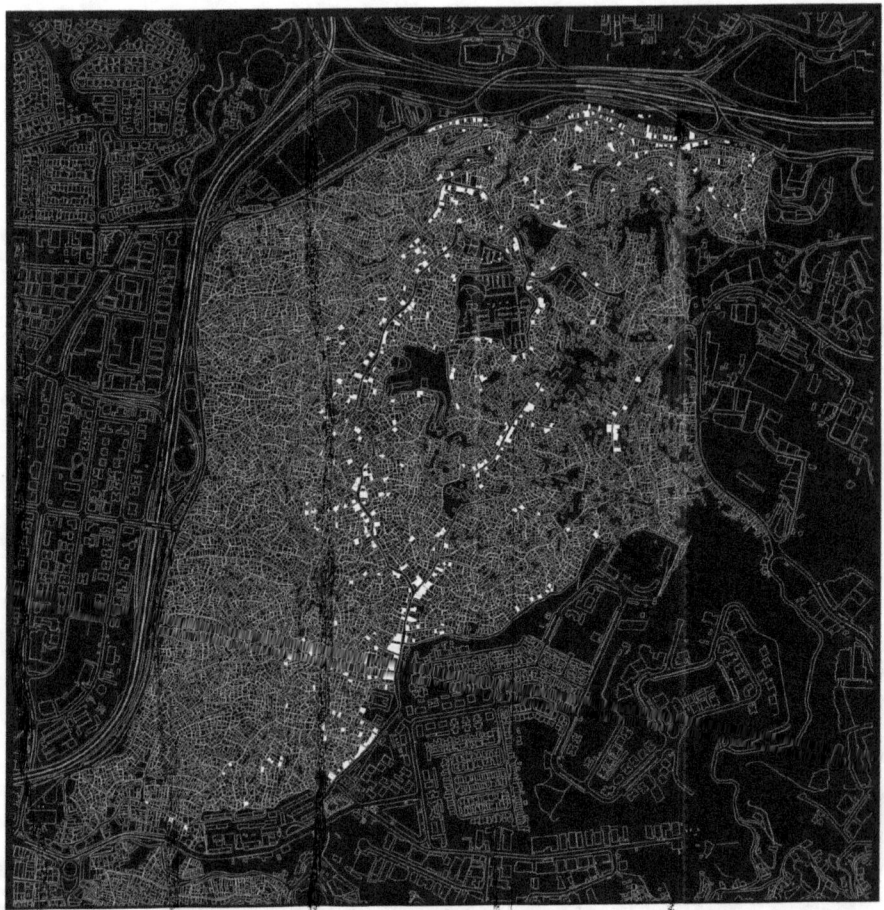

Figura 6. Petare. Usos híbridos, comerciales, residenciales.
Figure 6. Petare. Mixed Use, Commercial, Residential

Figura 7. Petare. Análisis axial radio 8. Integración local
Figure 7. Petare. Axial Analysis radius 8. Local Integration

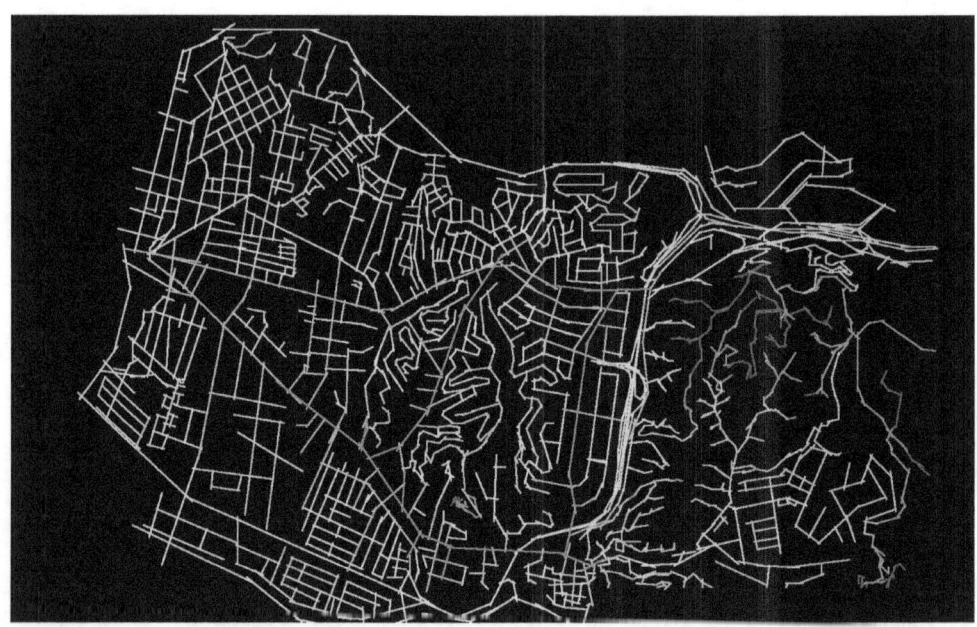

Figura 8. *Formal/informal, radio n. Integración global*
Figure 8. *Formal/Informal, radius n. Global Integration*

Notas sobre la construcción del proyecto arquitectónico en Enric Miralles

MONTSERRAT BIGAS LLUÍS BRAVO
mbigas@xtec.cat y luis.bravo@upc.edu

Resumen.
Se intentará ofrecer una visión global del método de trabajo de Enric Miralles analizando los diferentes ámbitos de actuación en los que se sumerge al idear la arquitectura, así como describir las diferentes concepciones y «técnicas de trabajo» utilizadas en el proceso.

El arquitecto, comprometido con la experimentación y el desarrollo de nuevas formas de proyectar, tratará de superar una visión hasta ahora habitual, permitiendo que se desarrolle una lectura de la realidad y del proceso del proyecto más compleja que la heredada de la tradición, respondiendo así al momento y a la realidad actuales. Para ello no dudará en relegar a un segundo plano todo ese bloque disciplinar del proceso de materialización y concreción del proyecto, que se refiere, tan sólo, a condiciones perfectamente objetivables, que finalmente la obra deberá cumplir pero que en modo alguno deben tener, por sí mismas, ningún palel relevante en la configuración y caracterización de una respuesta arquitectónica adecuada.

Se describen en primer lugar los dibujos y bocetos presentados al concurso internacional para el nuevo *Parlamento de Escocia*, los cuales fascinaron a Donald Dewar, Primer Ministro y presidente del tribunal, por ser mucho más conceptuales, poéticos y metafóricos que los del resto de participantes y también por mostrar ideas precisas sobre cómo situar el edificio y cómo concebirlo en relación a tres ámbitos diferentes, aunque integrados, de actuación: el físico, el humano y el sociocultural. El material gráfico y la memoria del proyecto presentados al concurso identificaban al pueblo de Escocia con su tierra y exploraban el sentido actual de una institución parlamentaria.

Tras esta introducción, se plantea la influencia de Louis Kahn[1] sobre la forma de interrogar y afrontar el proyecto intentando descubrir lo que «el espacio y las cosas quieren ser»;

ahí se encuentra ese «origen» que trasciende las diferentes épocas y que se expresa en una infinidad de formas y programas, los cuales sí responden a momentos y periodos determinados de la historia. El *Parlamento*, por mediación de una novedosa configuración, ofrecerá un espacio que favorecerá el antiguo deseo de los ciudadanos de agruparse y dialogar, una arquitectura para el debate que vinculará la tierra escocesa que representa con una nueva figuración del poder democrático.

Sus proyectos suelen estar planteados a partir de los inicios de la propuesta desde una dimensión existencial y simultáneamente empírica.[2] Considera la arquitectura como una totalidad integrada en diferentes ámbitos, situaciones y niveles aparentemente divergentes que refuerzan los posibles sentidos de un proyecto concreto ubicado en un lugar determinado y un momento específico.

A partir de estos planteamientos, se describen los procesos metodológicos desde diferentes puntos de vista. El primero de ellos se basa en la relación que establece con «el afuera», con el entorno y el contexto, siendo imprescindible conversar o dialogar con las preexistencias, con las necesidades y requerimientos concretos, tratando de conciliar las diferentes realidades. Ello le llevará a crear un nuevo «paisaje construido» que a la vez renueva el significado del lugar. La investigación se centra tanto en las trazas, gestos y características físicas (la topografía, las vistas, la escala, los perfiles y siluetas, el ritmo y los volúmenes, los reflejos y las sombras....) como en las trazas históricas y la memoria del lugar.

Con ello no se intenta reconstruir un pasado para imitarlo o instalarse en él sino reflejar el, paso del tiempo y conservar la tradición, es decir, conformar uno de los nuevos y posibles presentes: vital, diversificado, heterogéneo y plural. En sus propias palabras: «la superposición de los diferentes momentos en el tiempo ofrece el espectáculo de las posibilidades. Abren un lugar al juego de las variaciones». [3]

El segundo punto de vista analiza las concepciones e ideas que parten de su visión interna sobre qué es la arquitectura, las cuales fomentarán también una forma de trabajar específica, así como la utilización de ciertas estrategias y modelos. Frecuentemente en sus escritos, para comunicarse e intentar explicar los planteamientos de sus cursos didácticos y de su arquitectura, para guiar y sustentar la concepción de cada obra, recurrirá a analogías, metáforas y alusiones poéticas, a modelos y referentes extraídos de un amplio abanico cultural.

Para Miralles la realidad constituye una totalidad heterogénea, compleja y múltiple cuya última raíz está en la vida. Del mismo modo, en la construcción del proyecto de arquitectura trabajará a partir de la multiplicidad de voces, de la diversidad de miradas sobre el mundo, interpretables a partir de diferentes territorios y a varios niveles. Para ejemplifi-

car esto se describe la técnica de las capas y la transparencia, así como la estrategia de la yuxtaposición basada en modelos conceptuales como el del puzzle y el ajedrez de Perec, en los collages de David Hockney, o en la organización espontánea y natural propia de los modelos vegetales o del orden conglomerado de Robert Smithson, que no están basados en una forma o una idea previa que imponer.

Esta realidad, indivisible, sólo puede ser aprehendida por mediación de lo múltiple, de un proceso de recogida y registro minucioso y exacto a través de ámbitos, medios, métodos y soportes diferentes, así como de una organización que ensaya tentativas y aproximaciones. Se producen así todas las manipulaciones y versiones posibles, para descubrir rastros, señales o cualquier comprensión que pueda guiarlo hacia el hallazgo de contenidos y hacia las sucesivas concreciones de la propuesta. Intentará que la arquitectura emerja desde todos los ángulos posibles y sea viable un contexto de trabajo rico y variado adecuado al juego combinatorio y al desarrollo de variaciones, tal como fue aplicado por Raymond Queneau y Georges Perec en el Taller de Literatura Potencial (OULIPO).

Una vez sumergidos en esta compleja red, las cosas, además, tienen su propia vida («las cosas llegan a vivir su vida autónoma»,[4] dirá) y se interconectan y transforman continuamente. La arquitectura construida y la ideación del proyecto también se asumen como un proceso inacabado e infinitamente transformable. Esta forma de hacer se traduce en una serie de características específicas de su manera de construir el proyecto. El análisis de algunos de estos rasgos nos servirá para argumentar e ilustrar mejor su concepción de la arquitectura:

lo que el propio arquitecto califica como «las trayectorias ocultas de la arquitectura» ligadas esencialmente a las variables del proyecto más etéreas, al tiempo y al movimiento,

la técnica de la traslación y la «cronología de proyectos»,

el constante rehacer del proyecto basado en la repetición de trazos perimetrales y la espiral de crecimiento de Max Bill.

Finalmente, se describen también sus concepciones inherentes al diseño y al proceso constructivo basado en la secuencia indefinida «experiencia/reflexión/experiencia», así como el papel de la imaginación, el azar, el descubrimiento y en general todo aquello que ayude a generar un contexto de trabajo tan alejado del determinismo como próximo a una nueva concepción de la arquitectura que responda a un planteamiento esencialmente contextual y vital.

Introducción

En julio de 1998, en el concurso internacional para el nuevo *Parlamento de Escocia* se otorgó el primer premio al estudio de Enric Miralles y Benedetta Tagliabue (EMBT), asociado con Brian Stewart y Michael Duncan (RMJM), arquitectos escoceses. Según el jurado (presidido por Donald Dewar, Primer Ministro escocés), el montaje que resumía la intención del proyecto mostraba una imagen metafórica de extraordinaria belleza: una pequeña agrupación de hojas verdes que a través de sus ramas o tallos se conectaba al extremo este del casco antiguo y al paisaje circundante (Figura 1). Los collages y dibujos de Miralles fueron considerados extraños y enigmáticos, ya que no mostraban ningún estilo en particular ni soluciones concretas, sino tan sólo una idea que impactaba por su simplicidad, exploraban conceptos muy precisos sobre cómo situar el edificio y cómo concebirlo en relación a tres ámbitos diferentes, aunque integrados, de actuación: el físico, el humano y el sociocultural, incluyendo la memoria y el legado histórico de Escocia y de la ciudad de Edimburgo. Los documentos gráficos iban acompañados por un texto que a través de frases poéticas identificaba al pueblo de Escocia con la tierra e investigaba sobre el sentido actual de una institución parlamentaria:

«¿De qué manera va a ser fundamentalmente distinto de los otros parlamentos europeos? (...)

Nos gusta enfrentarlo desde un punto de vista psicológico.

¿Cuál es la imagen mental del nuevo Parlamento?

¿Cómo nos sentiremos nosotros, como ciudadanos mentalmente vinculados al nuevo Parlamento?»[5] (Miralles 2000)

Búsqueda de la esencia y orígenes

«El Parlamento es una imagen en la mente de la gente. Es un lugar mental...»[6] (Miralles 2000). Miralles, como Louis Kahn, asumirá esa cualidad que pertenece a todos, atemporal y espiritual (existencial), conectada a la esencia de las cosas. Para Kahn, «la arquitectura existe en la mente. Un hombre que realiza una obra arquitectónica lo hace como ofrenda al espíritu de la arquitectura..., al espíritu que no conoce estilos, no conoce ni técnicas, ni métodos, que tan sólo espera aquello que se muestra a sí mismo»[7] (Louis Kahn 2002) . Lo importante es descubrir lo que el espacio y las cosas quieren ser; ahí se encuentra ese origen que trasciende las diferentes épocas y que se expresa en una infinidad de formas y programas, los cuales sí responden a momentos y periodos determinados de la historia. Para Kahn, solo las circunstancias cambian, lo que exige la renovación de las interpretaciones, buscar expresiones nuevas para antiguas instituciones.

En el proyecto de la *Biblioteca de Japón*, Miralles creará un conjunto de espacios reunidos en torno a la iluminación natural de un patio, puesto que lo esencial no estará en los libros, sino en el acto de leer. Louis Kahn también partió de la misma idea: «Un hombre va hacia la luz. Así comienza una biblioteca (...). El edificio en cuestión empieza con un hombre que quiere leer un libro»[8] (KAHN 1981). Para diseñar la *escuela de Música de Hamburgo,* se inspiró en la idea de Escuela de Louis Kahn: «una Escuela es cuando los niños se reúnen alrededor de un árbol»[9] (MIRALLES 2000). El edificio se entrelaza con la vegetación existente y genera una envolvente constructiva a modo de mirador que rodea e incorpora la volumetría de los árboles.

Por su parte, el *Parlamento* deberá expresar el deseo de los ciudadanos de agruparse y dialogar, ofrecer un espacio democrático alejado de un poder centralizado y dominante que favorezca la libre expresión y el debate. Así, al diseñar allí un jardín público a modo de ágora, foro o plaza ajardinada, con pequeños lagos y árboles, se pretende rescatar los inicios ancestrales de los clanes que se congregaban en el bosque; se facilita un lugar que exprese la forma de la reunión de la gente semejante a un anfiteatro, un lugar institucional donde los ciudadanos puedan escucharse, debatir y actuar constituidos colectivamente como fuerza política (Figura 2).

En el interior del complejo, esta arquitectura para el diálogo, que vincula la tierra escocesa con una nueva representación del poder democrático, se verá reforzada por la organización fragmentaria y autónoma de los volúmenes. Por mediación de ellos se impulsará, además del diseño de una cámara de debates y la generación de diversas y variadas salas de reunión, la creación de un jardín y un vestíbulo interior ricos en espacios para el diálogo y la relajación, así como la proliferación de múltiples rincones y lugares recogidos y protegidos adecuados para la libre congregación y el debate informal.

Preexistencias, diálogo e integración

Para el arquitecto es imposible proyectar algo ideal o abstracto desconectado de la realidad, por lo que será fundamental establecer una relación con el afuera, con el entorno y el contexto. Afirmará que el comienzo de cada proyecto se encuentra en el lugar, siendo imprescindible conversar o dialogar con las preexistencias, con las necesidades y requerimientos concretos, tratando de conciliar las diferentes realidades.

Trazas físicas. Los gestos del lugar

Las dimensiones y las características físicas se asumen reproduciendo una serie de rasgos existentes. A través del análisis y el ensayo se genera una construcción particular que

empatiza sensorialmente con el territorio dado, un nuevo paisaje construido que a la vez renueva el significado del lugar. Para ello jugará con la topografía, las vistas, la escala, los perfiles y siluetas, con el ritmo y los volúmenes, los reflejos, las sombras... Veamos a continuación algunos ejemplos concretos:

En el proceso de diseño integrará los perfiles y siluetas del entorno, ya sea natural o urbano, afirmando que la arquitectura debe reaccionar a aquello que la asienta y envuelve. En proyectos como el *Pabellón de Meditación de Unazuki*, resaltará el diálogo entre los perfiles artificiales y los de las montañas circundantes; en la *Iglesia y Centro Eclesiástico de Roma* (1994), el gesto inicial reproduce el perímetro del solar; en el *Cementerio de Igualada* (1985-1991), los caminos siguen las trazas topográficas del terreno, y en el *Estadio Deportivo de Leipzig* (1995), la forma de la cubierta se asemeja al perfil en planta de los campos de juego (Figura 3).

En relación a la escala y concretamente al *Parlamento de Escocia*, desde el inicio del proceso proyectual defenderá la idea de diseñar un edificio formado por diferentes piezas vinculadas a los distintos fragmentos de ciudad que lo circunscriben. Se aleja así de la escala monumental considerada una de las constantes tipológicas de las arquitecturas institucionales. Estas consideraciones nos recuerdan a Le Corbusier cuando propone convertir una casa en palacio, o al revés, al entender los edificios públicos como casas de la colectividad: «une maison, un palais».

En el proceso de diseño, el juego dimensional estará siempre presente dibujando y proyectando desde la vista de pájaro al detalle o al fragmento más mínimo. En el proyecto de la *Escuela de Arquitectura de Venecia*, se inspiró en el film Powers of Ten de Charles y Ray Eames, que analizaba el concepto de escala y el tamaño relativo de los objetos, al ofrecernos un viaje que se dirigía a la inmensidad del espacio para luego retroceder a la pequeñez del átomo (Figura 4). En el «*Powers of Ten*» de Venecia se representa un viaje semejante cuyo trayecto discurre desde el cosmos de la ciudad italiana, pasando por sucesivas reducciones de escala que se centran en el edificio proyectado, hasta un personaje, el mismo que aparece en el picnic de los Eames, que está tumbado en el suelo y que tras realizar una serie de aproximaciones, nos remite otra vez al «Cosmos de Venecia» (Figura 5).

A su vez, el diseño que configura todo el conjunto del *Parlamento* nos mostrará una gran hoja con sus ramas. De ahí, actuando como en un holograma o como en un sistema fractal, pasará a las figuras fitomorfas de los edificios y las torres; éstas disminuirán de tamaño primero, en el vestíbulo-jardín, y después en la pérgola, y se convertirán casi en una miniatura en los delicados motivos de hojitas de los muros y de las verjas metálicas (figura 6).

También la forma de reunión del jardín público se repetirá a una escala menor en la cámara de debates (que, a diferencia de otras sedes nacionales, no asume un rol domi-

nante ni jerárquico) y en las diversas salas de reunión, así como en los numerosos rincones informales recreados.

En cuanto al ritmo, cabe decir que en el *Parlamento* la repetición de los fragmentos modulados de los diferentes elementos constitutivos de las fachadas (aberturas, ventanas, aplacados, franjas, celosías etc) creará flujos rítmicos y cualidades espaciales y dimensionales que influirán a su vez en la percepción del lugar. Su frecuencia disminuirá al entrar en contacto con el área del Palacio y el parque natural, y se acelerará a medida que nos acercamos a la zona del casco antiguo (Figura 7). Análogamente, en el proyecto de *Borneo*, las viviendas están tan integradas en el conjunto preexistente que resultará difícil distinguir su actuación (Figura 8).

El ritmo puede ser un concepto más abstracto, por ejemplo en los proyectos del *Embarcadero de Tesalónica* y del *Cementerio de San Michele*, que se basan en el ritmo cambiante de las mareas, o al inspirarse al diseñar las *Pérgolas de la Avenida Icaria* en el ritmo de una procesión de gigantes y cabezudos.

Trazas históricas y memoria

Se considera que es fundamental trabajar también con trazas físicamente desaparecidas, pero presentes en el recuerdo y la memoria. Para ello serán necesarios documentos que contengan información acumulada a lo largo del tiempo. En el proyecto del *Parlamento de Escocia*, en la memoria está registrada la Royal Mile de Edimburgo en una serie de planimetrías que superponen las trazas históricas de diferentes épocas en un contexto temporal que discurre desde 1582 hasta el 2001. En el *Parque de Diagonal Mar*, su equivalente sería el trazado del viejo ferrocarril, la ubicación de las fábricas y otros rasgos históricos que han ido construyendo progresivamente el lugar. Con ello no se intenta reconstruir un pasado para imitarlo o instalarse en él, sino mantener los efectos del paso del tiempo y conservar la memoria, es decir, conformar uno de los nuevos y posibles presentes, vital, diversificado, heterogéneo y plural (Figura 9).

El diseño para el nuevo *Parlamento*, evocando el pasado, incluirá aberturas que remiten a la cultura escocesa, aplicando el mismo método de trabajo que juega con perfiles y siluetas, pero a una escala menor. En el hemiciclo hallamos el perfil «hombre-botella» y en las oficinas de los miembros del parlamento, la ventana constituye una repetición de uno de los bocetos preliminares de la sección de la cámara que a su vez estaba inspirada en las estructuras de los barcos. Éstas oficinas integran por un lado las ventanas-miradores del Castillo y por otro readaptan las fachadas escalonadas típicas de la Royal Mile. Una silueta semejante puede observarse en las ventanas del edificio Canongate, que al ser tratada como negativo, da forma a los aplacados más generalizados de las fachadas (figura 10).

En sus bocetos iniciales, ya aparecían representados diferentes estudios sobre la memoria del lugar: la Royal Mile, el Holyrood Palace, la Queensberry House (un palacio del s.XVII que restaurará), los líderes electos del Parlamento de St. Kilda del s.XIX y el Old College de Edimburgo, así como el antiguo río Trumble, que se manifestará bajo la forma de lagos o estanques. También en los techos abovedados de hormigón creará relieves que aluden a la cruz de San Andrés de la bandera de Escocia o a signos en zig-zag, análogos a los caminos tortuosos propios de la ciudad medieval. Por otro lado, el muro en Canongate constituye un fragmento narrativo que incluye versos de Robert Burns (finales XVIII) y de poesía escocesa en general, diferentes tipos de piedra sin tallar que remiten a la herencia geológica del lugar, así como dibujos esquemáticos realizados por el arquitecto del perfil de los edificios del centro histórico de la ciudad de Edimburgo (figura 11)

Realidad y arquitectura.
Estrategias y modelos en la construcción del proyecto

En el proceso de ideación del proyecto, las concepciones e ideas que parten de la visión interna de su autor sobre qué es la arquitectura fomentarán también una forma de trabajar específica y concreta, así como la utilización de ciertas estrategias y modelos. Frecuentemente en sus escritos, para comunicarse e intentar explicar los planteamientos de sus cursos didácticos y de su arquitectura, para guiar y sustentar la concepción de cada obra, recurrirá a diversas analogías, metáforas, modelos, referencias y alusiones poéticas. Por ejemplo, la idea de escuela de Louis Khan o la espiral y los movimientos que crecen de Max Bill, el «modelo de las flores» o el «modelo del puzzle» de Perec.

En la construcción del proyecto de arquitectura es fundamental la relación con otros saberes, con otras disciplinas, otros medios, otras formas de trabajar y comprender el mundo o la realidad. Buscará de manera abierta y consciente la interconexión que actúa directa y transversalmente sobre lo heterogéneo, declarando que no le interesa romper con el pasado ni obviar su presencia: «sería muy difícil dar con una operación conceptual en la arquitectura de este siglo que no tuviese las raíces puestas en un trabajo anterior»[10] (MIRALLES 1999).

Complejidad y multiplicidad

Para Miralles, la arquitectura no es más que un modo de pensar sobre la realidad. Dicha realidad constituye una totalidad heterogénea, compleja y múltiple cuya última raíz está en la vida. Del mismo modo, en la construcción del proyecto de arquitectura trabajará a partir de la multiplicidad de voces, de la diversidad de miradas sobre el mundo, inter-

pretables a partir de diferentes territorios y a varios niveles. Cada uno de sus trabajos no pretende ser una única o mejor solución, sino una de las muchas opciones posibles que busca la complejidad de lo real.

La técnica de la superposición consistirá en trazar plantas a distintos niveles, las cuales al final construirán automáticamente las secciones; lo tridimensional aparece solo al final del proceso. Con esta estrategia evita predeterminar la forma del proyecto, su perfilado y, en definitiva, su configuración estilística. La transparencia, resultado de esa superposición, consistirá en considerar al mismo nivel elementos tan aparentemente heterogéneos como un programa, un árbol o un detalle de la construcción.

Otro ejemplo de la misma actitud sería mostrar la complejidad de su obra generada al trabajar por yuxtaposición, como en los modelos del puzzle y el ajedrez o los collages fotográficos de David Hockney, y al organizar los diferentes elementos de una forma espontánea y natural, propia de los modelos vegetales o del «orden conglomerado» del que habla Smithson, que nunca están basados en un plan preexistente, sea este de tipo formal, visual o racional.

Para Smithson la referencia serían los procesos de crecimiento natural de los antiguos pueblos, basados en la orografía, en el uso, en las disponibilidades materiales y en una cierta intuición capaz de generar un resultado. Coincidiría aquí con Adolf Loos[11] (Loos 1972) en que esa forma tradicional, natural e intuitiva de construir los campesinos en el lugar, a diferencia de los arquitectos, no estropea el paisaje. Pero ¿por qué sucede esto? Para Loos hay una explicación: «el arquitecto, como casi todos los demás habitantes de la ciudad, no posee cultura (...), es un desarraigado. Llamo cultura al equilibrio entre el interior y el exterior del ser humano, que garantiza un modo de pensar y actuar sensato. Próximamente daré una conferencia sobre el tema: ¿Por qué tienen los papúas una cultura y los alemanes no?»[12] (Loos 1972).

A ese mismo respecto cabe citar un artículo reciente de Antonio Millán: «El matiz que diferencia al "conglomerado" es su carácter esquivo. Nos sitúa ante capas de sentido superpuestas, algunas dadas por supuestas dentro del oficio durante siglos, que parecen ignorarse con la rapidez de los nuevos instrumentos, al limitarse al trazado lineal o a la realización de un modelo 3D de estas obras, dejando a un lado la percepción material y sensorial que es propia de nuestro ámbito disciplinar, y que ha de ser preservada en toda restauración cuidadosa»[13] (Millán 2006).

Análogamente, recorrer el *Parlamento* será lo mismo que penetrar en un laberinto, zigzaguear aquí y allá. De hecho, todo el conjunto evoca la escala y la densidad de la antigua ciudad medieval, integrando la memoria del castillo de Edimburgo y sus alrededores a través de la imagen de los callejones del casco antiguo, con pequeños rincones y espacios semiocultos de reunión (Figura 12).

Las similitudes de la obra de Miralles con la de Aldo Van Eyck y los Smithson tienen mucho que ver con una manera de entender la arquitectura desligada de los apriorismos formales, estilísticos y tipológicos que se alzó en los años 60 del siglo pasado. Vinculada a las necesidades reales y al contexto y dotada de un fuerte carácter socializador, potenciaba la condición orgánica de las ciudades mediterráneas y se preocupaba por construir para los ciudadanos, desmarcándose así de determinada concepción reduccionista del funcionalismo; se trata de una arquitectura honesta y transparente que vincula el arte con la vida. En palabras de Peter Smithson: «las ideas abstractas no pueden decidir la manera de vivir de las personas»[14] (Smithson 2000).

Esencia, combinación y variaciones

Marino Folin, rector del Instituto de Arquitectura de Venecia, en su artículo «La herencia de un proyecto»[15] (FOLIN 2002), expone cómo Miralles defendió su propuesta para el concurso del edificio de la Escuela ante el tribunal de selección. Primero describió la luz y los reflejos de pequeños guijarros de cristal de Murano. Después pasó a mostrar múltiples y numerosas diapositivas de Venecia (el agua, el cielo, las escalinatas...), de las cuales solo unas pocas estaban relacionadas directamente con el área de intervención; una forma, pues, de buscar el espíritu de Venecia y permitir la integración de las características del lugar en la arquitectura concreta. En su universo, lo inconmensurable o el espíritu de las cosas sólo puede emerger por mediación de lo múltiple, de un proceso de recogida y registro minucioso y exacto a través de ámbitos, medios, métodos y soportes diferentes, así como de una organización que ensaya tentativas y aproximaciones, todas las manipulaciones y versiones posibles, para descubrir rastros, señales o cualquier comprensión que pueda guiarlo hacia el hallazgo de contenidos y hacia las sucesivas concreciones de la propuesta.

Intentará que la arquitectura emerja desde todos los ángulos posibles en un contexto de trabajo rico y variado adecuado al juego combinatorio y al desarrollo de variaciones (en el que libremente se escogen aquellas reglas y constricciones que permitan avanzar en el proceso proyectual), tal como ocurría en el Taller de Literatura Potencial (OULIPO de Raymond Queneau). No le interesa dibujar una viga, sino saber donde está, su posición y las propiedades que tiene; no le interesa el muro aislado, sino el juego de todas las posibilidades que se pueden desarrollar ayudándole a reconocer y descubrir la naturaleza de ser pared. La búsqueda de lo que las cosas quieren ser, en un proceso de investigación y replanteo continuo, se transforma, pues, en la búsqueda de lo que las cosas pueden hacer y el modo en que están construidas, hallándose la libertad de creación en la variación de elementos (combinaciones, repeticiones, desarrollos...): «Y esas variaciones siguen siendo un viaje que mantiene viva la arquitectura»[16](MIRALLES 1999).

Impermanencia, transformación y cambio constante

Sumergidos en esta compleja red, las cosas, además, tienen su propia vida y se interconectan y transforman continuamente (realidad cambiable). La arquitectura no se comprende separada de su variable temporal, tiene que tener la capacidad de transformarse; es un ente vivo y orgánico, transitorio, capaz de modificarse con cada gesto (sonidos, lluvia, luz y sombras, reflejos..., con la memoria y el recuerdo...) a través de lo que el arquitecto califica como «las trayectorias ocultas de la arquitectura» ligadas esencialmente al tiempo y al movimiento. La arquitectura adquirirá su densidad por mediación del tiempo, a través de la permanente transformación del proyecto.

Estas variables del proyecto más etéreas, además, participan de forma consustancial en el proceso de conformación de la arquitectura de la misma manera que lo hacen los ladrillos o la estructura y pueden potenciar la imaginación y construir el proyecto de arquitectura. Un buen ejemplo de ello es el proyecto *CARS* u *Oficina de Venta de Automóviles*[17] (MIRALLES 1995). Según Miralles, cada pieza de esa arquitectura debería mostrar las cualidades de los coches y la esencia de su movimiento al circular por la ciudad. Los reflejos en los cromados de la carrocería captarán ese dinamismo, los cuales mostrarán la realidad del entorno, aunque de forma deformada e invertida. Adaptará las superficies de los reflejos a la construcción, ofreciéndonos una forma más de integrar el proyecto en el lugar. La imagen deformada de los reflejos de los coches servirá de base para «encerrar un recinto». A su vez, los reflejos del entorno, de la ciudad, de los edificios y los árboles se usarán como trazas mediadoras para concretar fachadas y cubiertas (Figura 13).

Quizá la técnica que mejor expresa la necesidad de variación y transformación constante del proyecto sea la llamada *cronología de proyectos*. En ella, cada nuevo proyecto asume aquello que como contenido o como forma le recuerda otros proyectos ya realizados, o bien aquello que ha quedado latente y no se ha podido desarrollar. Acepta la repetición y la traslación de elementos para ser nuevamente repensados ante contextos precisos y específicos, mezclar programas diferentes y redefinirlos..., una forma de superponer unos proyectos a otros y trabajar simultáneamente en distintos problemas; ejemplos de ello son las estructuras en arabesco, la utilización de envolventes, la disposición por franjas, la repetición de elementos constructivos... No hay urgencia; en su mente, en realidad, en cada momento está presente solamente un único proyecto inacabado y transformable, en el que lo esencial de hacer arquitectura continúa y se ramifica y multiplica, adaptado a cada nueva situación: «Insisto, para mí una obra nunca se termina»[18] (MIRALLES 1995).

Esta fue la estrategia que utilizó con sus alumnos de la Escuela de Frankfurt, a quienes propuso un ejercicio consistente en realizar un proyecto concreto y trasladarlo, a mitad de

proceso, a un nuevo contexto. Se investiga sobre las nuevas posibilidades constructivas y, simultáneamente, salen a relucir aquellas características particulares, propias y específicas del nuevo lugar.

La conferencia realizada en Milán titulada «La Piedad Rondanini en el Castillo de los Sforza» parte de los mismos principios[19] (MIRALLES 2002). Se introduce por mediación de montajes y bocetos la escultura de Miguel Angel en el Castillo para, gracias a la relación generada al ubicarla en todos los lugares posibles, investigarlo, conocerla mejor y, finalmente, llegar a una propuesta concreta, adecuada y personal (figura 14).

Tal como puede verse en el lienzo *El Picador* de Manolo Hugué y en los proyectos mostrados (Figura 15), aparecerá otra manifestación de esos elementos y contenidos que se repiten una y otra vez en la cronología de proyectos: un gesto con tendencia circular; éste constituirá una analogía del propio proceso constructivo, identificando la reiteración de los trazos perimetrales circulares con el constante rehacer del proyecto, que a su vez fomentará que la obra de arquitectura «gire» o se «repliegue sobre sí misma»[20] (MIRALLES 1991). Como expresión de ese modelo, conectamos con los movimientos de crecimiento infinito de Max Bill que, en la obra construida, asociará a ritmos repetitivos, circulares y espirales (Figura 16); se crearán lugares protegidos, cóncavos, orgánicos e íntimos como plazas y patios, paseos sinuosos a través de ramblas, corredores y rampas, y también recorridos laberínticos y en zig-zag; le interesará estar siempre en la frontera trabajando en las zonas intermedias o invirtiendo esquemas y funciones.

En ese sentido, el proyecto del *Parlamento* se acomoda y organiza a partir de un conjunto de unidades que, como un gesto perimetral, conformarán un trazado general tendente a generar un contorno circular (Figura 17). Las sucesivas aproximaciones, como en una espiral, crearán una cavidad que configura el vestíbulo-jardín, que existe gracias a sus límites y adquiere su singularidad al ser percibido desde la periferia como un lugar protegido, que se repliega en sí mismo.

Desde 1998, el diseño sufrirá muchos cambios emergiendo después de modificar, repetir y redefinir constantemente los contornos. En realidad el vestíbulo-jardín no aparecerá hasta el año 2000. Según Miralles: «Un jardín secreto se halla contenido en el interior del muro, un lugar solemne»[21] (MIRALLES 2002). Hablará de él como de un claustro o de un lugar sagrado en el corazón del complejo destinado al debate informal, a la placidez, al silencio y a la meditación. En su cuaderno de notas de 1990, escribirá: «Me gustaría encontrar en mis proyectos un lugar escondido en el cual hacer una habitación para mímismo... Probablemente sería capaz de encontrar un lugar tan secreto que nadie pudiera encontrarme»[22] (MIRALLES 1995).

Ideación y proceso constructivo

La arquitectura no está separada de la tradición, de lo social y lo cultural, del lugar y el contexto, de una realidad específica y concreta, de las necesidades y requerimientos del momento..., ni de la propia ficción o recuerdos personales, sino que todo ello forma una red indivisible, compleja y sistémica que fomenta la diversidad y la virtualidad de los posibles. Del mismo modo, los modelos y referentes, así como los diferentes documentos, técnicas y estrategias, se activan de forma simultánea trabajando con todo el material disponible al mismo tiempo. En los procesos de generación de la arquitectura, el acento no se sitúa sobre los objetos, aislados y permanentes, sino en la interdisciplinariedad, la relación y el juego combinatorio y matemático, en la mezcla de elementos y sucesos, así como en el diálogo y la superposición de los diferentes momentos y maneras de vivir. El arquitecto se preocupa por entablar un diálogo, por interrogar y conversar a diferentes niveles, en distintos territorios y ámbitos de actuación, a tal extremo que llegará a decir que: «la mejor maqueta de un proyecto es la conversación»[23] (MIRALLES 1997).

Abogará por una forma de trabajar que se fundamenta en el hacer como el origen del pensamiento, afirmando que las ideas están en las cosas; es ésta una manera de afrontar el proyecto absolutamente pragmática y carente, de paradigmas por mediación de la cual se aprende a preguntar, a mirar de un modo más abierto. Una vez inmersos en el proceso en el que las cosas se descubren e integran al trabajar con ellas, en el que la forma emerge solamente al final, será imprescindible dotarse de estrategias y modelos para alejarse de la figuración y la pura formalidad, y huir así del control estético y del perfilado. Descomponer y distorsionar, por tanto, los espacios tradicionales (axialidad, composición formal, simetría, órdenes etc.), convirtiéndolos en ámbitos más abstractos y conceptuales. Intentará por todos los medios posibles no limitarse a un gesto de fácil traducción, evitar el control de la mente y el dominio de los conceptos predeterminados. Se permitirá así que intervenga el azar, resultando una lectura de la realidad y del proceso más compleja que la heredada de la tradición moderna.

A pesar del carácter fresco e innovador de las arquitecturas resultantes, es ésta una actitud que no pretende en ningún momento la originalidad como un fin en si mismo, sino, como hemos visto, establecer un diálogo sincero, abierto y receptivo con el mayor número posible de elementos o personajes relacionados con el tema; no es de extrañar, por tanto, que Enric Miralles sea un ejemplo idóneo para ilustrar una forma de entender hoy la arquitectura como la teorizada y defendida por Josep Muntañola, basada en la dialógica y en la poética, los dos conceptos que tal vez resumen y condensan mejor esa arquitectura: «... la poética, o sea, el corazón del *khora* y de la prefiguración (...) es representación de acciones, no de formas, tanto si se trata de la construcción como del habi-

tar, como del diseño». «Por otro lado, no he dejado nunca de considerar la arquitectura y sus proyectos como un diálogo social y físico, real y virtual, histórico y medioambiental»[24] (MUNTAÑOLA 2004).

Esta arquitectura puede leerse perfectamente como una profundización en los mejores objetivos del movimiento moderno, en tanto «la auténtica modernidad nació justamente para evitar para siempre la esterilidad de academicismos definidores de formas arquitectónicas antes de proyectarlas»[25] (MUNTAÑOLA 2004).

Para Muntañola, Enric Miralles «era capaz de concebir la tradición como innovación, como cosa viva. (...) Enric Miralles tenía esta visión, vivía desde esta visión, proyectaba desde esta visión. La modernidad debe transformar, no destruir, debe sostener lo más humano, lo más elemental y fundamentalmente humano (...). Veamos en este proyecto un sueño, un sueño de un urbanismo culto y refinado. Un sueño del que despertamos brutalmente al ver la forma bajo la cual realmente se ha realizado la arquitectura y el urbanismo...»[26] (MUNTAÑOLA 2002).

Notas

1. Enric Miralles afirmará tener siempre presentes como «lugares de reflexión» los textos de Louis Kahn. Véase el artículo *Mil y un pensamientos* en Marco de Michelis, Magdalena Scimemi y otros. *EMBT. Miralles y Tagliabue. Obras y proyectos.* Ed. Skira. Milán, 2002, p. 202. Skira.
2. Véase Josep MUNTAÑOLA, *Arquitectonics. Mind, Land & Society* nº 11. *Arquitectura 2000. Proyectos, territorios y culturas.* Ediciones UPC, 2004, pp. 30 y 31.
3. Enric Miralles. Mercat de Santa Caterina en: *El Croquis* nº100/101. *Enric Miralles Benedetta Tagliabue 1996/2000.* El Croquis editorial. Madrid, 2000, pp. 35 y 36.
4. Cit. Por Benedetta Tagliabue. *El Croquis* nº100/101. *Enric Miralles Benedetta Tagliabue 1996/2000.* El Croquis editorial. Madrid, 2000, p. 24.
5. Enric Miralles. Parlamento de Escocia en *El Croquis* nº100/101. *Enric Miralles Benedetta Tagliabue 1996/2000.* El Croquis editorial. Madrid, 2000, p.144.
6. *Op. Cit.* p.145.
7. Louis Kahn. *Conversaciones con estudiantes.* Ed. Gustavo Gili. Barcelona, 2002, p.35.
8. Louis Kahn. *La arquitectura y la meditada creación de espacios* en Christian Norberg-Schulz y J.G. Digerud. *Louis I. Kahn, idea e imagen.* Xarait Ediciones. Roma, 1981, p.61.
9. Enric Miralles. *El Croquis* nº100/101. *Enric Miralles Benedetta Tagliabue 1996/2000.* El Croquis editorial. Madrid, 2000, p.19.
10. *EM. Time Architecture* nº4. *Miralles Tagliabue. Arquitecturas del tiempo.* Ed. Gustavo Gili, Barcelona 1999, p. 61.
11. Adolf Loos. *Arquitectura en Ornamento y delito y otros escritos,* p.221. Ed. Gustavo Gili, Barcelona, 1972.
12. *Op cit.* p.222.
13. Antonio Millán Gómez. *Notas sobre el orden conglomerado.* Revista EGA, nº11, Valencia 2006. p.93.
14. Entrevista a Peter Smithson. Anatxu Zabalbeascoa. *Peter Smithson. El mercado decide hoy la forma de los edificios.* Babelia. El País, 8 de Abril de 2000, p.21.
15. Véase el artículo en *Miralles y Tagliabue. Obras y proyectos.* Ed. Skira. Milán, 2002. Skira, pp.134-137.
16. *EM. Time Architecture* nº4. *Miralles Tagliabue. Arquitecturas del tiempo.* Ed. Gustavo Gili, Barcelona 1999, p.62.
17. Véase el proyecto en *El Croquis* nº 72, *Enric Miralles.* El Croquis editorial. Madrid, 1995, pp. 122-123.
18. *EM. El Croquis* nº 72, *Enric Miralles.* El Croquis editorial. Madrid, 1995, p. 18.
19. Véase texto e imágenes en Miralles *EMBT. Miralles y Tagliabue. Obras y proyectos.* Ed. Skira. Milán, 2002, pp.115-131.

20. Enric Miralles. Véase *Relieves* en *El Croquis* n°49/50. *Enric Miralles/ Carme Pinós 1988/1991*. El Croquis editorial. Madrid, 1991, pp.166-167.
21. Enric Miralles *EMBT. Miralles y Tagliabue. Obras y proyectos*. Ed. Skira. Milán, 2002. Skira, p. 108.
22. *EM, notas de 1990*. Cit por Benedetta Tagliabue en *Architectural Monographs* n°40. *Enric Miralles. Mixed Talks*. Academy Editions, London 1995, p.119.
23. *EM. Transversal* n°4, *Enric Miralles*. Ed. Departamento de Cultura del Ayuntamiento de Lérida, 1997, pp.63 y 64.
24. Josep Muntañola. *Arquitectonics. Mind, Land & Society*, n°11, *Proyectos, territorios y culturas*, Ediciones UPC, Barcelona 2004, p.55.
25. *Op. Cit.* p.16.
26. Josep Muntañola. *Arquitectonics. Mind, Land & Society*, n°2, *Arquitectura, modernidad y conocimiento*, Ediciones UPC, Barcelona 2002, pp.70-71.

Bibliografía

El Croquis n°49/50. *Enric Miralles/ Carme Pinós 1988/1991*. El Croquis editorial. Madrid, 1991.
El Croquis n° 72, *Enric Miralles*. El Croquis editorial. Madrid, 1995.
El Croquis n°100/101. *Enric Miralles Benedetta Tagliabue 1996/2000*. El Croquis editorial. Madrid, 2000.
Monographs n°40. *Enric Miralles. Mixed Talks*. Academy Editions, London 1995.
Transversal n°4, *Enric Miralles*. Ed. Departamento de Cultura del Ayuntamiento de Lérida, 1997.
Time Architecture n°4. *Miralles Tagliabue. Arquitecturas del tiempo*. Ed. Gustavo Gili, Barcelona 1999.
De Michelis, Marco et al. *Obras y proyectos. EMBT. Miralles y Tagliabue*. Ed. Skira. Milán, 2002. Skira.
Louis Kahn. Conversaciones con estudiantes. Ed. Gustavo Gili. Barcelona, 2002, p.35
Christian Norberg-Schulz y J.G. Digerud. *Louis I. Kahn, idea e imagen*. Xarait Ediciones. Roma, 1981.
Loos, Adolf. *Arquitectura* en *Ornamento y delito y otros escritos*. Ed. Gustavo Gili, Barcelona, 1972.
Revista EGA, n°11. Millán Gómez, Antonio. *Notas sobre el orden conglomerado*. Valencia 2006.
Zabalbeascoa, Anatxu. Entrevista a Peter Smithson. *Peter Smithson. El mercado decide hoy la forma de los edificios*. *El País*, Babelia, 8 de Abril de 2000.
Muntañola, Josep. *Arquitectonics. Mind, Land & Society,* n°11, *Proyectos, territorios y culturas*, Ediciones UPC, Barcelona 2004.
Muntañola, Josep. *Arquitectonics. Mind, Land & Society*, n°2, *Arquitectura, modernidad y conocimiento*, Ediciones UPC, Barcelona 2002.

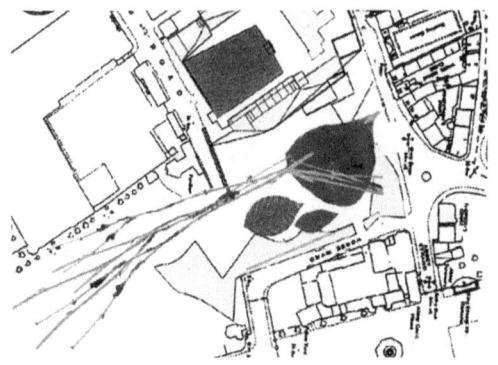 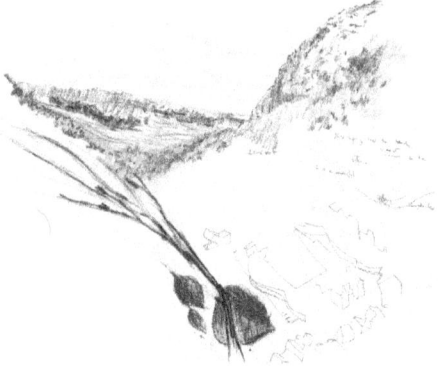

Figura 1

Parlamento de Escocia. Collage de Enric Miralles, junio 1998

Parlamento de Escocia. Boceto de Enric Miralles, junio 1998

Figura 2.
Parlamento de Escocia. Vista del jardín público

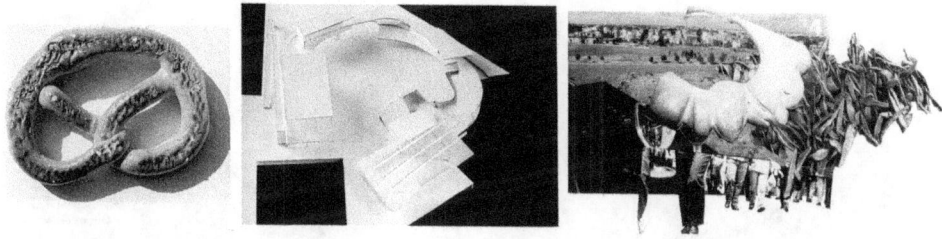

Figura 3. *Iglesia y Centro Eclesiástico de Roma. Maquetas de estudio y collage*

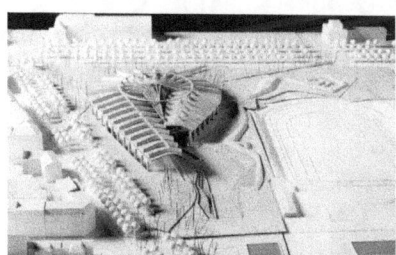

Estadio Deportivo de Leipzig. Maqueta de estudio

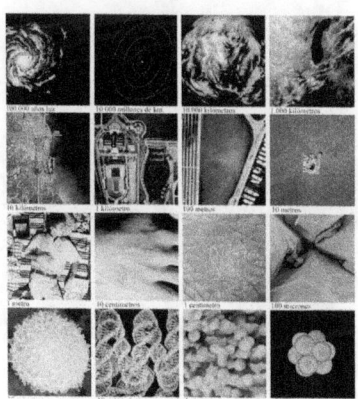

Figura 4. *Fotograma del film* Powers of Ten *de Charles & Ray Eames*

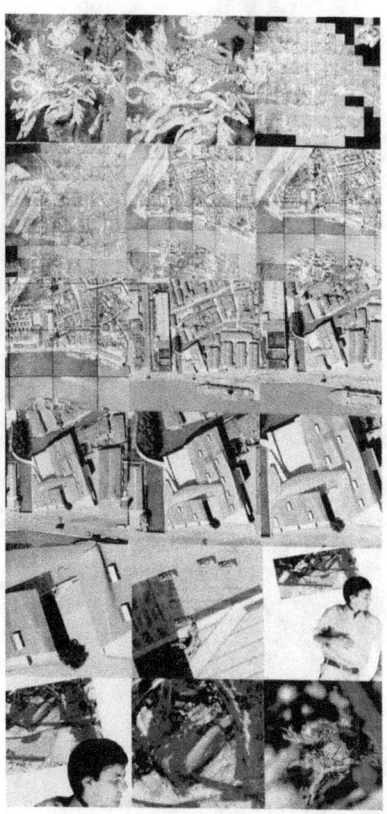

Figura 5. Powers of Ten *de Venecia. EMBT*

 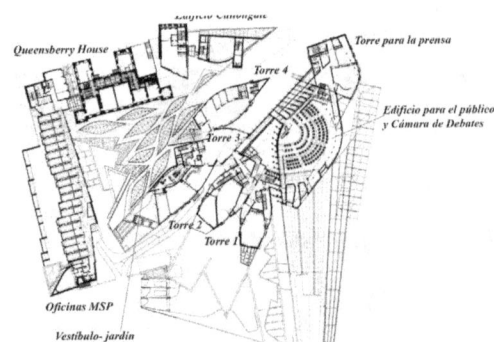

Figura 6. *Parlamento de Escocia. Planta general
Vistas de las Torres, de la Cámara de Debate, de la Pérgola y de las Verjas*

  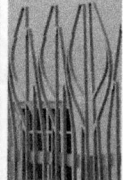 

Figura 7.
*Parlamento de Escocia.
Vista general*

Figura 8.
*Seis viviendas en
Borneo, EMBT*

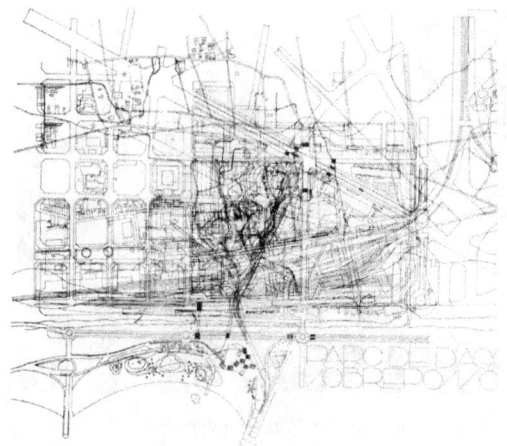

Parque de Diagonal Mar. Superposición histórica

Figura 9. *Parque de Diagonal Mar*
Superposición histórica   Superposición de la planta general
                             con un croquis de estudio

   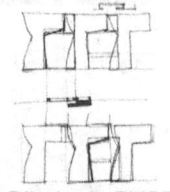

Figura 10.
Castillo de Edimburgo   Ventanas de las oficinas parlamenarias   Sección de la Cámara
                                                                 de Debates

Parlamento de Escocia.
Ventanas y aplacados del
Edificio Canongate
y Torre anexa

Dibujo de EMBT

Figura 10.
Edificio y muro
Canongate

Figura 12. Parlamento de Escocia. Acceso Canongate

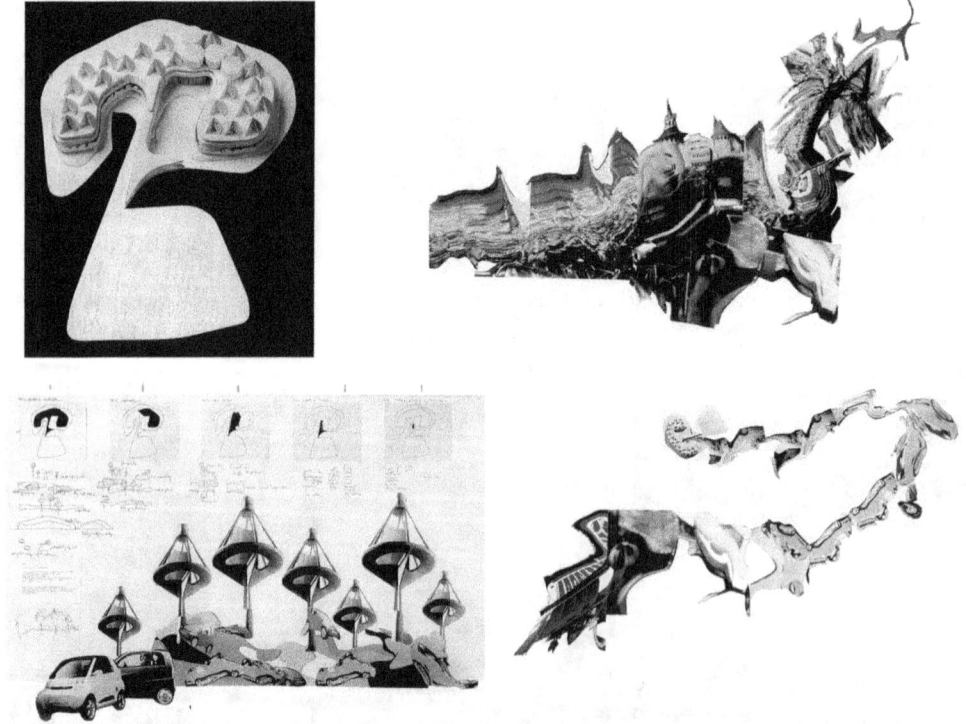

Figura 13. «Cars», Oficina de Venta de Automóviles. Maqueta y collages

Figura 14.
«La Piedad Rondanini en el Castillo de los Sforza»: en las cresterías del castillo y en la capilla

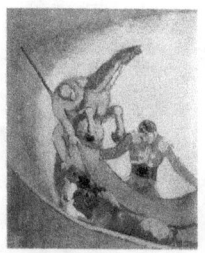 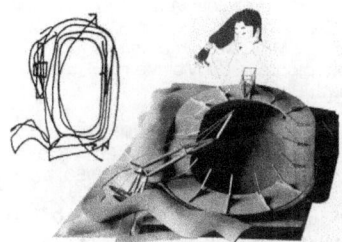 

«El Picador», Manolo Hugué, 1977

Figura 15.
Palacio de Deportes de Chemiz

Embarcadero en la bahía de Tesalónica

Figura 16. Cementerio de San Michele, Venecia

 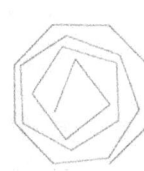 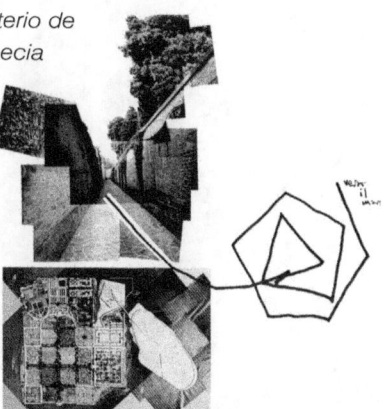

Figura 17. Parlamento de Escocia, vista aérea

Espiral de crecimiento de Max Bill

Referencia de las figuras

Figura1:	- Charles Jencks. *Scottish Parliament*. Scala Publishers, London, [2005], p.16.
	- Alan Balfour. *Creating a Scottish Parliament*. Ed. Finlay Brown. Edimburgo, [2005], pp.62-63.
Figura 2:	Fotografía de Montserrat Bigas.
Figura 3:	- El Croquis nº 72, *Enric Miralles*. El Croquis editorial. Madrid, [1995], pp.85 y 87.
	- El Croquis nº100/101. *Enric Miralles Benedetta Tagliabue 1996/2000*. El Croquis editorial. Madrid, [2000], p.115.
Figura 4:	Charles & Ray Eames. Powers of Ten. *The films of Charles & Ray Eames. Volume I*. MM Image Entertainment, inc.
Figura 5:	«Powers of Ten de Venecia» *EMBT. Miralles y Tagliabue. Obras y proyectos*. Ed. Skira. Milán, [2002]. p.149.
Figura 6:	- Charles Jencks. *Scottish Parliament*. Scala Publishers, London, [2005], p.22.
	- Fotografía de Montserrat Bigas.
Figura 7:	Fotografía de Montserrat Bigas.
Figura 8:	*EMBT. Work in progress*, Ed. COAC, Barcelona [2002], pp.224-225.
Figura 9:	- *EMBT. Work in progress*, Ed. COAC, Barcelona [2002], p.18.
	- *Op. Cit.* p.29.
Figura 10:	- Vista interior de la Ventana de las oficinas del Parlamento: On nº260, p.137. Ed. On diseño s.l. Barcelona.
	- Sección de la Cámara de Debates: Alan Balfour. *Creating a Scottish Parliament*. Ed. Finlay Brown. Edimburgo, [2005], pp.66-67.
	- Dibujo de los aplacados: *EMBT. Work in progress*, Ed. COAC, Barcelona [2002], p.116.
	- El resto de imágenes: Fotografía de Montserrat Bigas.
Figura 11:	Fotografía de Montserrat Bigas.
Figura 12:	Fotografía de Montserrat Bigas.
Figura 13:	El Croquis n. 72, *Enric Miralles*. El Croquis editorial. Madrid [1995], pp. 123, 124, 172 y 173.
Figura 14:	*EMBT. Miralles y Tagliabue. Obras y proyectos*. Ed. Skira. Milán, [2002]. pp. 120 y 123.
Figura 15:	- «El Picador» de Manolo Hugué: *El Croquis* n. 49/50. *Enric Miralles/ Carme Pinós 1988/1991*. El Croquis editorial. Madrid, [1991], p.166.
	- Palacio de Deportes de Chemnitz: *El Croquis* n. 100/101. *Enric Miralles Benedetta Tagliabue 1996/2000*. El Croquis editorial. Madrid, [2000], pp.108 y 109.
	- Embarcadero en Tesalónica: *EMBT. Miralles y Tagliabue. Obras y proyectos*. Ed. Skira. Milán, [2002]. p.217.
Figura 16:	- Espiral de crecimiento de Max Bill: 2G n. 29/30, p.258.
	- Cementerio de San Michele: *EMBT. Miralles y Tagliabue. Obras y proyectos*. Ed. Skira. Milán, [2002]. pp.219 y 47.
Figura 17:	Charles Jencks. *Scottish Parliament*. Scala Publishers, London, [2005], p.26.

General Call for Papers

Petición General de Artículos

Vivimos en un mundo donde la arquitectura y la planificación son una de las actividades humanas más vigorosas. Miles y miles de kilómetros cuadrados de territorio están proyectados y construidos cada día, gracias a la poderosa tecnología aplicada a los tres pilares clásicos de la arquitectura: el proyecto, la construcción y el habitar.

Sin embargo, la investigación sobre la arquitectura aún se encuentra escasamente desarrollada y la sistematización del conocimiento relacionada con las actividades del proyecto arquitectónico es débil o no existe.

ARQUITECTONICS, MENTE, TERRITORIO Y SOCIEDAD, intentará cubrir este hueco, y estimular a los expertos y a los estudiantes de doctorado que están trabajando en este campo. Las relaciones epistemológicas entre proyecto, construcción y habitar han de ser analizadas por ARQUITECTONICS, y las relaciones entre ciencias sociales, ciencias naturales y ciencias exactas, gracias al conocimiento arquitectónico deben, también, ser estudiadas.

Tanto la dimensión estética, como la ética, como los aspectos científicos de

We live in a world where architecture and planning are one of the most vigorous human activities. Thousands and thousands of square miles of territory are designed and built each day, thanks to the powerful technology applied to the three classical pillars of architecture: design, construction and dwelling.

However, research on architecture is still poorly developed and the systematization of knowledge related to architectural design activities is weak or inexistent.

ARQUITECTONICS, MIND, LAND & SOCIETY, will aim to fill this gap, and to stimulate experts and doctorate students working in the field. Epistemological relationships between design, building and dwelling should be analyzed by ARQUITECTONICS, and the link between social sciences, natural sciences and exact sciences analyzed by architectural knowledge, should be uncovered too.

Both aesthetic and ethic, as well as scientific aspects of that knowledge are welcomed, and the Review will encourage interdisciplinary and transdisciplinary perspectives that prove to be architecturally pertinent.

The aim of this Review is ambitious, but the opportunity for increasing research on architecture is today real, since

este conocimiento, serán bienvenidos, y la revista alentará perspectivas interdisciplinarias y transdisciplinarias que resulten arquitectónicamente pertinentes. La revista interrogará, así mismo en qué sentido la arquitectura es una interfase entre el hombre, la sociedad y sus territorios.

El objetivo de esta revista es ambicioso, pero la oportunidad para incrementar la investigación sobre arquitectura es hoy real, la población mundial lo está esperando y no la deberíamos decepcionar.

Vuestras aportaciones deberán considerar las siguientes problemáticas:

- ¿Cómo impactan en la vida individual y colectiva las transformaciones de nuestras ciudades y nuestros territorios?
- ¿Cómo y cuando nuestras instituciones educativas influyen en la capacidad de los niños y niñas para imaginar, usar y conocer los mejores medio ambientes para construir en un próximo futuro?
- ¿Cuales son los mejores caminos y mejores métodos para analizar y comprender las relaciones entre el desarrollo mental, vida social y arquitectura.
- ¿Cómo podemos predecir a través de los proyectos de arquitectura un buen y confortable uso del espacio social?
- ¿Cuales son las mejores teorías y los mejores paradigmas que existen hoy en día, en el campo de la investigación en arquitectura?
- ¿Qué ejemplos de proyectos y de construcciones de hoy se merecen un esfuerzo de investigación y reflexión a su través, y por qué?
- ¿Cuales son los mejores paradigmas científicos para comprender las relaciones entre objetos y sujetos, pasado y futuro como dimensión cultural en la arquitectura?

a worldwide audience is waiting, and we should not deceive it.

Papers and contributions can consider the following questions:

- Which is the environmental impact, social, physical and mental, of new built environments?
- Which are the best ways for the analysis and understanding of the relations between mental development, social life and architecture?
- How can our design forecast good practices and predict comfort and non-aggressive and non-oppressive social interactions?
- Which are the research strategies, paradigms, methods and theories today that are better acquitted and are more promising in the field of the architectural activities in design, building and dwelling?
- Which are the best examples of architectural design that grant to invest a research effort that is a fully and intense exercise of reflection?
- Which are the best scientific ways for the understanding of the relationships between objects and subjects, past and future dimensions of culture, from an architectural viewpoint?
- How and when do our educational institutions educate our children in order to know, to participate and to design better environments?

The answers to these questions can come from diverse disciplines in the field of built environment.

Call for papers

We invite you and your PhD students, or research partners, to publish in this review throughout a competitive process of selection for excellence. The first step is to send an abstract of three pages by email to the following address: news letter.pa@upc.edu or by fax +0034 934016393 (please, indicate "ARQUITECTONICS, MIND, LAND & SOCIETY").

Las respuestas a estas preguntas pueden venir de diferentes disciplinas dentro del campo de la arquitectura y del entorno construido.

Petición de artículos

Por lo tanto, les invitamos a Uds., a sus estudiantes y a sus colaboradores en la investigación, a publicar en esta revista a través de un proceso de selección en busca del máximo de calidad. El primer paso, es enviar un resumen de tres páginas de la contribución que desea hacerse por e-mail a la siguiente dirección: newsletter.pa@upc.edu o por fax +0034 934016393, indicando "ARQUITECTONICS, MENTE, TERRITORIO Y SOCIEDAD".

Este resumen puede enviarse en español, en inglés o en francés. Contestaremos si este ha sido aceptado y luego deberá enviarse el artículo completo, de hasta 12 páginas, escrito en dos idiomas.

Recordamos que la revista quiere alcanzar un alto grado de excelencia y que, por lo tanto, los textos aceptados deberán corregirse y perfeccionarse cuanto sea necesario.

Petición específica de artículos. Urbanismo alternativo

El interés de la presente convocatoria está orientado a editar un número de la Revista ARQUITECTONICS especialmente dedicada a indagar en las producciones científicas consideradas más innovadoras dentro del particular ambiente de ebullición epistemológica en el que se encuentran algunas perspectivas teóricas en urbanismo, interesadas en desarrollar nuevas estrategias de conocimiento y actuación sobre el fenómeno urbano contemporáneo.

Se hace particular referencia a aquellas perspectivas interesadas en comprender

The abstract can be written in English, French or Spanish. We will answer if it is taken into consideration and you should then send the full text, about 12 pages in two languages.

Remember that ARQUITECTONICS, MIND, LAND & SOCIETY will consider a high quality in the text by blind reviewers and by the direct supervision of the editorial board.

Proposals for publication should attain then high standards of excellence, and should represent a significant contribution in the field of architectural research on worldwide.

Thematic specific call for papers. New alternative ways on urban planning

This issue of Arquitectonics will focus on the scientific productions considered to be the most innovative within the particular field of epistemological turmoil, where we find some theoretical perspectives in urban planning that develop new strategies of knowledge, and performance on the urban phenomenon today.

We refer to the approaches focusing on the understanding of the urban environment as a complex and multidimensional sociophysical reality from a critical aim of developing an environmental vision sensitive to social sciences, of incorporating strategies of communicative planning, of strategical vision, and of building up knowledge by incorporating the perceptions, values and interests of the social actors.

We will put our attention to the innovative theoretical contributions within this disciplinary scene that is under full construction, and where we find the generically called "new alternative ways on urban planning". This approach is characterized by its transdisciplinarity, metareadings, dialogy between different fields of knowledge, assumption of urban reality as man-environment full of configurative and symbolic identity, as a result of a historical otherness

el ambiente urbano como un hecho sociofísico complejo y multidimensional desde el intento crítico de desarrollar una visión ambiental sensible a las ciencias sociales, de incorporar estrategias de planificación comunicativa, de visión estratégica y de construir conocimiento a partir de la incorporación de las propias percepciones, valoraciones y juegos de intereses de los actores sociales.

De este modo se pretende detectar aportes teóricos innovadores dentro de un panorama disciplinar en plena construcción dentro del aquí genéricamente denominado "urbanismo alternativo" cuyo rasgo característico es la transdisciplinariedad, las metalecturas, la dialogía entre campos diversos del conocimiento, la asunción del hecho urbano como ambiente del hombre cargado de identidad configurativa y simbólica, como resultado de una alteridad histórica entre ambiente natural y cultural, en el que cada fragmento del territorio actúa como una unidad sociofísica inescindible cargada de sentido cultural y proyectual.

Interesa detectar respuestas con la característica común de proponer articulaciones intertextuales, metaculturas, dialogía, a partir de recursos teóricos y técnicos provenientes de los más diversos campos del conocimiento tales como: sociología, antropología, economía, psicología ambiental, semiótica, arquitectura, ecología urbana y humana, historia, ciencia política, geografía, agronomía, hidrología, entre otras..., a los cuales se los solicita como perspectivas complementarias en el intento de desarrollar una visión interpretativa y proyectual compleja del ambiente urbano.

El comité editorial de ARQUITECTONICS *considera a esta una problemática relevante dentro de un renovado ambiente*

between natural and cultural environments, where each fragment of the territory acts as a necessary sociophysical unity full of cultural and architectural meaning.

We will focus on the papers that suggest intertextual articulations, metacultures, dialogy, pointing to theoretical and technical resources with roots in different fields of knowledge as: sociology, anthropology, economics, environmental psychology, semiotics, architecture, urban and human ecology, history, political science, geography, agronomy, hidrology, among others..., using these as complementary perspectives in the aim to develop a complex interpretative and architectural vision of the urban environment.

The editorial committee of Arquitectonics finds these questions relevant within a renewed epistemological environment under full construction that is perceived in urban planning, and that should be strengthened by scientific dissemination and linking among researchers on this field. This is the aim of this Call for Papers addressed to those who aim to generate knowledge by presenting papers on hypothetical or applied developments of cognoscitive and technical strategies suitable for "new alternative ways on urban planning" as described above.

Marcelo Zárate, Architect

**The Institution of Context.
Proposal of content for** ARQUITECTONICS: MIND, LAND & SOCIETY

The idea to develop an issue of the ARQUITECTONICS review is based on the elaboration of the concept of institution as defined by Michel Foucault in "The Order of Discourse", as a possibility of general structure of reference – context – of architectural design.

The architecture conceived as a system structured of discontinuities or series of discontinuities, designs, that

epistemológico que se percibe en urbanismo en plena construcción al que resulta alentador robustecer posibilitando la difusión y vinculación científica entre los que trabajan por ello. Esto es el espíritu de la presente convocatoria para quienes con clara intención de generación de conocimiento quieran presentar papers referidos a desarrollos hipotéticos o aplicados de estrategias cognoscitivas y técnicas propias de un "urbanismo alternativo" tal como se lo caracterizara anteriormente.

Marcelo Zárate, Arquitecto

**La institució del contexto.
Propuesta de contenido para
ARQUITECTONICS: MIND, LAND AND SOCIETY**

La idea para desarrollar un número de la revista ARQUITECTONICS, *se basa en pensar el concepto de institución tal como lo define Michel Foucault en "El orden del discurso", como posibilidad de estructura general de referencia –contexto – del proyecto de arquitectura.*

La arquitectura concebida como un sistema estructurado de discontinuidades o series de discontinuidades, los proyectos, que se constituyen ellos mismos en con-texto a partir del cual cada nueva aportación individual, ocupa su sitio.

El contexto, concebido como temporalidad, como poner en tiempo los proyectos, cualquier proyecto, dentro de las series temporales de discontinuidades. En otros palabras, hasta qué punto por ejemplo el edificio VPRO de MVRDV, o el REHAB de Herzog y De Meuron, pertenecen a la serie de discontinuidades inaugurada probablemente por Le Corbusier a la Ville Savoye.

La institución concebida en este sentido se conforma como el contexto de cual-

constitute themselves in con-text from where each new individual contribution occupies its place.

The context, conceived as temporality, as placing designs, any design, in time, within the temporal series of discontinuities. In other words, to what extent do for example the building VPRO of MVRDV, or the REHAB of Herzog and De Meuron pertain to the series of discontinuities possibly opened by Le Corbusier in Ville Savoye.

The institution conceived in this sense conforms with the context of any architecture, which finds here its place and gives importance to this idea, essential for the evolution of permanence and change, even for those architects whose designs are ahead of their time, that are, after all, extemporary.

Reflection and taking to its limits the difficult relation between invention and convention would be the base of this proposed debate.

Alfred Linares, Architect

**Criticism and Arquitecture.
Interpretation of the identity of place**

In our times, characterized by many tendencies, opinions and interpretations in the architectural field, the Editorial Committee of the International Review ARQUITECTONICS, MIND, LAND & SOCIETY, Advanced Theories and Practices, looks for critical contributions on works of architecture that can be linked to public or common spaces, based on the historical, social and cultural study of the place. This permits us to involve here other applicable areas of knowledge that can help to identify the sense of local identity in the work.

Architectural criticism, in general, aims to place the new object in a particular historical context, which allows to uncover the type of trend or tendency the author pertains

quier arquitectura, que encuentra en ella su sitio y da sentido importante a aquella idea, esencial para la evolución de permanencia y cambio, incluso para aquellos arquitectos de los cuales sus proyectos se adelantan en el tiempo, que son en definitiva extemporáneos.

Reflexionar y llevar hasta sus límites la relación difícil, entre invención y convención estaría en la base del debate propuesto.

Alfred Linares, Arquitecto.

Crítica y arquitectura. Interpretación de la identidad del lugar

En nuestra época actual, caracterizada por múltiples tendencias, opiniones e interpretaciones respecto al campo de la arquitectura, el comité editorial de la revista ARQUITECTONICS, MIND, LAND AND SOCIETY, *Advanced Theories and Practices, busca la aportación crítica sobre obras de arquitectura, que pueden estar vinculadas a espacios públicos o comunitarios, basada en el estudio histórico, social y cultural del lugar. Esto permite involucrar para ello, otras áreas aplicables del conocimiento, que puedan ayudar a identificar el sentido de identidad local en la obra.*

La crítica arquitectónica, en general, busca ubicar el nuevo objeto dentro de un contexto histórico determinado, que permita descubrir el tipo de corriente o tendencia a la cual pueda estar afiliado el autor, y que demuestre su influencia sobre el mismo. Esta investigación contextual puede dirigirse tanto al pasado, buscando teorías, orígenes o precedentes; como hacia el presente, realizando la lectura del objeto en términos contemporáneos, basada en textos de autores reconocidos y relacionando para ello otras disciplinas.

to, and that shows his/her influence on it. This contextual research can address both the past, looking for theories, origins or precedents, and the present, reading the object from contemporary perspectives, pointing to texts of renowned authors and relating here other disciplines.

The critical work within this field, traditionally, also means a thorough and detailed analysis of the work in itself, formally speaking, mechanisms of composition, spatial characteristics, functional aspects, routes, perceptions, structural elements and the materials used in its construction.

However, we often forget that each architectural fact is inserted in a place, with certain physical, morphological and environmental characteristics. The building is aimed at a specific type of public, according to its function, and it addresses a certain kind of society, with its traditions and interests, both individuals and communities. The territory in where it is built is governed by particular political and economic mechanisms, and, in short, the architectural object becomes part of a reality, an urban context placed in a specific moment of history, and subsequently it will pertain to the memory of the place, to its own identity.

This reality in where architecture is inserted, calls for its interpretation in terms of a local identity that represents collective interests, cultural aspects and the sense of membership, of coexistence.

Identity is not static, it is dynamic and it is changing according to the change of history, and it is influenced by many elements and happenings; and architecture, as well as the public and urban spaces defined by it, are fundamental elements, which can relate the processes of social or political transformations that happen in the place.

Architecture, seen as a historical element, becomes a reference that shows how it was designed, how it was

El trabajo crítico dentro de este campo, tradicionalmente, también comprende un análisis exhaustivo y detallado de la obra en sí, en términos formales, mecanismos de composición, características espaciales, aspectos funcionales, recorridos, percepciones, elementos estructurales y materiales empleados en su construcción.

Sin embargo, muchas veces olvidamos que cada hecho arquitectónico se encuentra inserto en un lugar, con ciertas características físicas, morfológicas y ambientales. El edificio se destina a un público específico, de acuerdo a su función y está orientado a una determinada sociedad, con sus costumbres e intereses, tanto individuales como colectivos. El territorio donde se emplaza, se encuentra regido por mecanismos políticos y económicos específicos y, en resumen, el objeto arquitectónico pasa a formar parte de una realidad, un contexto urbano ubicado en un momento dado de la historia y luego llega a pertenecer a la memoria del lugar, a su propia identidad.

Esta realidad donde se inserta la arquitectura, exige su interpretación en términos de una identidad local, que represente los intereses colectivos, los aspectos culturales y el sentido de pertenencia, de convivencia.

La identidad no es estática, es dinámica y va cambiando según cambia la historia y se ve influenciada por múltiples elementos y sucesos; y la arquitectura, así como los espacios públicos y urbanos que ella define, son elementos fundamentales, que pueden relatar los procesos de transformación social o política que sucedan en el lugar.

La arquitectura, vista como un elemento histórico, se convierte en una referencia que muestra como ésta fue diseñada, como se construyó y cómo su fun-

built and how its function, shape and interpretation changed through time, due to its permanence within the historical processes. This permits a broader reading in relation to social and cultural referents and not only a criticism based entirely on architectural theories.

In this special edition of ARQUITECTONICS, we wish to establish a mechanism of intercultural interchange that allows to enrich our professional practice, with the contribution of articles on interpretations based on the concept of identity and on the social or cultural referents.

Beatriz Ramírez Boscán. Architect

ción, forma e interpretación cambió a través del tiempo, debido a su permanencia dentro de los procesos históricos. Esto permite una lectura más amplia en cuanto a referentes sociales y culturales y ya no una crítica basada únicamente en teorías arquitectónicas.

Es el interés de la revista ARQUITECTONICS, *en ésta, su edición especial, establecer un mecanismo de intercambio intercultural, que permita enriquecer nuestro ejercicio profesional, con la aportación de artículos sobre interpretaciones basadas en el concepto de identidad y en los referentes sociales o culturales que la determinan.*

Beatriz Ramírez Boscán, Arquitecto.

Editor

Josep Muntañola. *Barcelona*

Associate Editors

Magda Saura. *Barcelona*
Alfred Linares. *Barcelona*

Assistent Co-Editors

Beatriz Ramírez. *Universidad de los Andes. Mérida. Venezuela*
Marcelo Zárate. *Universidad Nacional del Litoral. Santa Fe. Argentina*
Ruth Marcela Díaz, Samuel Jaimes Botía . *Universidad Santo Tomás, Bucaramanga. Colombia*
Nadya K. Nenadich. *Universidad Politécnica de Puerto Rico. Puerto Rico*

Editorial Board

Board of Advisory Editors (Scientific Committee):
(alphabetical order)

Botta, Mario; *Architect, Switzerland*
Boudon, Pierre; *Architect, Canada*
Bilbeny, Norbert; *Philosopher, Spain*
Carbonell, Eudald; *Archaeology, Spain*

Fernández Alba, Antonio; *Architect, Spain*
Ferrater, Carlos; *Architect, Spain*
Gómez Pin, Víctor; *Philosopher, Spain*
Heikkinen, Mikko; *Architect, Finland*
Kalogirou, Nikolaos; *Architect, Greece*
Langer, Jonas; *Psychologist, USA*
Levy, Albert; *Architect, France*
Lagopoulos, Alexandros; *Urban Planner, Greece*
Mack, Mark; *Architect, United States*
Messori, Rita; *Philosopher, Italy*
Moore, Gary T; *Architect, Australia*
Mul, Jos de; *Philosopher, The Netherlands*
Pallasmaa, Juhani; *Architect, Finland*
Ponzio, Augusto; *Philosopher, Italy*
Preziosi, Donald; *Anthropologist and Linguist, USA/UK*
Provensal, Danielle; *Anthropologist, Spain*
Rapoport, Amos; *Architect, USA*
Rewers, Eva; *Philosopher, Poland*
Romañà, Teresa; *Pedagogue, Spain*
Salmona, Rogelio; *Architect, Colombia* †
Sanoff, Henry; *Architect, USA*
Scandurra, Enzo; *Urban Planner, Italy*
Solaguren, Félix; *Architect, Spain*
Tagliabue & Miralles; *Architects, Spain*
Valsiner, Jaan; *Psychologist, USA*
Werner, Frank; *Historian, Germany*

Institutions that support the review:

Universitat Politècnica de Catalunya. Dep. Projectes Arquitectònics. Grup de Recerca GIRAS. *Barcelona, Spain*
Universidad de los Andes. *Mérida, Venezuela*
Universidad Nacional del Litoral. *Santa Fe. Argentina*
Universidad de Santo Tomás. *Bucaramanga. Colombia.*
Universidad Politécnica de Puerto Rico. *Puerto Rico*
Corporación HEKA. *Ecuador.*
Colegio Nacional de Arquitectos del Ecuador. *Quito. Ecuador*

ARQUITECTONICS is included in the following catalogues:

Avery Library Columbia University Catalogue. USA
School of architecture Paris-la-Villette Library Catalogue. France
Library of Congress Catalogue. USA. *http://catalog.loc.gov*
Zurich Polytechnic School of architecture Library Catalogue. Switzerland
Escola Tècnica Superior d'Arquitectura de Barcelona Library Catalogue. *http://bibliotecnica.upc.es/*
Trondheim School of architecture Library Catalogue. Norway

The ARQUITECTONICS Series is in the web www.edicionsupc.es

The Arquitectonics Series can be ordered through the webs:
www.agapea.com - www.parisvalencia,com - http://buecher.a.get-me-books.de

Guidelines for the presentation of full paper

Normas para la presentación de artículos

Estructura del artículo

El artículo debe tener un máximo de 12 páginas

Cada artículo debe contener:

- *el título del artículo*
- *el nombre del autor o autores con su dirección electrónica*
- *el resumen*
- *las palabras clave (sin su explicación)*
- *el texto del artículo con figuras*
- *las notas al final del texto*
- *la bibliografía*

La bibliografía se presentará en la lengua original, el resto en las dos lenguas del artículo.

Las divisiones

Los artículos se dividirán en capítulos sin numeración.

Referencias y citas

Las referencias deben citarse en el texto, señalando entre paréntesis autor y el año de la publicación. En caso de dos autores, ambos han de citarse. Cuando hay más autores, ha de citarse al primero seguido de et al.

Structure of the paper

Size of the paper: 10-15 pages

The paper must contain:
- title of paper
- name of author or authors and their email address
- abstract
- keywords
- full paper text with figures
- notes at the end of the text
- bibliography

The bibliography should be presented in the original language and the rest in the two languages of the paper.

Divisions

The text should be divided into chapters without numbering.

Citations and references

References must be cited in the text as follows:.
- One author: (RAPOPORT 1990)
- Two authors: (KANDEL AND SQUIRE 2001)

- *Un autor: (Rapoport 1990)*
- *Dos autores: (Kandel y Squire 2001)*
- *Tres o más autores: (Henshilwood et al. 2004)*
- *Dos o más referencias del mismo autor y año: (Rapoport 1997a, 2000b, 2003c)*
- *Dos o más referencias juntas (Bechtel 1986; Altmann 2002; Damasio 2001)*

Figuras

Aparte del texto solo existirán Figuras. Con la denominación de figuras se incluyen los gráficos, mapas, fotografías, dibujos, cuadros de texto y similares. El año de la publicación se pondrá entre corchetes.

Bibliografía

Deberá aparecer completa correspondiente con las referencias y citas del texto.

Ejemplos

Libros: Rapoport, A. (1990) History and Precedent in Environmental Design, New York: Plenum.

Artículos: Kandel, E.R. y L.R. Squire (2001) "Neuroscience: Breaking down Scientific Barriers to the Study of Brain and Mind", en A.R. Damasio et al. (Eds.) Unity of Knowledge, New York: NY Academy of Sciences, pags. 118 - 135.

Henshilwood, C. et al. (2004) "Middle Stone Age Shell Beads from South Africa", Science Vol. 304 Nº 5669 (16 abril) pág. 404.

- Three or more authors: (Henshilwood et al. 2004)
- Two or more references of the same author and year: (Rapoport 1997a, 2000b, 2003c)
- Two or more references together (Bechtel 1986; Altmann 2002; Damasio 2001)

Figures

Apart from the text the paper should only contain Figures. Figures include graphics, maps, photos, drawings, text boxes, etc. The year of publication should be put in square brackets.

Bibliography

It should be presented according to the references and citations of the text.

Examples

Books: Rapoport, A. (1990) *History and Precedent in Environmental Design*, New York: Plenum.

Articles: Kandel, E.R. and L.R. Squire (2001) "Neuroscience: Breaking down Scientific Barriers to the Study of Brain and Mind", in A.R. Damasio et al. (Eds.) *Unity of Knowledge*, New York: NY Academy of Sciences, pp. 118 - 135.

Henshilwood, C. et al. (2004) "Middle Stone Age Shell Beads from South Africa", *Science* Vol. 304 No. 5669 (16 April) p. 404.

www.ingramcontent.com/pod-product-compliance
Lightning Source LLC
Chambersburg PA
CBHW080735300426
44114CB00019B/2601